Robert Altmann *Memoiren*

Die Drucklegung dieser Publikation
wurde möglich mit Unterstützung
der ArsRhenia Stiftung, Vaduz und
der Stiftung fürstl. Kommerzienrat
Guido Feger, Vaduz, Liechtenstein.
Alle an dieser Publikation Beteiligten
danken für diesen Beitrag.

Anmerkung: Die nicht weiter
bezeichneten, in diesem Buch
abgebildeten Werke sind aus
der Sammlung Robert Altmann

Fotos: Jacqueline Hyde, Paris;
Atelier Walter Wachter,
Schaan/Liechtenstein;
Catherine Pons-Seguin, Paris;
Robert Altmann, Vaduz/Paris;
Marcel Lannoy, Paris;
Christoph Singler, Besançon;
Xaver Jehle, Schaan/Liechtenstein;
Hervochon, Paris;
Mme Houg, Clairegoutte;
Pierre Bérenger, Bagnolet/F;
Jindrich Styrsky, Prag.

Robert Altmann
Memoiren

herausgegeben von
der Liechtensteinischen
Staatlichen Kunstsammlung
unter Mitarbeit
von Evi Kliemand

*Robert Altmann zusammen
mit Samuel Feijóo in
Chartres,
Ende 60er Jahre*

Graphische Gestaltung
Marcello Francone

Lektorat und Konzept
Evi Kliemand, Vaduz

*Redaktionelle Bearbeitung
einiger Texte*
Dr. Uwe Martin, Ottobrunn

Redaktionelle Mitarbeit
Dr. Paola Tamborini, Mailand

Ausführung
Sabina Brucoli

Kein Teil des Buches darf ohne
schriftliche Genehmigung des
Verlegers und des Autors in
irgendeiner Form reproduziert werden.

© 2000 by Robert Altmann
© 2000 by Skira editore, Mailand
© 2000 by ProLitteris 2000, 8033 Zürich
für die Werke folgender Künstler: Jean
Arp, Camille Bryen, Carl Buchheister,
Jean Dubuffet, Marcel Duchamp, Max
Ernst, Stanley William Hayter, Georges
Hugnet, Valentine Hugo, Alfred Kubin,
Fernand Léger, André Masson, Henri
Michaux, Joan Miró, Tom Phillips,
Francis Picabia, Man Ray, Yves Tanguy

Alle Rechte vorbehalten

ISBN 88-8118-668-3

Skira, Genève-Milano,
Januar 2000
Printed in Italy

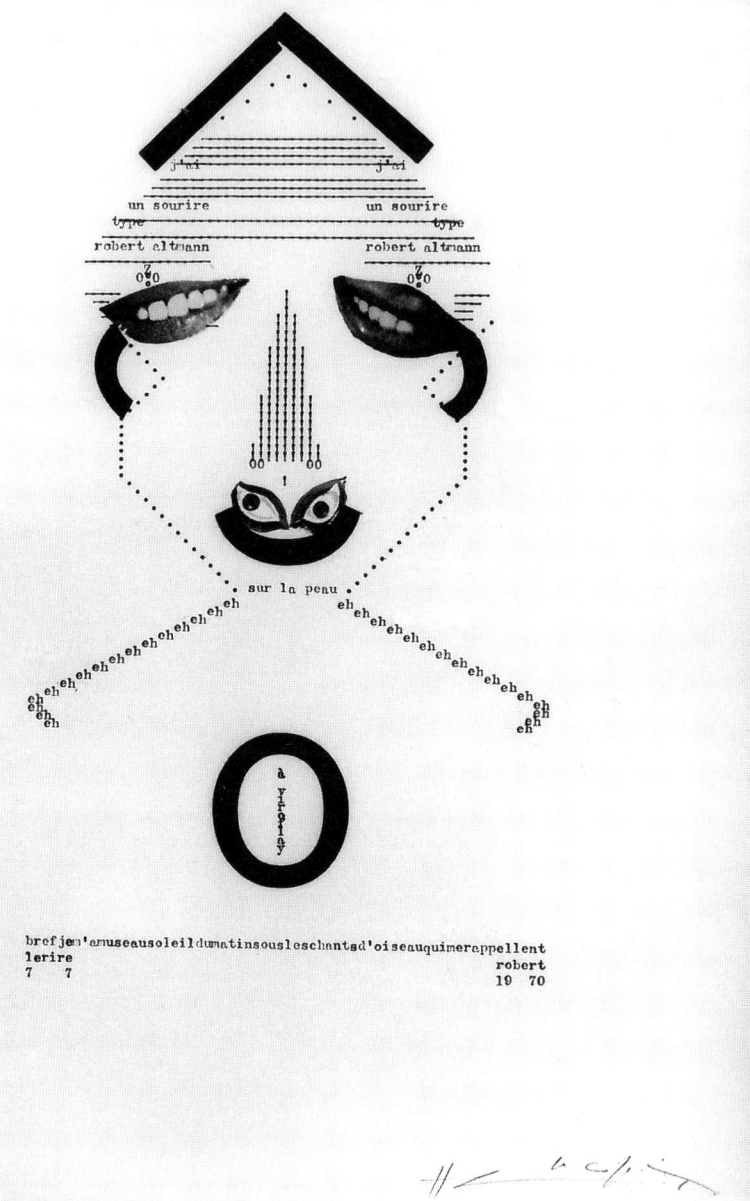

Henri Chopin, Siebdruck, Porträt von Robert Altmann: "quimerappellentlerire robert", 1970, Brunidor Album VII, London, 1973

Kindheit in Hamburg

Mitten im Ersten Weltkrieg, im Jahre 1915, wurde ich geboren. Meine Mutter, eine Französin, war um die Jahrhundertwende als Studentin der deutschen Sprache zu einem Studienaufenthalt nach Hamburg gekommen, wo sie meinen Vater kennenlernte und ihn 1913 heiratete. Mein Vater war um 1894 in die Bank seines Onkels Ludwig Tillmann eingetreten. Er kam aus der Rheinpfalz, wo die Familie seiner Mutter Weingüter besaß. Aufgrund seiner großen Begabung nahm er bald eine führende Stellung bei dieser prosperierenden Bank ein, sodaß er in den Nachkriegsjahren eine bekannte Persönlichkeit an der Hamburger Börse wurde. Sehr befreundet war er mit führenden Persönlichkeiten der Deutschen Bank und der Reichsbank, die damals in Hamburg wichtige Niederlassungen hatten. So hatte er in den zwanziger Jahren Beziehungen zu Hjalmar Schacht und Hermann Abs. Mit Max Warburg, den er als Menschen sehr schätzte, war er, obwohl dieser in gewisser Weise Konkurrent war, laufend in Verbindung, woraus sich dann später eine enge Freundschaft entwickelte. Nachdem Max während des Zweiten Weltkriegs in New York gestorben war, kam sein Sohn Eric noch regelmäßig zu meinen Eltern nach Vaduz, Liechtenstein, auf Besuch.

Ich war das zweite Kind in dieser Ehe. Zwei Schwestern und ein Bruder wurden nach mir geboren. Die ersten Nachkriegsjahre sind mir nur noch schwach in Erinnerung. Fast täglich gab es Kohlrabi-Suppe, die wir nicht mochten, und da es zum Heizen nur Torf gab, hatten wir rauchende und verrußte Öfen. In Hamburgs Straßen sah man oft Lastwagen voll Soldaten, weil ständig Revolution und Unruhen drohten. Die große Inflation und der Zusammenbruch der Währung 1920-1921 sind Teil unserer Kindheitserinnerung geblieben. Es wurde Notgeld ausgegeben, und unser Vater erzählte, er habe in seiner Bank solches Notgeld ausgeben müssen, um die Angestellten bezahlen zu können. Die großen Ziffern auf den Geldscheinen und Briefmarken regten unsere Phantasie an, aber wir bemerkten auch die Verarmung großer Bevölkerungsteile, und wir wagten uns nicht in die Nähe der Arbeiterbezirke oder der sogenannten Volksschulen, weil man uns, die wir eine Privatschule besuchten, verprügelte, wenn wir da vorübergingen.

Meine Mutter, die ja nun Deutsche geworden war, konnte als ehemalige Französin lange Jahre ihre Familie nicht besuchen. Sie war im Departement Marne geboren. Die Familie des Vaters stammte aus Clairegoutte, einem Dorf in einer Gegend, die bis ins 18. Jahrhundert zu Württemberg gehörte, wo man noch heute einen mit vielen deutschen Wörtern vermengten Dialekt spricht. Ihre Mutter stammte aus der südfranzösischen Provinz Ardèche. Der Vater war Staatsbeamter und wie seine Vorfahren seit vielen Generationen lutherischen Glaubens. Er starb 1899. Meine Mutter ließ sich aus Frankreich Bücher schicken und zuweilen auch ein Album der volkstümlichen "Images d'Epinal", die in handkolorierten Holzschnitten Legenden und Märchen schilderten und die Geschichte der Napoleonischen Kriege beschrieben. Meine Mutter schnitt für uns diese Bilder aus, und wir durften uns auf diese Weise eine kleine Sammlung zusammenstellen. Vielleicht bin ich durch diese primitiven Bilder zu meiner späteren begeisterten Holzschnitt-Tätigkeit angeregt worden. Auch mein Interesse für Graphik überhaupt könnte durch diese Erinnerung bewirkt worden sein.

Malerinnen und Maler in Hamburg

Die Kunst spielte bei uns im Hause eine große Rolle. Meine Mutter hatte in ihrer Jugend viel gemalt. Ihre beste Freundin in Hamburg war die Malerin Alma del Banco, deren Kunst man damals "futuristisch" nannte und die zur Gruppe der Sezession gehörte, zusammen mit Anita Rée, die ein bekanntes Porträt von Dorothea Tillmann, der Frau von Georg Tillmann und Schwiegertochter von Ludwig Tillmann, gemalt hatte. Meine Eltern hatten außer mehreren großen Ölbildern von Alma del Banco ein Werk in Tempera von Erich Hartmann erworben. Auf kleinem Raum waren zwei gespensterhafte Gestalten mit überproportional großen Köpfen und hervorquellenden Augen zu sehen, was uns Kinder sehr ängstigte. Mich zog aber besonders ein anderes Bild an, eine Dorflandschaft eines Nachfolgers von Schmidt-Rottluff, Otto Fischer-Trachau, und zwar, weil dieser die gemalten Häuser und Scheunen in einer ungenauen Perspek-

Am Strand von Travemünde, die Eltern Robert Altmanns, um 1913

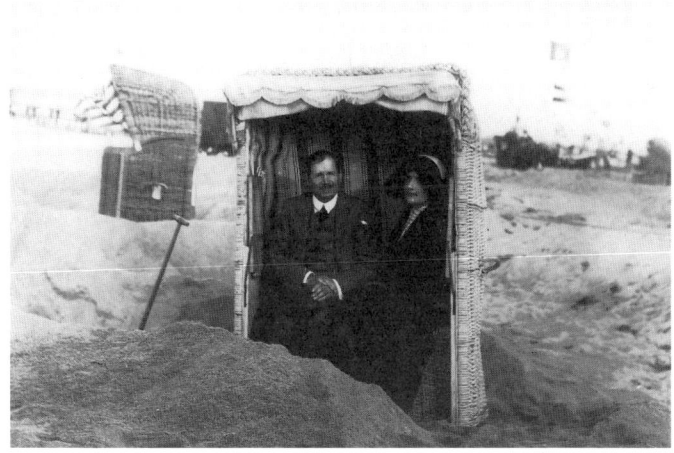

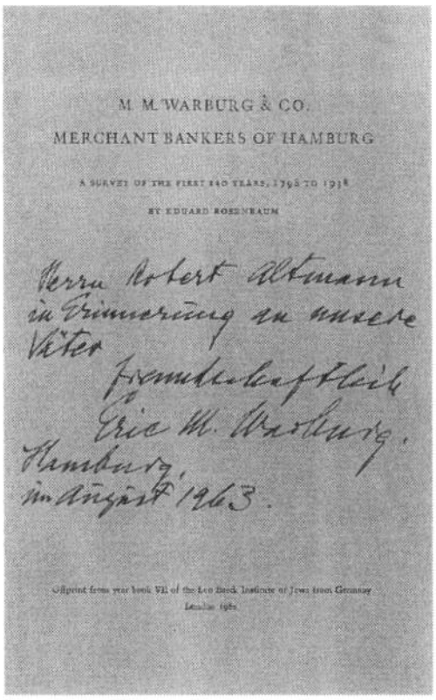

M. M. WARBURG & CO.

MERCHANT BANKERS OF HAMBURG

A SURVEY OF THE FIRST 140 YEARS, 1798 TO 1938

BY EDUARD ROSENBAUM

Herrn Robert Altmann
in Erinnerung an unsere
Väter
freundschaftlich
Eric M. Warburg.
Hamburg,
im August 1963.

Offprint from year book VII of the Leo Baeck Institute of Jews from Germany
London 1962

Widmung: "Herrn Robert Altmann in Erinnerung an unsere Väter - freundschaftlich - Eric M. Warburg, Hamburg, im August 1963"

tive gezeichnet hatte, sodaß diese zu schweben schienen und sich gegen den Hintergrund auflösten. Das Porträt unserer Mutter von Alma del Banco hing im großen Wohnzimmer. Es war eine imposante Komposition mit einem Blumenstrauß in einer Vase im Vordergrund, was meine Mutter überflüssig fand und aus der Leinwand schnitt. Alma del Banco war darüber schwer beleidigt und drohte mit einem Prozeß. Mit der Zeit aber beruhigte sie sich. Auf ihren Reisen an die Adria vergaß sie nie, meinen Eltern Postkarten zu senden, die sie mit Ölskizzen illustrierte. Diese Karten schwebten mir in späteren Jahren noch vor, als ich anfing, Karten herauszugeben, deren Illustration in Originalgraphik aus jeder Karte ein kleines Kunstwerk machte.

Unsere Sommerferien im Strandbad Travemünde sind mir noch sehr lebhaft in Erinnerung. Die Spaziergänge mit den Eltern führten uns bis zum Leuchtturm, vorbei an dem kleinen Hafen, wo in einem winzigen Laden besonders leckere Rahmbonbons zu haben waren, die meine Mutter immer im Vorbeigehen kaufte und die wir liebend gern aßen. Oft luden die Eltern Freunde aus Hamburg ein, so Alma del Banco, die Skizzen vom Hafen und vom Strand machte und auch uns Kinder porträtierte. Wir hatten am Strand unseren gemieteten Strandkorb, und unter den Hamburger Bekannten, die wie wir den Strand bevölkerten, sahen wir auch Max Warburgs Bruder Aby, der einsam und grübelnd in seinem Korb saß und den man nur von weitem grüßte. Das große Hotel war damals im Besitz von Hugo Stinnes. Einmal wurden wir zum Tee dorthin mitgenommen, wo uns die Eleganz der Menschen und der Umgebung sehr imponierte.

Anita Rée, "Prozession am Meer", Bleistiftzeichnung und Aquarell

Das Künstlerfest

Das große gesellschaftliche und künstlerische Ereignis in Hamburg war das Künstlerfest, welches alljährlich im Curio-Haus stattfand. Meine Eltern nahmen daran immer teil. Man traf dort den Kulturattaché des französischen Konsulats, der ein sehr geistreicher Redner war, Dichter und Künstler wie Ringelnatz, die Schauspielerin Ilse Bois, den Bildhauer Paul Hamann, die Mitglieder der Sezession wie Anita Rée und Gretchen Wohlwill. Alle maßgeblichen Bankiers der Stadt waren zugegen wie auch die Mitglieder des Hamburger Senats und der Direktor der Kunsthalle, Pauli, der sich in den zwanziger Jahren für die zeitgenössische Kunst und besonders für die Hamburger Expressionisten einsetzte. Er hatte auch den norddeutschen romantischen Maler Philipp Otto Runge entdeckt und viele seiner Hauptwerke für die Hamburger Kunsthalle erworben.

Anita Rée, Porträt, Bleistiftzeichnung mit Aquarell

Wir wohnten in Uhlenhorst, einem recht vornehmen Viertel. Jeden Sonntag mieteten die Eltern eine Pferdekutsche, die uns nach dem Vorort Schnelsen fuhr. Dort hatte mein Vater, wie es damals in Bankierskreisen Mode war, einen kleinen Landwirtschaftsbetrieb erworben. Es wurden da Hühner und Enten gehalten und Schweine gezüchtet. Ein- oder zweimal im Jahr war Schlachtfest, und auf unserem Frühstückstisch gab es dann wochenlang eine vorzügliche Mettwurst. Die anderen Produkte wurden an Mitglieder der Bankfirma verschenkt. Quer durch unser Schnelsener Grundstück fuhr eine kleine Eisenbahn nach Kaltenkirchen, deren Lokomotive bei den Bahnübergängen mit einer Glocke bimmelte. Wir hatten als Kinder immer Freude, die vorbeifahrenden Züge und die Insassen zu beobachten. Der landwirtschaftliche Betrieb war natürlich ganz unrentabel, und die Eltern verzichteten bald auf die Tierhaltung. Ein erheblich größeres Gut in derselben Gegend hatte Georg Tillmann erworben. In Hamburg wohnten Tillmanns auch nicht weit von uns, direkt am Feenteich, einem wunderschönen, an die Alster grenzenden Weiher. Das Haus war voll kostbarer Möbel und Teppiche. Auch hatte Georg Tillmann dort seine berühmte Porzellansammlung. Dazu gehörten Stücke von Böttger, ein Schwanenservice, wohl aus Meißen, und andere bekannte Stücke. Mit dem ihm befreundeten Reeder Voss von der Werft Bloom und Voss, der ein international berühmter Sammler war, hatte Tillmann seine Sammlung zusammengetragen und damit eine Familientradition fortgesetzt. Denn sein Cousin Baer besaß schon um die Jahrhundertwende in Mannheim eine einzigartige Porzellansammlung, die sich heute im Mannheimer Museum befindet.

Der Sammler Georg Tillmann

Georg Tillmanns Freude am Sammeln blieb auch lebendig, als er nach Auflösung der Hamburger Bank seinen Wohnsitz in Amsterdam nahm. Die dortige Nachfolgebank, die eng mit den Bankiers Kramarsky und Franz Koenigs zusammenarbeitete, hatte eine der früheren Kolonialgesellschaften, die Kontore auf den niederländisch-indonesischen Inseln verwaltete, aus der Hamburger Zeit übernommen. Einer der dortigen Angestellten wurde beauftragt, für meinen Vater und Georg Tillmann indonesische Kunst aufzukaufen, insbesondere Textilien. So entstand ein beträchtlicher Fundus von Werken aus Java, Sumatra und Borneo, die damals noch kaum im Kunsthandel waren. Der größte Teil davon befindet sich heute im Völkerkundemuseum in Leyden und im Tropenmuseum in Amsterdam. Einige sehr schöne Stücke, besonders Textilien, sind in unserer Familie geblieben.

Das Gebäude der Tillmann-Bank lag neben dem Rathausplatz und war ganz im Jugendstil gebaut. Nicht weit entfernt davon entstanden zwei Bürohäuser im neuen, expressionistischen Stil, erbaut vom Architekten Fritz Höger. Am auffallendsten war das Chilehaus, wohin unser Vater uns führte, weil ganz Hamburg von diesem extravaganten Bau redete. Ich war damals auch sehr beeindruckt davon. Ein anderes Kunstereignis, das mir in Erinnerung geblieben ist, war die große Van-Gogh-Ausstellung in der Kunsthalle, wohin mein Vater mich mitnahm. Ich hatte selbst zu malen angefangen; meine Mutter hatte mir Staffelei und Malkasten zu Weihnachten geschenkt. Nun versuchte ich, die Sonnenblumen Van Goghs nachzumalen.

Meine älteste Schwester, Isabelle, war sehr zart und leidend. Sie hatte wunderbare, tiefschwarze Locken. Alma del Banco porträtierte sie und malte ihr schwarzes Haar in Lila und Blau, was wir sehr merkwürdig fanden. Doch das Bild war vorzüglich gemalt, war erstaunlich ähnlich und lebendig, wobei der kränkliche und etwas furchtsame Ausdruck, alles in dunklen Farben gehalten, hervortrat. Unsere Schwester starb mit neunzehn Jahren.

Nazis in der Schule

Ich war nach der Grundschule ins Realgymnasium gekommen. Man merkte da manchem meiner Mitschüler das Aufkommen des nationalistischen Denkens an. Gewisse Bemerkungen ließen mich fühlen, daß ich mit dunklem Haar und dunklen Augen eigentlich nicht zu den Klassenkameraden gehörte. Ich war ein mittelmäßiger Schüler. Das Latein erarbeitete mein Vater am Abend mit mir. Er liebte die lateinische Grammatik, obwohl er keine höhere Schulbildung hatte. Von meinen Lehrern mochte mich eigentlich nur der Zeichenlehrer, weil ich ihm immer sehr aufmerksam zuhörte und gut zeichnen konnte. Seine hypernationalen Auffassungen drückte er in symbolischen Zeichnungen aus, die er auf großen Blättern vorführte: So war da eine riesige Eiche, der deutsche Baum par excellence, wo auf der linken Seite Zweige verdorrten, die Elsaß-Lothringen bedeuteten. Die in der Krone verdorrten Zweige sollten die an Dänemark abgetretenen Gebiete symbolisieren, und rechts sah man blattlose Äste anstelle des polnischen Korridors und Danzigs. Das war schon vorausgenommene nationalsozialistische Kunst, für die ich nicht viel Verständnis hatte. Bei uns zu Hause hing eine Collage von Kurt Schwitters, ein Aquarell von Pechstein, der Cuxhavener Leuchtturm von Alma del Banco und noch einige andere Avantgardebilder. Ich lebte also in einer anderen Welt. Mit der Schulklasse sollte ich sammeln gehen für die Sudetendeutschen und das Deutschtum im Ausland, und vor Beginn des Unterrichts schrieben Schüler Hetzworte gegen Franzosen und Juden auf die Tafel.

Weltkrise und Auswanderung: Frankreich

1929 brach die Wirtschaftskrise aus. Große Industriebetriebe mußten schließen, einige Großbanken waren zahlungsunfähig, und die Zahl der Arbeitslosen wuchs auf sieben Millionen. An den Straßenecken sah man in Gruppen Arbeitslose stehen. Durch die Devisengesetzgebung kam auch das Bankgeschäft meines Vaters praktisch zum Erliegen. Aber auch durch den aufkommenden Nationalsozialismus und antisemitische Ausschreitungen wurde jede Aktivität meines Vaters und seiner Associés unterbunden. Obwohl der Bankier Max Warburg optimistisch meinte – er hielt es noch bis 1937 in Hamburg aus –, daß nicht viel passieren könne, sah mein Vater die Zukunft sehr schwarz bzw. braun. Wir erwogen und beschlossen dann die Auswanderung nach Frankreich, zumal auch für uns Kinder die Situation in den Schulen unhaltbar geworden war und weil meine Mutter von jeher gewünscht hatte, wieder in ihrer Heimat zu leben.

Die Familie ließ sich in der Umgebung von Versailles nieder. Es gab von da gute Verkehrsverbindungen ins Zentrum von Paris. Später etablierten wir uns in Saint-Germain-en-Laye. Mein Vater, ein Paris-Enthusiast, hatte sich ein originelles Programm ausgedacht, um die Stadt genau kennenzulernen: Jeden Tag fuhr er mit mir vom Zentrum aus mit der Metro bis zu einem der ehemaligen Stadttore, und wir gingen von da aus zu Fuß bis zum nächsten Stadttor, wo wir eine andere Metro-Linie zurück zum Zentrum nahmen. Nach einigen Wochen hatten wir ganz Paris auf diese Weise umwandert. Zu der Zeit gab es noch Reste der alten Befestigungswerke, die ziemlich verwahrlost waren und von armen Leuten bewohnt wurden. Nur an einigen Stellen begann man mit dem Bau von Wohnhäusern und großen Blocks. Die sogenannten "Fortifs" waren recht pittoresk und sind auch in die Pariser Folklore eingegangen. Sonst besuchten wir manchmal den Schwager meines Vaters, einen sehr originellen Antiquitätenhändler, welcher sich auf die Kunst des 19. Jahrhunderts, also auf die kleinen Meister der Barbizon-Schule spezialisiert hatte und immer sehr witzige Anekdoten über seine Kollegen zu erzählen wußte. Er war Ende des Jahrhunderts zu Fuß von Rußland, wo die Pogrome seine Familie dezimiert und vertrieben hatten, nach Frankreich gekommen und hatte es hier zu einer ansehnlichen Position gebracht. Von jeher war er mit unserem Großvater befreundet gewesen, der am Square Montholon wohnte und täglich in die Synagoge der rue Cadet, die es heute noch gibt, zum Beten ging. Dieser Großvater muß ein etwas merkwürdiger Mensch gewesen sein, der nach dem Tod seiner Frau tief religiös geworden war. Handeln tat er mit koscherem Wein, den er aus der Rheinpfalz bezog. Aber damit verdiente er kaum genug, um sein vereinsamtes Leben fristen zu können. Er bewohnte ein kleines Dachzimmer und starb um die Jahrhundertwende.

Emigranten in Paris

Das kleine Büro, das mein Vater mit zwei seiner Hamburger Mitarbeiter am Boulevard Haussmann unterhielt, hatte ein Vorzimmer, welches jeden Freitag voll war von sogenannten "Schnorrern", verarmten jüdischen Emigranten, die von Büro zu Büro zogen und um Unterstützung bettelten. Die Geschäftstätigkeit ließ allmählich nach, weil immer mehr Bekannte und

Verwandte aus Deutschland auswanderten. Auf der Reise, die meistens in die Vereinigten Staaten ging, machten sie dann in Paris Station und suchten meinen Vater auf. Oft konnte dieser behilflich sein, was Aufenthaltspapiere und Reise-Visen betraf. Das Büro hatte bald mehr den Charakter einer Reiseagentur als den eines Bankgeschäfts. Mein Vater lud oft Freunde und Verwandte in sein Stammlokal in der Nähe vom Drouot-Versteigerungshaus zum Mittagessen ein. Unter ihnen war auch ein Maler aus dem Elsaß, der einen gewissen Erfolg mit Bildern des Strandes von Deauville oder von Landschaften der Vallée de Chevreuse hatte, die er in der Art von Sisley ausführte, welchen er vergötterte. Dieser Maler nannte sich Adrion und entpuppte sich, als der Krieg ausbrach und meine Familie nach der Besetzung von Paris in die freie Zone flüchtete, als Nazi, der meine Eltern auf üble Weise erpreßte. Er war in Wirklichkeit einer der Agenten Görings, die die jüdischen Gemäldesammlungen in Paris aufspüren sollten.

Unter den Emigrantenkünstlern, die ich kurz vor dem Krieg kennenlernte, beeindruckte mich besonders Moissey Kogan, ein Bildhauer russischen Ursprungs, den wir öfter im Café du Dôme in Montparnasse trafen. Er war schon in Hamburg und Berlin recht bekannt gewesen und zählte zu den wichtigsten zeitgenössischen Künstlern. Seine meist kleinformatigen Skulpturen hatten die Qualität der Tanagra-Frauenplastiken. Er arbeitete direkt im Negativ, also in Gipsformen, woraus dann in kleiner Auflage die Terrakotta-Figuren ausgeführt wurden. Ich bewunderte auch seine delikaten Stickereien, und er erklärte mir, wie er durch viele farbige Fäden eine Art byzantinische Mosaikwirkung erzielte. Ein anderer Hamburger Bildhauer, Paul Hamann, dessen Schwiegereltern (die Familie des Warenhausbesitzers Robinsohn) mit meiner Familie bekannt waren, wurde ein guter Freund von uns. Ich war oft in seinem Atelier, wo er mir Unterricht in Zeichnen und Bildhauerei gab und mich begleitete, wenn ich in die Akademie der rue de la Grande Chaumière zum Zeichnen nach Modell ging. Hamann hatte während der zwanziger Jahre in der Künstlerkolonie Worpswede gelebt. Er machte sich dann einen Namen in Berlin und wurde dort im Künstlermilieu heimisch. Nach der Machtübernahme der Nazis wanderte er nach Frankreich aus und hatte es sehr schwer, sich in Paris durchzusetzen. Als meine älteste Schwester gestorben war, gestaltete er für sie ein Grabdenkmal aus Granit mit einer Marmorfigur. Dieses ist mit dem Heine-Denkmal, das die Stadt Hamburg nach Hamanns Tod im Stadtpark errichten ließ, eines der wenigen Werke, die von Hamann erhalten geblieben sind. Aus dem Berlin-Hamburger

Künstlermilieu kam auch eine einstmals bildschöne Mulattin. Andrea Manga Bell, die ich durch Paul Hamann kennengelernt hatte, war mit dem Sohn des einstigen Königs von Kamerun verheiratet und lebte mit ihren zwei Kindern in Paris in der Nähe der Porte de Versailles. Ihr achtzehnjähriger Sohn sollte später Anspruch auf den nicht mehr existierenden Thron des früheren Königreiches erheben und ist bei einem Zusammentreffen mit seinem Vater in den fünfziger Jahren von diesem ermordet worden. Andrea war die Tochter einer Hamburgerin und eines in Hamburg lebenden kubanischen Musikers. Sie sprach fließend das Hamburger Plattdeutsch und war äußerst geistvoll und sehr beliebt in den Hamburger Künstlerkreisen. Ihr Auftreten an den Berliner und Hamburger Künstlerfesten war immer eine Sensation. Sehr befreundet mit dem Schriftsteller Joseph Roth, lebte sie in ihrer Emigrationszeit bis zu Roths Tod kurz vor Ausbruch des Krieges mit diesem zusammen. Ich war oft zu Besuch und traf einmal Joseph Roth, der aber, wie meistens, vollkommen betrunken in einer Ecke des Zimmers saß und vor sich her brummte. Andrea sagte mir, er sei jetzt nicht ansprechbar, worauf Roth auch nicht reagierte. Er war sehr heruntergekommen und starb im folgenden Jahr. Die Joseph-Roth-Biographie von David Bronsen berichtet ausführlich über Andrea und ihre Tochter Tücke Manga Bell.

Aix-en-Provence
Während der großen Streiks in Paris und der Unruhen, die zur Bildung des "Front Populaire" führten, machte ich mein Abitur und studierte dann ein Jahr in der juristischen Fakultät, die sich gegenüber dem Pantheon befand. Faschisten organisierten da ab und zu Protestversammlungen und Kundgebungen gegen linksgerichtete Professoren. 1937 entschied ich mich, an der Universität in Aix-en-Provence weiterzustudieren. Durch Geschäftsfreunde meines Vaters kannte ich den aus Hamburg stammenden John Rewald, der sich oft in Aix aufhielt und an einer Doktorarbeit über Cézanne und Zola arbeitete. Er riet mir, in Aix seine Freunde, die Maler Leo Marschütz und Laves zu besuchen, zwei aus Deutschland stammende Künstler, die in dem von Cézanne oft gemalten Château Noir wohnten, inmitten von Pinienwäldern am Fuß des Bergmassivs der Sainte-Victoire. Marschütz und seine Frau hatten schon Jahre in Aix verbracht. Seine Bewunderung für Cézanne war in seinen Bildern sichtbar. Er hatte sich die Technik des Impressionisten zu eigen gemacht und schuf sehr schöne Landschaftsbilder in einer neuartigen Fassung. Auch sein Freund Laves war ein sehr feiner Kolorist. Beide haben John Rewald dabei geholfen, seine Disser-

tation zu schreiben und ihn, der eigentlich mittelalterliche Kunst studiert hatte, in Richtung Impressionismus zu lenken. Rewald hatte sich, als er im Château Noir lebte, ein bedeutendes Archiv zusammengestellt, indem er alle von Cézanne gemalten Landschaften photographierte, soweit sie damals noch existierten. Dies und der Bucherfolg seiner Doktorarbeit über Cézanne und Zola schufen ihm bald den Ruf eines Cézanne-Spezialisten, und im Lauf der Jahre fand er auch internationale Anerkennung als der große Sachverständige für Impressionismus und Postimpressionismus. Er erzählte mir, daß die Motive des Malers in den Photographien immer leicht verschoben gegen das gemalte Bild ausfielen, weil die Linse die Motive automatisch nach unten auf die Horizontlinie zusammenpreßte. Trotzdem war diese Dokumentation von größter Wichtigkeit, um die Landschaftsauffassung und die Kompositionstechnik des Künstlers zu erkennen und die Rolle der Phantasie beim Aufbau der in seiner Zeit ganz neuartigen Konstruktionen aufzudecken. Ich blieb auch in den Kriegsjahren, während ich in Kuba und er in New York war, immer mit ihm in Verbindung und bat ihn eines Tages, für mich einige Zeichnungen und Graphiken in New York zu kaufen, da er vorzügliche Verbindungen zu Künstlern und Galerien hatte. Ich kaufte dann eine Picasso-Zeichnung aus dem Jahre 1925, einen Holzschnitt von Gauguin, Radierungen von Mary Cassatt und Pissarro sowie ein Aquarell von Klee. Diese Werke waren der Anfang meiner kleinen Sammlung, an der ich bis heute viel Freude habe.

Die Gegend von Aix durchwanderte ich immer in Erinnerung an Cézanne, und ich besuchte auch solche Plätze wie Gardanne oder L'Estaque und malte selbst sehr viel, besonders in den Hügeln und Olivenhainen, wo ich in einem typischen Bauernhaus, einem "mas", wohnte. Den Weg nach Tholonet, der mich zum Château Noir führte, machte ich zwei, drei Mal pro Woche zu Fuß. In Tholonet ließ sich später André Masson nieder. Er machte in den vierziger Jahren viele Lithographien, die er von Marschütz, der eine Presse besaß und das Ausarbeiten der Lithographien sehr gut beherrschte, drucken und edieren ließ.

In Aix traf man sich mit anderen Studenten und Künstlern öfter in einem der Cafés am Cours Mirabeau, der schönen Platanenallee im Zentrum der Stadt. Dort war manchmal auch Matthew Smith, ein englischer Blumen- und Landschaftsmaler, der bereits einen Namen hatte und seit einigen Jahren in Aix lebte. Pierre Paul Sagave, damals Deutschlektor an der Universität, verkehrte dort fast täglich. Mit Menschen wie ihm konnte man stets angenehm die Nachmittage und Abende verbringen.

Er hatte auch oft einen Kreis von Studenten um sich, die mit dazu beitrugen, der Unterhaltung ein intellektuelles Gepräge zu geben. Sagave arbeitete damals an seiner Dissertation über Thomas Mann und "Die Buddenbrooks". Nach dem Krieg wurde er dann ordentlicher Professor, zuerst in Straßburg. Der blonde, blauäugige Ernst Erich Noth gehörte auch zu diesem Kreis. Er hatte schon als Autor in Paris Erfolg gehabt. Inmitten der Emigranten war dieser aufrechte Antinazi eine markante Erscheinung. Der Bruder von Sagave, der den Namen Lavigne annahm, gründete nach dem Krieg den Klub St-Germain-des-Prés in der rue St-Benoît, wo er verschiedenen Musikern wie Grapelli und Django Reinhart zu Berühmtheit verhalf. Als einer der Hauptinitiatoren des Künstlerlebens in St-Germain-des-Prés wagte er sich sogar an ein Restaurantunternehmen: Er renovierte das Café Procope, Voltaires und Diderots ehemaliges Stammcafé in der rue de l'Ancienne Comédie, das vollkommen in Vergessenheit geraten war, und nahm es wieder in Betrieb. Ich hatte mich finanziell daran beteiligt. Leider konnte dieses Restaurant nicht lange unter Lavignes Direktion bleiben. Nach einjährigem defizitärem Unternehmen wurde alles verkauft. Lavigne zog sich an einen Ort in der Nähe von Aix zurück, wo er sich deutsch-französischen Übersetzungen widmete, insbesondere von Werken Georg Simmels.

Studium in Paris

Ich ging 1938 wieder zurück nach Paris, wo ich das zweite Jahr Rechtswissenschaft absolvierte und ein Diplom in Ästhetik und Kunstwissenschaft bei Professor Lalo erwarb. Ferner folgte ich Vorlesungen am "Institut d'Art et d'Archéologie" sowie am "Collège de France", wo mir die Vorlesungen von Henri Focillon wertvolle Hinweise zur Kunstgeschichte gaben. Sein Buch "La vie des formes" wurde für mich und meine weiteren Studien grundlegend, und ich habe seine eindrucksvollen Vorlesungen bis heute in bester Erinnerung.

Ende 1938 kam das Ehepaar Reder zu uns. Sie waren aus Prag geflüchtet und stammten aus der Bukowina. Als hochbegabter Bildhauer hatte er eine Empfehlung an Maillol. Dieser zeigte viel Sympathie für Reder, und als Maillol sich in Banyuls niederließ, waren Reders häufig bei ihm zu Gast. John Rewald freundete sich auch mit ihnen an und half ihnen in den schweren Jahren des Krieges. Durch meine und Rewalds Bemühungen konnte das Ehepaar Reder zuerst nach Kuba und später in die Vereinigten Staaten auswandern.

Mit der immer bedrohlicher werdenden Kriegsgefahr wurde die Situation der jüdischen Emigranten dramatisch. Vielen verhalf mein Vater, nach Übersee zu entkommen. Er hatte sich, seit in unseren Pässen das "J" eingestempelt war, nach anderen Staatsangehörigkeiten umgesehen. Zuerst wurden wir Spanier und fuhren mit unseren nagelneuen Pässen an die Grenze bei Hendaye, als wir, man schrieb das Jahr 1936, von dem eben ausgebrochenen Bürgerkrieg und von der Sperrung aller Grenzen erfuhren. Zurück in Paris lernte mein Vater einen Agenten kennen, der uns schwedische Pässe besorgte. Kurz darauf stand aber der Name des Agenten in allen Zeitungen. Er war ein berüchtigter Betrüger. Danach wurde uns ein Haiti-Paß verkauft mit der Auflage, nie mit diesem Papier nach Haiti zu fahren. Erst 1938 ergab sich die Möglichkeit eines Einkaufs ins Fürstentum Liechtenstein. Die Bedingung war, einer kleinen Gemeinde, Ruggell, einen Schulbau zu ermöglichen. Die Einbürgerung ging dann glatt vonstatten. Mit meinem Vater reiste ich nach Vaduz, um vor dem Regierungschef, Dr. Josef Hoop, den Eid abzulegen, womit wir zu Untertanen des Fürsten wurden. Wenige Wochen nachdem wir wieder in Paris waren, fand der Einmarsch der Deutschen in Österreich statt. Nun mußten wir fürchten, daß unsere liechtensteinische Staatsangehörigkeit wertlos werden würde, da das Fürstentum möglicherweise den Nationalsozialisten anheimfallen könnte. Als mein kleiner Bruder schwer erkrankte, war an eine Auswanderung aus Frankreich nicht mehr zu denken. Auch sonst erreichten uns nur Hiobsbotschaften. Die Hamburger Firma war liquidiert worden. Die Amsterdamer Firma wurde auf ein Minimum reduziert. Georg Tillmann bereitete seine Emigration nach New York vor. Mein Vater hatte blindes Vertrauen in die französische Armee und zweifelte nicht, daß der Ansturm der Hitler-Armee zurückgeschlagen werden würde. Es kam bekanntlich anders. Was wir kaum zu hoffen gewagt hatten: Meine Familie konnte sich mit dem Liechtensteiner Paß in Sicherheit bringen. Denn 1943 organisierte die Schweiz mit Erlaubnis der deutschen Besatzungsbehörde die Repatriierung ihrer jüdischen Bürger und man nahm als einzige Liechtensteiner meinen Vater und eine meiner Schwestern mit. Einige Monate später konnte meine Mutter mit meinem Bruder und meiner anderen Schwester nach Basel gelangen, von wo sie nach Vaduz weitergeleitet wurden. So war die Familie wieder zusammen.

Aufenthalt in Genf
Ich war im September 1939 einige Tage vor Ausbruch des Krieges zum Studium nach Genf gefahren. Nach der Besetzung von Paris sollte ich von dort versuchen, nach New York zu gelangen. Der Cousin und Kompagnon meines Vaters, Ge-

org Tillmann, hatte mir dafür ein Visum besorgt. Nach Pearl Harbor und dem Eintritt Amerikas in den Krieg wurden jedoch alle Visen für ungültig erklärt. So blieb ich zunächst bis Anfang 1941 in Genf, studierte dort internationales Recht bei Röpke und Von Mises, und daneben malte ich bei dem Genfer Maler François. Mein Interesse galt mehr und mehr der Malerei. In der Bibliothek Von der Heydt vertiefte ich mich in die chinesische Malerei.

1941 wurde es dann möglich, mit Hilfe meiner Verwandten in New York, ein kubanisches Visum zu erwerben. Durch fleißige Spanisch-Studien bereitete ich mich auf die Reise vor. Als ich das Visum erhielt, wurde ein sogenannter Convoy organisiert, ein von der Polizei begleiteter, verplombter Eisenbahnzug für Emigranten, der von der Schweiz durch das besetzte Frankreich nach Madrid fuhr. Voraussetzung für diese Reise war, daß man eine Buchung auf einem Dampfer nach Übersee vorweisen konnte.

Spanien in den Kriegsjahren

Die Reise durch Frankreich verlief ohne Zwischenfall. Die Polizei ließ uns manchmal bei längeren Halten auf Bahnhöfen in Südfrankreich auf dem Bahnsteig hin- und hergehen. Als wir durch Banyuls fuhren, ganz nahe schon der spanischen Grenze, dachte ich an Maillol und unseren Freund Reder. In Madrid angekommen, logierte ich in einem Hotel beim Bahnhof, ich glaube, es hieß Nacional. Dort war ich wohl der einzige Gast. Gemessen an der miserablen wirtschaftlichen Situation, in der Spanien sich befand, ging es mir in dem Hotel gut, weil es dort etwas zu essen gab, was sonst nirgends in Madrid aufzutreiben war. In den Straßenecken lagen Halbverhungerte, und jedesmal, wenn bettelnde Kinder hinter mir herliefen, kam die Guardia Civil und vertrieb sie.

Ich mußte mich am nächsten Tag bei der Polizei an der Puerta del Sol melden. Mein Paß wurde beschlagnahmt, und da ich wohl höchst verdächtig war, mußte ich jeden Vormittag zur Polizei. Natürlich war mein Dampfer nach Kuba, mit dem ich von Bilbao abfahren sollte, längst fort. Vor allem beunruhigte mich, daß man die Echtheit meines liechtensteinischen Passes anzweifelte. Nach einer Woche konnte ich meine täglichen Besuche an der Puerta del Sol auf einen Abstand von drei Tagen aufschieben. Der Verdacht gegen mich war wohl doch nicht aufrechtzuerhalten. Jetzt bemühte ich mich, einen anderen Schiffsplatz nach Havanna zu erhalten. Es gelang mir, eine Reservierung zu erreichen. In etwa drei Wochen sollte der "Marqués de Comillas" von Bilbao abfahren. Die Bestätigung meiner Ausreise genügte, daß mir mein Paß zurückerstattet wurde. Sogar meinem Gesuch für eine einwöchige Reise nach Andalusien wurde stattgegeben. So fuhr ich mit der Bahn nach Granada in überfüllten, verspäteten Zügen und geschwärzt vom Rauch der Lokomotiven. In Granada wohnte ich in einem verkommenen Palast, der sich Hotel Washington-Irving nannte, auf einer Anhöhe neben der Alhambra. Auch dort war ich der einzige Gast. Ich hatte ein paar ruhige Tage für Besichtigungen. Der Boden, auf dem man ging, war voller Trümmer und Scherben von arabischen Kacheln, die von den herumliegenden Ruinen abgefallen waren. Ein ausgehungerter Reiseführer begleitete mich. Als ich nach einigen Tagen abfuhr, kam der Portier mit mir an die Tür und verabschiedete sich mit dem Hitlergruß. Ich fuhr dann mit verschiedenen Autobussen, die alle überfüllt waren, in der andalusischen Landschaft herum, über gefährliche Bergstraßen, wo in einer Kurve einmal die Tür des Busses aufging und eine Reisende auf die Straße fiel, glücklicherweise ohne sich schlimm zu verletzen. Verständlicherweise gab es immer Leute, die sich mir näherten und zum Essen eingeladen werden wollten, da sie bemerkt hatten, daß ich mit Reiseschecks versehen war.

Für mich war es ein Erlebnis, dieses Land kennenzulernen. Wie einen Traum empfand ich die Seebucht Malagas, das blaue Meer und die rote Festung am Ende des Strandes. Voller Ehrfurcht ging ich durch die Tore der mit Kacheln geschmückten Generalife gegenüber dem massiven Schloß von Carlos Quinto. Unvergeßlich der Eindruck der großen Synagoge von Cordoba. Überall war ich der einzige Tourist, neugierig betrachtet von Leuten im Ort, von Armen und angesprochen von Studenten, die mich führen wollten, beobachtet auch von Polizei und Guardia.

Meine Rückkehr nach Madrid erlaubte noch kurze Besuche im Prado. Hieronymus Bosch mit seinem "Garten der Lüste", der große Velázquez mit "Las Meniñas" und Goya, den ich damals für mich entdeckte, den Maler wie den Radierer. Das waren, da ich diese Werke zum ersten Mal im Original sehen konnte, erstaunliche Entdeckungen. Zurbarán habe ich eigentlich erst viel später in seiner Größe erkannt, und El Greco kam mir erst entgegen, als ich Toledo sah, gelegentlich einer Spanienreise 1960. Diese Zeit entsetzlicher Spannungen, während der ich mich als einziger Tourist von einer mißtrauischen Bevölkerung beneidet sah und unsicher war, ob ich dem Chaos entrinnen würde, machte aus meinem Aufenthalt in Madrid und Südspanien mit allen künstlerischen Erfahrungen und ihren starken Kontrasten ein eigenartiges Abenteuer.

Die Zeit in Kuba 1941-1949: Ankunft in Kuba

Ich hatte mir viele Notizen gemacht, hatte angefangen, "Don Quijote" in Spanisch zu lesen, hatte alle Szenen, die mir besonders gefielen, zusammengestellt und mit Skizzen versehen. Als ich mich in Havanna installiert hatte, habe ich diese Skizzen ausgeführt, habe sie in etwa dreißig bis vierzig Blöcke von verschiedenen Hölzern und Formaten eingraviert. So sind die romanhaften Geschehnisse mit dem Hintergrund von Landschaften, Menschen und Objekten, als lebendige Erinnerungen an jene Reise auch materiell für mich erhalten geblieben, und ich blätterte noch oft in dieser Holzschnittserie, die ich in ganz wenigen Exemplaren auf ein schönes Japanpapier abgezogen hatte.

Als der "Marqués de Comillas" nach etwa dreiwöchiger Fahrt in die südliche Inselwelt einfuhr, gab es Meeresleuchten und Scharen fliegender Fische abends zu beobachten. Unter Deck aber gab es auch eine Tragödie, vor der die anderen Reisenden nichts wissen durften. Eine jüdisch-russische Emigrantenfamilie reiste mit einem geisteskranken Sohn, der in Begleitung eines der Familie befreundeten Arztes in einer Kabine eingeschlossen war. Durch die Bewegungen des Schiffes oder wodurch auch immer erwachte der Kranke aus seiner Lethargie und fing an, fürchterlich zu toben. Die Familie rief mich zu Hilfe, um ihn in eine Zwangsjacke zu stecken, was aber sehr schwierig war, weil der Kranke gewaltige Kräfte entwickelte. Dann fing er nach vorherigem monatelangen Stillschweigen plötzlich zu sprechen an. Er hielt lange Reden auf russisch zum Thema der russischen Revolution. Infolge solcher Auslassungen wurde der bedauernswerte junge Mann bei der Ankunft in Havanna gleich einem Sanitätsdienst übergeben und landete in der Irrenanstalt von Mazorro. Als die Familie später in die USA weiterreiste, wohin sie den Sohn nicht mitnehmen konnte, blieb dieser in Mazorro. Ein mir befreundeter Emigrant übernahm die Aufgabe, den Geisteskranken gegen Entgelt täglich zu besuchen, eine Betreuung, die lange Jahre währte und wesentlich zum Unterhalt des Betreuers beitrug.

Die neu angekommenen Emigranten wurden die ersten Tage in einem vor dem Hafen auf einer Insel gelegenen Lager interniert. Dort hielt man die Wohlhabenden unter ihnen erstmal zurück, bis sie, wie wir annehmen mußten, gewisse Geldbeträge an die Einwanderungsbehörde und ihre Beamten bezahlt hatten. Für die gewöhnlichen Einwanderer, die im Besitz eines in Europa gekauften Visums waren, dauerte der Aufenthalt im Lager etwa drei bis vier Tage. Nach der Entlassung blieb man natürlich zunächst in enger Verbindung mit den Leidensgenossen, von denen fast alle in kleinen Hotels im Vedado-Viertel unterkamen. Da die Erlangung des Visums 500 US-Dollar gekostet hatte, zuzüglich Spesen für einen in Havanna amtierenden deutschen Anwalt, hatte sich dieser ein wenig um die Probleme der Ankömmlinge zu kümmern. Ein Garantiedepot, das jeder Einwanderer schon von Europa aus einzuzahlen hatte – das waren 2.000 US-Dollar in Parität mit dem kubanischen Peso –, wurde uns nach zwei oder drei Monaten zurückerstattet. Wir erhielten die nötige Aufenthaltserlaubnis gegen den Nachweis, daß wir über ausreichende Mittel für unseren Unterhalt verfügen konnten. Diesen Nachweis konnten wir aber auch vielen bedürftigen Einwanderern beschaffen.

In Havanna erzählte man sich noch von der tragischen Fahrt des Emigrantenschiffes "Saint-Louis", das voll besetzt mit Flüchtlingen aus europäischen Lagern in Kuba ankam, aber keine Landeerlaubnis erhielt. In Havanna war ausgerechnet in dem Monat eine Welle von Antisemitismus manifest geworden. Das Schiff wurde zurückgeleitet, und da kein anderer Hafen sich öffnete, blieb nur Europa als Ziel. Das Ende war, daß alle Passagiere in deutsche Hände fielen und in den Lagern ums Leben kamen. Die Möbel, Wäsche, Bücher und sonstige Gegenstände wurden eines Tages in Havanna verkauft.

Die Ankunft von Schiffen mit Emigranten nahm ein plötzliches Ende. Nur noch ein Schiff war schließlich nach Kuba unterwegs. Man erfuhr, daß es vollkommen überladen war und Navigationsschwierigkeiten hatte. Auf diesem Transport befand sich ein guter Freund von mir, dem ich die Ausreise aus der Schweiz ermöglicht hatte. Ein Telegramm informierte uns, daß auf dem Schiff eine Typhusepidemie ausgebrochen war. Als nach Wochen der Dampfer in Havanna landete, konnte ich meinen Freund mit Hilfe eines Arztes und nach Zahlung von Schmiergeldern unbehelligt durch die Kontrolle bringen. Er war schwer erkrankt, aber durch die gute Pflege von meiner Frau wurde er wieder vollständig gesund.

Daß es uns gelang, den Bildhauer Bernard Reder mit einem der letzten Transporte nach Kuba zu holen, war uns eine große Freude. Die Situation in Südfrankreich war für ihn äußerst gefährlich geworden, nachdem sich das Komitee Fry vergeblich bemüht hatte, für ihn und seine Frau die Einreisegenehmigung in die Vereinigten Staaten zu erlangen. Über unser Zusammenleben in Kuba und Reders späteres Schicksal wird noch an anderer Stelle zu berichten sein.

Ich hatte während meines Spanien-Aufenthaltes wie gesagt meine Sprachkenntnisse erweitern können. So war ich bei der Ankunft in Havanna, im Gegensatz zu den anderen

Emigranten, in der Lage, mich rasch einzuleben. Ich hatte auch gleich mit der Wohnungssuche begonnen. Es war April und schon recht heiß, die Gärten im Vorort Vedado waren voller Blüten und die langen mit Palmen bewachsenen Avenidas brachten uns Europäern das Gefühl des Erwachens aus der Lethargie der Kriegsangst und Verfolgung, wovon nur das Echo durch die Radioberichte noch zu uns drang. Tausende von aus Europa geflüchteten Emigranten siedelten sich in diesen Monaten im Viertel Vedado an. Ich bezog eine kleine Wohnung im Zentrum dieser Gartenstadt, wo ich für meine künstlerische Tätigkeit – ich malte viel in dieser Zeit – genügend Raum hatte. Eine Gelegenheit bot sich mir für eine kleine Reise ins Innere der Insel bis zur Stadt Trinidad, wohin noch keine Straße, nur eine eingleisige Bahnlinie über die gebirgigen Pässe des Escambray führte, und wo ich nicht nur das verschlafene traumhaft schöne, noch ganz im Kolonialstil erhaltene Städtchen in einer Reihe Bilder aufnahm, sondern auch die umliegende Landschaftsszenerie in vielen Zeichnungen mir als Erinnerung meines ersten Kontaktes mit den Tropen nach Havanna nehmen konnte.

Havanna

Die Stadt Havanna war in jener Zeit durch die Kriegskonjunktur und die stark gestiegenen Zuckerpreise in einem überschwenglichen Wohlstand, der auch dem kulturellen Leben eine stärkere Entwicklung verlieh, obgleich Kultur eine Angelegenheit einer kleineren Minorität blieb und ganz am Rande der im geschäftlichen und politischen Trubel und Aktivitäten getauchten Menge nur wenige interessieren konnte. Es war ein enormer Zufall, daß sich ganz in meiner Nachbarschaft die Wohnung einer Tochter des großen Zuckermagnaten Gómez-Mena befand. Diese Frau von außergewöhnlichem Charme (ihr Porträt, vom kubanischen Maler Carlos Enríquez gemalt, hängt im Museo Nacional) und einem ungeheuren Temperament, war ständig von einer Schar Künstlern und Schriftstellern umgeben, die der damaligen Avantgarde angehörten und der Akademie den Krieg angesagt hatten. Maria Luisa Gómez Mena hatte erfahren, daß ich mich für Kunst interessierte. Sie forderte mich auf, zu einer ihrer Künstlerabende zu kommen.

Ich lernte dort die Maler Carreño und Portocarrero kennen, die in späteren Jahren in Südamerika berühmt wurden. Auch traf ich dort den französisch-kubanischen Schriftsteller Guy Pérez Cisneros, mit dem ich mich sehr anfreundete und welcher mich mit vielen Intellektuellen bekannt machte. Mit Portocarrero, seinem Freund Milián und dem Maler Mariano verband mich das Interes-

Raúl Milián, Aquarell und Tinten

Amelia Pelaez, Öl, 1941, Sammlung Claudine Hélion-Altmann

Amelia Pelaez im Patio ihres Hauses, Vorstadt von Havanna, 1946, photographiert von Robert Altmann

se am Widerstand gegen die traditionelle "Academia". Guy Pérez Cisneros führte diesen Kampf in Zeitungsartikeln und durch die Organisation von Ausstellungen, brachte Sammler zur Überzeugung, Werke der jungen neuen Kunst zu erwerben und sammelte selbst eifrig Bilder und Plastiken.

In der Zeit fand die erste große Ausstellung der neuen Kunst im "Capitolio", dem imposanten Kuppelbau, einer Imitation des Capitols in Washington, unter großer Beteiligung statt. Ich sah dort zum ersten Mal die Maler Abela, Ravenet, Carlos Enríquez und Amelia Pelaez – letztere war während ihres Pariser Studienaufenthaltes eine Schülerin von Léger – sowie Alexandra Exter, sie hatte eine Synthese gefunden, den Kubismus mit den kubanischen Themen des Spätbarocks und des Neoklassizismus zu verbinden.

Sie wurde in den folgenden Jahren als eine der Hauptfiguren der kubanischen Kunstszene anerkannt und international gefeiert. Ich konnte durch diese Ausstellung die Dynamik der neuen Kunstrichtungen erkennen und diese Entwicklung intensiv miterleben durch meine Kontakte zu jenen Künstlern, die sich um den Dichter José Lezama Lima gruppierten und sich beteiligten an den von ihm publizierten Zeitschriften.

Begegnungen und Perspektiven vor dem Hintergrund des Zweiten Weltkrieges

Inzwischen verlief in der Ferne das Drama des Krieges und die Nachrichten meiner im besetzten Frankreich zurückgelassenen Eltern und Geschwister wurden immer karger und seltener. In diesen sorgenvollen Momenten hatte ich das Glück, Hortensia Acosta, meine spätere Ehefrau, kennenzulernen und durch sie und ihre teils in Havanna, teils in Cienfuegos lebende Familie ganz in die kubanische Welt eingeführt zu wer-

Häuser in der Altstadt von Havanna, photographiert von Robert Altmann, 1985

Robert Altmann, Gouache, "Composition architecturale", 1945, Havanna (die Gemälde von Robert Altmann aus der Zeit in Havanna sind fast alle verschollen)

den, sie zu verstehen und schätzen zu lernen. Im Jahre 1942 wurde unser Söhnchen Roberto geboren. Ich zeichnete und arbeitete besonders an Radierungen und Holzschnitten. Meine Frau Hortensia sowie auch unser Roberto sollten in vielen meiner damaligen Radierungen erscheinen, umgeben von der überwältigenden tropischen Pflanzen- und Tierwelt. Guy Pérez Cisneros schrieb einige Artikel über meine graphischen Arbeiten aus diesem Jahr.

Der Besuch des Direktors Alfred H. Barr vom Museum of Modern Art New York in Havanna galt den Vorbereitungen einer großen Ausstellung kubanischer neuerer Kunst in diesem seinem Museum. Barr war eine wichtige Persönlichkeit in den Vereinigten Staaten. Kuba, das ein verbündetes Land im Krieg gegen Deutschland war und eine strategische und wirtschaftliche Rolle in diesem Kräftespiel darstellte, sollte auf diese Weise honoriert werden. Maria Luisa Gómez Mena führte die Verhandlungen für die Maler und Bildhauer, die ausgestellt werden sollten, aber es entstand ein ernster Konflikt wegen der Zusammensetzung der kubanischen Beteiligung. Seit etwa zehn Monaten war der Maler Wifredo Lam, aus Frankreich kommend, in Havanna ansässig. Gebürtig in Sagua-la-Grande, hatte er in den zwanziger Jahren Kuba verlassen, lebte in Spanien, partizipierte am Spanischen Bürgerkrieg, und zog Ende der dreißiger Jahre nach Paris, wo er, mit Picasso befreundet, schon recht bekannt wurde und sich der Surrealisten-Gruppe anschloß.

Seine Ankunft in Havanna wurde von den meisten Künstlern ignoriert. Seine Beteiligung an der New Yorker Ausstellung wurde in Frage gestellt, worauf Lam sein für dieses Ereignis gemaltes Bild "La Jungla" zurückzog und es der New Yorker Ga-

28

Im Atelier von Robert Altmann, Havanna 1945: Hortensia Acosta Altmann mit Klein-Roberto

Im Atelier von Mariano: René Portocarrero und Mariano Rodríguez, Havanna 1948/49

lerie Pierre Matisse zur Verfügung stellte. Daraufhin kaufte Barr für das Museum of Modern Art dieses Gemälde, das seit jener Zeit in der Eingangshalle des Museums hängt. Dieser Zwischenfall sollte viele Jahre später immer noch die Unverträglichkeit zwischen den Verfechtern der Ideen Lams und denen der meisten anderen Künstler weitertragen.

Die weitaus größte Gruppe der jüdischen Emigration in Havanna bestand aus deutschen Flüchtlingen, die teils aus Lagern in Frankreich, teils aus andern Ländern über viele Umwege und Irrfahrten angelangt waren.

Meine 1938 erworbene liechtensteinische Staatsangehörigkeit verhalf mir zur Auswanderung durch Frankreich und Spanien. Aber in Kuba war der liechtensteinische Paß unbekannt, und ich fürchtete ständig, als Deutscher und folglich als feindlicher Ausländer verhaftet zu werden. Mit der Hilfe des schweizerischen Konsuls konnte ich nicht rechnen, da sich derselbe bei meiner Vorsprache sehr abweisend zeigte. Bei einem Ausflug entlang der Meeresküste wollte ich einige Landschaftsskizzen machen. Sobald ich mich mit Block und Bleistift niedergelassen hatte, standen zwei Polizisten bereits hinter mir. Damals war nämlich propagiert worden, deutsche Spione würden für die U-Boot-Flotte an Kubas Küsten Landungsmöglichkeiten auskundschaften. Sobald ich also einen einzigen Strich auf meinen Block gezeichnet hatte, wurde ich in Haft genommen. Ich zog den Paß aus der Tasche: Liechtenstein. "Hitlerstein..." schrien sie, und ich mußte zur Polizeistation und Adresse und Personalien angeben. Als ich schließlich entlassen nach Hause kam, waren vier oder fünf zigarrenrauchende Polizisten in meiner Zweizimmer-Wohnung, durchsuchten alles, konfiszierten einen Photoapparat und zogen dann wieder ab. Glücklicherweise hatte dies keine Folgen und ich bekam eine regelrechte Aufenthaltserlaubnis nach einigen Wochen Wartezeit.

Die deutschen Emigranten hatten mit ihrem angeborenen Sinn für Organisation bereits eine Assoziation gegründet, welche eine wöchentliche Zeitung herausgab. Ich hatte Gelegenheit, mehrere Artikel darin zu schreiben, worin ich meine Freunde Portocarrero, Mariano und den Bildhauer Lozano gegen Angriffe der Gruppe militanter Akademiker in Schutz nahm und zwar mit solcher Vehemenz, daß die Gegner mit Prügeleien drohten und ich bei den nächsten Ausstellungen im feudalen "Lyceum", wo meine Freunde ausstellten, in Begleitung erscheinen mußte und durch eine Hintertür aus dem Gedränge der Vernissage entkommen konnte. Ich schrieb dann regelmäßig über diese Ausstellungen, wo wir zum ersten Mal ein bedeutendes neueres Werk von Wifredo Lam sahen, "La silla" ("der Stuhl"), das uns einen bleibenden Eindruck machte. Dieses Bild wurde von dem Schriftsteller Alejo Carpentier gekauft.

Formenwelt in Kuba

Diese meine kunstkritischen Arbeiten brachten meine Aufmerksamkeit auf die Formenwelt, welche die Bevölkerung in ihrem täglichen Leben umgibt und sich zusammensetzt aus Merkmalen des noch im 18. Jahrhundert lebendigen Barock, noch deutlich in der Architektur der alten Innenstadt und in vielen Ortschaften der Provinz und des Neo-Klassizismus, der sich in den Bauten des vorigen Jahrhunderts mit dem Barock vermischte und dann im dekorativen Hausinneren bis zur Gegenwart lebendig blieb. Ich war durch meine Studien an der Pariser Sorbonne und am "Institut d'Art et d'Archéologie" auf solche Beobachtungen hin geschult worden, besonders durch die Lehre Professor Focillons, den ich sehr bewunderte, hauptsächlich wegen seines Buchs "La vie des formes". Als wir Focillons Tod 1943 in New Hampshire in den USA erfuhren, war unser Wunsch, sein Gedächtnis ehrend, eine kleine Feier zu veranstalten, wozu sich der Direktor der "Sociedad Cultural Francesa", Herr de la Torre, zur Verfügung stellte. Ich hielt einen Vortrag über das Werk des Verstorbenen, über die laufenden Veränderungen der künstlerischen Formen und ihre Gesetzmäßigkeit sowie die fast unsichtbare Verbindung zum geschichtlichen Fortlauf in einem steten Wechselspiel.

Die Eigendynamik der Formen schien mir danach im Licht der Philosophie Bergsons eine Anwendung auf die Geschichte der Ornamentik zu erlauben. Die eindrucksvolle Vielfalt des Ornamentes in der kubanischen Umwelt, in den Holztäfelungen und Eisengittern, Mosaiken und Korbmöbeln, welche sich schließlich in den Kunstwerken einer Amelia Pelaez, eines Cundo Bermúdez oder Portocarreros niederschlug, war mir eine willkommene Gelegenheit, diese Ornamentik als eigenständiges Kunstthema zu betrachten, was ich dann in einem längeren, auf den Maler Portocarrero bezogenen Artikel in der Kunstbeilage der Zeitung "Información" als einen Beitrag zur dortigen Kunstgeschichte ausführen konnte.

René Portocarrero wurde einer meiner besten Freunde, und wir machten Pläne, ein Buch über das in Vergessenheit und Ruin verfallene Stadtviertel El Cerro zu publizieren. Dort waren die Patrizierhäuser des vorigen Jahrhunderts inmitten verwilderten Gärten hinter vermoosten Zäunen mit ihren eingestürzten Holzbalkonen ein wahres Zeugnis für das Zusammenwirken der üppigen, in alles eindringenden Vegetation.

René Portocarrero, Zeichnung, 1943

Atelier Robert Altmann in Havanna 1945, mit einer Skulptur von Bernard Reder und einer Malerei von Wifredo Lam (Photo Robert Altmann)

Überreste der spätbarocken Ornamente an Hausfassaden, Statuen, Sockeln und Gittern gaben diesem, nur noch von einer verarmten Bevölkerung bewohntem Stadtteil einen besonderen Reiz und bildeten einen überzeugenden Beweis unserer Kunsttheorien. Außer einigen Holzschnitten, die ich verfertigt hatte, und einer Serie Aquarellen von Portocarrero kam unser Projekt nicht zur Verwirklichung. Später schrieb ich dann in diesem Zusammenhang einen Artikel über das Ornament in der Malerei von Amelia Pelaez, der in der Zeitschrift "Orígenes" von Lezama Lima im Jahre 1948 veröffentlicht wurde.

Bernard Reder

Aus Europa kamen weitere Flüchtlingstransporte an, meistens aus den Lagern in Südfrankreich. Ich hatte verschiedenen Personen in akuter Gefahr ein kubanisches Visum besorgen können. Unter den Neuangekommenen befand sich auch der Bildhauer Bernard Reder mit seiner Frau. Ich hatte beide in Paris gut gekannt. Sie waren aus der Bukowina vertrieben worden, lebten dann in Prag und kamen kurz vor Kriegsbeginn nach Frankreich. Reder war von chassidischer Folklore beeinflußt, kam dann in Frankreich in Berührung mit der Kunst von Lipchitz und Laurens und war oft in Banyuls mit Maillol zusammen, der ihn sehr schätzte. Mit Reder mietete ich eine geräumigere Wohnung am äußersten Ende Vedados, am Ufer des Rio Almendares. In der Garage konnte Reder Steinblöcke bearbeiten. Untersetzt und etwas dicklich, arbeitete er ununterbrochen, halbnackt in der großen Hitze und der Anblick dieses kraftstrotzenden Steinhauers, der aus riesigen Blöcken verschlungene nackte Frauenkörper entstehen ließ, war etwas sehr Beeindruckendes. Viele kubanische Künstler kamen regelmäßig, um der Entstehung dieser merkwürdigen Plastiken beizuwohnen. Der junge Bildhauer Lozano inspirierte sich an diesem Werk und blieb lange mit Reder in eifriger Diskussion. Guy Pérez Cisneros erschien häufig in unserer Garage. In der oberen Etage waren Räume für meine graphischen und malerischen Versuche, und Reder konnte seine Pastelle und Skizzen für Skulpturen und Architekturen dort ausführen. Seine sehr schönen Holzschnittserien wurden im Lyceum ausgestellt. Verkauft wurde aber so gut wie nichts. Eines Tages erschien Pierre Loeb bei uns. Er besaß einst die berühmte Galerie Pierre in Paris, rue de Seine, die von den Besatzungsbehörden beschlagnahmt worden war, und so war er mit seiner Familie in Havanna gelandet, ebenso wie Frau Perls, bekannte Bilderhändlerin und Spezialistin der modernen Malerei: Beide kannten das Werk Reders und hatten anscheinend die Absicht, sich dieser Arbeiten anzunehmen für den Fall, daß sie in den Vereinigten Staaten Fuß fassen könnten. Es kam aber zu keinem Vertrag, und Reder hat auch später in New York keine ihn vertretende Galerie gefunden.

Pierre Loeb hatte aus Frankreich eine Reihe Gemälde und Graphiken von Picasso mitgebracht, die nun im Lyceum ausgestellt wurden. Es war dies ein großes Ereignis, hatten doch die meisten kubanischen Künstler noch nie Originale von Picasso gesehen. Die Ausstellung schlug alle Besucherrekorde. Ich war mit Portocarrero dort, als die Graphikausstellung lief und die Suite Vollard vollständig zu sehen war. Portocarrero war tief ergriffen von diesen von ihm so verehrten Radierungen, die er bisher nur in Reproduktionen hatte sehen können.

In den Jahren 1942-1943 waren übrigens noch andere kulturelle Ereignisse von großer Bedeutung organisiert worden: regelmäßige Konzerte der "Filarmónica" unter der Leitung von Erich Kleiber, die Entstehung der Gruppe "Renovación Musical" unter José Ardévol mit den kubanischen Komponisten Orbón, Gramatges und anderen, das Gastspiel der "Comédie Française" mit dem Schauspieler Louis Jouvet, Vorträge von Jules Romains und vom mexikanischen Maler Alfaro Siqueiros sowie vom chilenischen Dichter Pablo Neruda.

Für die Emigranten, von denen sich häufig kleine Gruppen bei uns einstellten, war das Abhören der Radioberichte über die Kriegsereignisse die ununterbrochene Hauptbeschäftigung. Erst als Alejo Carpentier die Direktion eines Radiosenders übernahm, wo er ein laufendes Programm von ausgezeichneter Musik, klassischer und moderner, ausstrahlen konnte, war für uns alle ein geistiger Gegenpol gegen die grauenerregenden Nachrichten von den Kriegsfronten geschaffen worden. Wie oft waren wir vor dem Radioapparat versammelt und ließen uns mitreißen durch die vergeistigte Atmosphäre der großen Musiker.

Politische Flüchtlinge

Unter den Emigranten war eine Anzahl politischer, linksgerichteter Flüchtlinge, die den Nazi-Verfolgungen hatten entrinnen können. Es war da ein alter Syndikalist, der in Deutschland Anfang der zwanziger Jahre ein anti-leninistisches Syndikat präsidierte und von den Stalinisten verfolgt wurde: Anton Grylewicz, dessen Namen in Werken über Gewerkschaftsgeschichte figuriert. Dann erinnere ich mich noch an Boris Goldenberg, der vor 1930 dem linken Flügel der SPD, der SAP, angehörte. Er war hochintelligent und von großer Bildung und hielt Vorträge, die die jungen Studenten mit Begeisterung anhörten. Seine Einführungen in den Marxismus sind noch heute in der Erinnerung

*Wifredo Lam,
Tintenzeichnung,
1958*

der ersten Begründer der Castro-Revolution geblieben. Der wohl bekannteste der politischen Flüchtlinge war Thalheimer, ein Spartakist der Jahre 1918-1919 und zusammen mit Brandler Gründer der KPD im Jahre 1921. Lenin soll sich sehr lobend über ihn ausgedrückt haben, aber unter den Stalinisten führte er nur ein Schattendasein. Seine Diskussionen mit einer Gruppe von Freunden, denen ich öfters beiwohnte, waren immer geschichtlich belehrend und höchst interessant. Ziemlich verlassen von allen starb er im Jahre 1948, und mit seiner Witwe und einem einzigen Freund waren wir zu dritt auf dem kleinen jüdischen Friedhof in Guanabacoa, unter einem furchtbaren Sturm, der sich bald zu einem Orkan entwickelte und die Totengräber vor Beendigung der Grablegung die Flucht ergreifen ließ. Wir hatten große Mühe unter den Regengüssen und dem Chaos von gestürzten Bäumen und Telegraphenmästen wieder nach Havanna zu gelangen.

Bei Helena und Wifredo Lam

Einige der Emigranten hatten sich, insbesondere in Frankreich, durch ihre politischen Verbindungen dem Surrealismus genähert, welcher sich durch die anti-stalinistische Stellungnahme André Bretons und seiner Freundschaft zu Leo Trotzki mit der Vierten Internationale verbunden fühlte. Einige der Trotzkisten waren regelmäßige Besucher bei Helena und Wifredo Lam in ihrem Haus Calle Panorama und später in Marianao.

Sie trafen dort Mary Low, Witwe des Schriftstellers Juan Brea. Mary Low war bekannt geworden durch einen Gedichtsband, hatte aber damals schon aufgehört zu schreiben. Auch der Dichter und Schriftsteller Virgilio Piñera kam oft zu diesen Versammlungen sowie Alejo Carpentier, der in Paris eine Zeitlang den Surrealisten zugehörte, sich dann aber nach der Spaltung zur Gruppe um Georges Bataille, Michel Leiris und André Masson und Robert Desnos rechnete. In Paris hatte er bereits einen Namen, und seine Romane wurden zuerst in Spanien, dann in Frankreich bei Gallimard herausgegeben. Als großer Kenner der Musik hatte er im Jahre 1946 das grundlegende Buch über den Ursprung und die Geschichte der kubanischen Musik veröffentlicht. Er war einer der ersten Sammler der Werke Wifredo Lams und verfocht die Tendenzen der jungen Kubaner in Zeitschriften und anderen Publikationen. 1945 verließ er Kuba, um nach Venezuela zu übersiedeln. Ich hatte Wifredo Lam und seine Frau Helena Holzer erst relativ spät, wohl 1944, kennengelernt. Pierre Loeb, der oft bei uns war, hat mich eines Tages nach Marianao zu Lam gebracht und wir blieben Jahre hindurch sehr befreundet.

Eine interessante Persönlichkeit des Kreises um Wifredo Lam war auch Lydia Cabrera, Autorin von Büchern über Legenden und Gebräuche der schwarzen Bevölkerung Kubas. Sie konnte Lam in Feiern und Zeremonien afro-kubanischer Sekten einweihen und ihm einige "santeros" (Priester) vorstellen, welche der Künstler als Themen seiner Bilder verwenden sollte. Seine Frau Helena Holzer, deren Porträt in vielen Zeichnungen und Gemälden dieser Epoche erschien, war sehr bewandert in Anthropologie und hatte die Bücher des damals noch sehr aktuellen Frobenius gelesen. Helena war es, die den Bildern ihres Mannes die Titel gab. Entweder afrikanisch-kubanisch oder indo-kubanisch hatten diese Bezeichnungen die Verknüpfung der inneren Welt des Malers mit der Realität des Landes und der Bevölkerungsmischung zu unterstreichen. Die Besucher im Atelier von Lam hatten Gelegenheit, die letzten Berichte über das internationale Kulturgeschehen zu erfahren, insbesondere was den Surrealismus betraf, da Lam liiert blieb mit André Breton (nun nach New York ausgewandert) und mit den nach Mexiko emigrierten Wolfgang Paalen und Benjamin Péret sowie dem in Haiti verbliebenen Pierre Mabille. Aimé Césaire, der zu den bedeutendsten Dichtern in der zeitgenössischen französischen Literatur zählt und dem außerdem eine große Rolle als Politiker zugekommen ist, hatte sein Hauptwerk: "Retour au Pays Natal" veröffentlicht sowie mehrere von Picasso illustrierte Gedichtbände. Sein Werk wurde durch Lam dem Kubaner Virgilio Piñera bekannt, der in einer ähnlichen Inspiration sein Gedicht: "Isla en Peso" veröffentlichte. Ab 1944 erschien in Havanna die Zeitschrift "Orígenes", welche José Rodríguez Feo und José Lezama Lima zusammen leiteten, und die sofort einen großen Anklang in ganz Mittel- und Südamerika fand. Lezama war nun auch ein häufiger Gast bei Lam und ließ ihn verschiedentlich Illustrationen für seine Zeitschrift anfertigen.

Die von Rodríguez Feo und José Lezama Lima in Havanna gegründete Kunst- und Literaturzeitschrift "Orígenes", Nummern April 1945 und 1952, Zeichnung Wifredo Lam; Nummer 1955, Zeichnung Alfredo Lozano; Nummer 1955, Zeichnung Amelia Pelaez

Geburtsstunde des Brunidor Verlages

Meine eigene künstlerische Tätigkeit fand auch eine Publikationsmöglichkeit in der Zeitschrift Lezamas: Mehrere Male wurden Zeichnungen von mir abgebildet. Ich hatte mich mittlerweile den graphischen Techniken zugewandt, und Bernard Reder war mir dabei sehr behilflich. Ich lernte bei ihm das Holzschneiden und dann die Radierkunst. Da wir damals keine Kupferplatten fanden, machte ich meine Radierungen auf Zinkplatten, und als Säure bediente ich mich einer Art Chlorwassers, was sonst als Reinigungsmittel diente. Reder hatte mir auch eine kleine Maschine zum Zerstäuben des Kolophoniumstaubes konstruiert, sodaß ich leichter Aquatinta anwenden konnte. Ein

ORIGENES
REVISTA DE ARTE Y LITERATURA

LA HABANA   *Primavera*   ABRIL, 1945

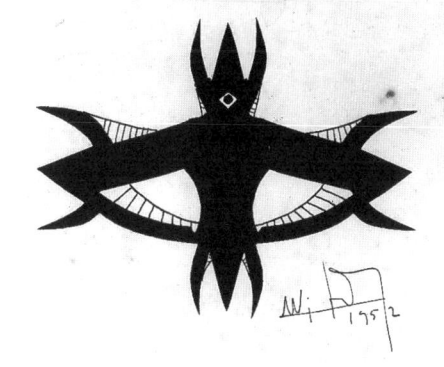

ORIGENES
REVISTA DE ARTE Y LITERATURA

LA HABANA   1952

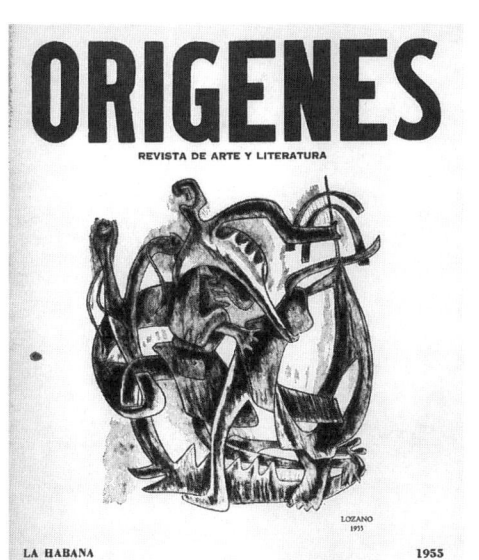

ORIGENES
REVISTA DE ARTE Y LITERATURA

LA HABANA   1955

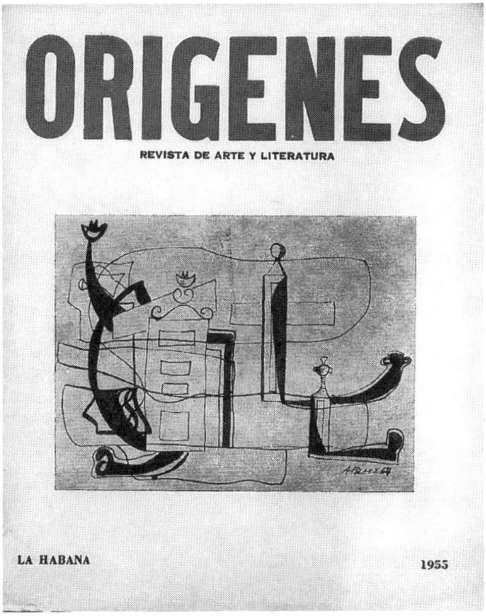

ORIGENES
REVISTA DE ARTE Y LITERATURA

LA HABANA   1955

*Robert Altmann,
Havanna 1940-41*

Professor der Kunstakademie, Caravia, lieh mir in seinem Atelier eine Handpresse. Ich konnte auf diese Weise Probedrucke und kleinere Ausgaben abziehen.

Begegnung mit Samuel Feijóo

Eine der merkwürdigsten Begegnungen war die mit dem Poeten und Maler Samuel Feijóo. Ich traf ihn eines Tages auf einer Straße im Vedado-Viertel, als einziger Zuschauer vor der Staffelei eines alten Malers aus Russland, Lerner, Freund von Reder, der ihn aus Prag und Paris kannte, welcher dort in den lyrischsten, Chagall nicht unähnlichen Farben eine Landschaft skizziert hatte. Feijóo konnte sich mit Lerner, der kein Wort Spanisch sprach, nur durch Zeichen verständigen, und diese Gesten der Bewunderung und des Enthusiasmus zeigten mir gleich die große Empfindsamkeit und artistische Einfühlung dieses Betrachters.

Samuel Feijóo war lange Jahre in seiner Heimatstadt Cienfuegos verblieben und war dort schwer erkrankt; damals aber war er wieder in Havanna, fast unbekannt, aufgetaucht. Es war für ihn ein neuer Lebensanfang; mit uns konnte er über Kunst und Literatur sprechen. Er hatte Juan Ramón Jiménez und Eugenio Florit gekannt und hatte seine ersten Dichtungen in ihrem Geist geschrieben. Dann hatte er zu zeichnen begonnen, und als er mir seine Zeichnungen vorlegte, war ich zutiefst bewegt von der Originalität seines Talentes und der Innigkeit seiner Inspiration. Samuel war immer bei uns, wenn er von Cienfuegos nach Havanna kam. Sein Hang zur Natur und zum einsamen Erforschen der Landschaft machte es ihm schwer, sich von Cien-

*Robert Altmann,
Radierung, 40er Jahre,
Havanna*

*Samuel Feijóo,
Photographie von 1945-
1946 mit der "Voigtländer",
Originalabzug, Havanna*

fuegos und den umliegenden Bergen, die er mit seinem Fahrrad Tag für Tag durchstreifte, zu trennen. Seine Freunde waren die "Guajiros", die verarmten Bauern in ihren isolierten Hütten, und die Zuckerfabrikarbeiter in den "Centrales", deren Sprechweise und Sitten er aufzeichnete und deren Volksdichtungen er in seine eigene Ausdrucksform umwandelte. Er entdeckte erstaunliche Begabungen unter diesen in größter Armut lebenden Menschen und sammelte Werke dieser Ausdrucksform – Grundstein zu einer phantastischen Sammlung naiver Kunst und naiven Schrifttums, für das sich später Dubuffet leidenschaftlich interessierte und eine Ausstellung im Musée d'Art Brut von Lausanne organisieren ließ.

Unser Sohn Roberto war nun drei Jahre alt, und wenn Samuel Feijóo bei uns war, machten wir mit ihm kleine Ausflüge, z.B. in das Hafenstädtchen Cojimar, wo wir ein Ruderboot mieteten und den Fluß hinauf fuhren, was dem Jungen enormen Spaß machte. Samuel photographierte Pflanzen, Wurzeln, Effekte des Wassers, Widerspiegelungen der verwilderten Ufer. Wir gingen auch öfters in den botanischen Garten des Zucker-Werkes Hershey, wo uns eine kleine elektrische Bahn in einer halben Stunde hinfuhr. Dort beobachteten wir Tiere in den Tümpeln, Frösche und Riesenlibellen, im Geäst Kolibris und an den Stämmen unzählige Insekten, die auf und ab liefen, besonders die roten Ameisen und Termiten.

Hortensias Familie, Geschwister, Onkel und Tanten, lebten in Cienfuegos und so entschieden wir uns eines Tages, mit Samuel Feijóo dorthin zu reisen, wo er mir die Orte seiner künst-

RUMORES DEL HORMIGO

POESIAS

DE JUAN C. NAPOLES FAJARDO "EL CUCALAMBÉ"

Die in einer Ausgabe von 1926 edierten Gedichte des Volksdichters El cucalambé, "Rumores del Hormigo"

lerischen Anregungen und Entdeckungen in der Landschaft oder bei den "Guajiros" zeigen konnte. Wir waren dort, mit Hortensias Familie und mit dem Bildhauer Mateo Torriente zusammen, der in einem herrlichen alten Haus in Kolonialstil mit seinen Eltern und Geschwistern lebte und um uns herum einige der jungen Schriftsteller und Dichter versammelte, wie Alcidez Iznaga, Aldo Menéndez und Nivaria Tejera, die schon einige in kleiner Auflage edierte Bücher publiziert hatten. Künstler der neuen Generation schlossen sich an, und wir gingen aufs Land, um zu zeichnen und zu malen oder mit Samuel Feijóo auf die Suche nach Talenten unter den Bauern zu gehen, Autobuschauffeuren, Schustern und Tabakarbeitern, die für uns dann zeichneten oder mit ihren Gitarren die "Décimas" sangen. Diese ganze Aktivität sollte später ihren Niederschlag in der von Samuel Feijóo geleiteten Zeitschrift "Islas" finden, welche dann in ganz Südamerika gelesen wurde.

Nicht einen Augenblick blieb Samuel ohne etwas zu beschriften oder auf Papier zu kritzeln, ohne die unglaublichsten Geschichten seiner Erlebnisse vor sich hin zu zitieren. Er verwandelte alles, was um ihn herum war, ins Poetische. Als er sich der Photographie hingab – ich hatte ihm eine "Voigtländer" geliehen, und später einen der ersten 8mm-Amateur-Filmapparate "Revere" – war es mit großer Leidenschaft: er studierte jeden Baum, jeden Halm, jeden Schatten der Äste, die in seine Photographien hineinkomponiert wurden. Unter seiner Ägide wuchs jede Pflanze ins Monumentale. Die Essenz des wachsenden Pflanzlichen erschien in ihrem majestätischen Wesen umgeben von den Filigranen tausender feingewebter Elemente. Blättchen, Ranken oder Antennen. Diese Besonderheit Feijóos trennte ihn von den anderen kubanischen Künstlern. Als Einzelgänger blieb er den anderen gegenüber verschlossen und seine Überempfindlichkeit rief des öfteren auch mit mir peinliche Situationen hervor, sodaß wir uns manchmal für Monate trennten. Mit der Zeit verging seine launische Stimmung, und wir machten wieder Projekte zusammen.

El Cucalambé

So war der Vorschlag, eine Neuausgabe der "Décimas", d.h. gruppierte Zehnlinien-Verse, des Bauernsängers "El Cucalambé" aus dem Ende des vorigen Jahrhunderts zu publizieren, von mir mit Begeisterung aufgenommen worden. Diese "Décimas" sind noch heute auf dem Lande beliebt. Sie werden in einer gewissen, vorgeschriebenen Tonart mit Gitarrenbegleitung gesungen und enthalten häufig Kommentare über wichtige Ereignisse, Erinnerungen an die Unabhängigkeitskriege, an die Feste der "Guajiros", Evokationen der idealisierten Indianer oder Beschreibung der Gärten und Blumen. Ich wollte für dieses bescheidene Büchlein Holzschnitte und Lithographien entwerfen und holte meine Dokumentation in der Nationalbibliothek, die sich im Inneren einer uralten Festung am Meeresufer befand: Die Säle waren in feierliches Halbdunkel getaucht; die enormen Balken, die das Dach zusammenhielten, waren wie gespenstische Riesenarme, zu denen verwinkelte Holztreppen führten. Ich studierte die Figuren der Lithographen des vorigen Jahrhunderts, insbesondere Mialhe und Landaluze, die vornehmlich die Gebräuche und Sitten der damaligen Zeit in ihren Lithographien festgehalten hatten, und interpretierte diese Tafeln frei nach meinen Ideen in einer Serie Holzschnitte. Zu dem Buch suchten wir auch typographische Ornamente aus romantischen Veröffentlichungen zusammen. Samuel Feijóo schrieb die Einleitung und fand eine Druckerei, die die Holzstöcke mit der Typographie zusammen druckte. Wir hatten uns der letzten Ausgabe dieses Dichters bedient, die 1926 in Havanna bei der "Moderna Poesía" herausgekommen war. Auf dem Buchdeckel war eine naive Zeichnung eines Indianers, in einer Hängematte ruhend und eine große Pfeife rauchend. Seither war nichts mehr über den "Cucalambé" publiziert worden. Ein Exemplar dieser Ausgabe (heute überaus selten) habe ich aufbewahrt, weil es voll von Notizen und Hinweisen auf Samuel Feijóos Arbeiten war und mir ein wertvolles Erinnerungsstück schien.

Während wir dieses Buch vorbereiteten, und ich im alten Kolonialen Stadtteil nach Antiquariaten suchte, stieß ich auf das Museo Nacional in der Aguiar-Straße, wo ich als alleiniger Besucher einen Ort von ungeahntem Mysterium vorfand. Schon der Vorhof war mit Lianen und auf allen Seiten rankenden Pflanzen erfüllt, unter denen man verrostete Kanonen, zerborstene Rüstungen und sonstige Eisenwerkzeuge aus vergangenen Zeiten erraten konnte. Eine knarrende Treppe führte an

"El cucalambé", Ausgabe der Brunidor Edition in Havanna, 1948, mit Einleitungstext von Samuel Feijóo und Holzschnitten und Lithographien von Robert Altmann

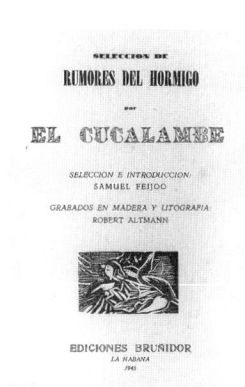

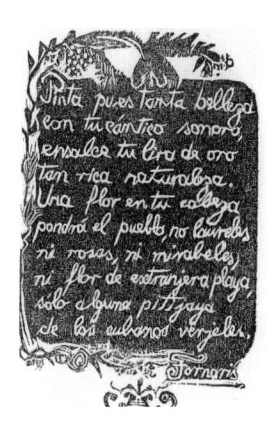

vollgepfropften Vitrinen vorbei, in denen ausgestopfte Vögel und byzantinisch anmutende, wurmzerfressene Gottesbilder in einem unbeschreiblichen Durcheinander aufgestellt waren. Im oberen Geschoß stand man vor einem riesigen Spiegel, auf dessen Gesims Büsten römischer Kaiser mit leeren Augen den Besucher empfingen. Im Hintergrund standen im Halbdunkel lebensgroße Skulpturen, ein Skelett, Stoffmäntel mit farbigen Stickereien übersät, und monumentale Marmorvasen im schwachen Schein der halbgeschlossenen Fensterjalousien. Diese Phantasmagorie sollte für mich ein neuartiges Thema meiner Graphiken werden, und als ich nach mehreren Besuchen auch eines Tages den Konservator traf, einen älteren Herrn in altmodischer Tracht und mit feierlichen Gesten mich begrüßend, hatte ich den Eindruck, in einer entschwundenen Welt zu sein und ein Traumreich betreten zu haben.

Nochmals kam mir die Idee einer Publikation, wie überhaupt die Graphik und Buchgestaltung mich ungemein beschäftigte. Ich sprach darüber mit meinen guten Freunden Jorge und Martha Fernández de Castro, einem reizenden Ehepaar mit hoher Kultur und feinem Kunstgefühl, das sich mit schönen Objekten und Malereien umgab und eine bekannte bibliophile Sammlung besaß. Jorge war mir ein Lehrer und Berater, was die Buchkunst betraf, und ich bin ihm für die Vermittlung seines ungemeinen Wissens auf diesem Gebiet äußerst dankbar. Er war Herausgeber von sehr schönen Gedichtbänden, zusammen mit dem Spanier Manuel Altolaguirre, der lange in Havanna lebte und dann nach Mexiko zog. Die Edition "la Veronica" wird von Kennern hoch gepriesen. Jorge war befreundet mit dem amerikanischen Photographen Walker Evans, der ihn mehrmals porträtierte, und stand in jahrelanger Korrespondenz mit Ramón Gómez de la Serna.

Als ich mich mit Samuel Feijóo entschloß, unser gemeinsames Buch "El Cucalambé" dem Publikum vorzustellen, holte ich Rat bei Jorge und Martha, die mir ihr Haus für einen Empfang zur Verfügung stellten. Es wurde daraus ein sehr gelungener gesellschaftlicher Anlaß: In dem Garten waren wir mit fast allen bekannten Maler-Freunden um ein schönes Buffet versammelt: Amelia Pelaez, Carlos Enríquez, Portocarrero, Lozano und andere waren mit uns, so auch Hortensia mit Geschwistern. Der große Kenner der Volksmusik, José Ramón Sánchez, sang in Gitarrenbegleitung die zehnreihigen "Décimas" des Cucalambé während des stimmungsvollen Abends.

René Portocarrero
Nicht weit vom Vedado-Viertel, wo die das Meer entlang führende Autostraße in großem Bogen sich gegen den Almendares zuwendet, stand ein etwa fünf Stockwerke hoher Block mit verwahrlosten Wohnungen, die von zahlreichen Familien bewohnt waren, zu urteilen nach den aus jedem Fenster herausragenden Wäschestangen und dem Lärm, der aus dem Inneren drang: ein Gemisch lustigster Volksmusik, von Guarachen und Rumbas, von Lachen und Schreien und Rufen spielender Kinder.

Im dritten oder vierten Stock am Ende eines mit hin- und herlaufenden Menschen gefüllten Korridors, kam man an eine mit Farben beschmierte Tür, die Wohnung von René Portocarrero. In Wirklichkeit gab es nur einen einzigen Raum, voll bepackt mit Rahmen, Farben und Leinwand, wo gerade noch Platz war für einen kleinen Tisch mit Aquarell und Pastellkästen. Und irgendwo war hinter dem Vorhang ein Bett. Eine Tür führte in das Zimmer Miliáns, ein ganz im Dunkel gehaltener Raum, der ebenfalls überfüllt war, aber mit Büchern, dicken Bänden, die fast bis zur Decke reichten und hinter denen, bleich und mit fiebrigen Augen, Milián erschien, in der Hand das Werk, das er gerade gelesen hatte. Es waren Schriften von allen bedeutenden Philosophen, Dilthey, Jaspers, Husserl, die ganze deutsche Philosophie, welche Raúl Milián mit Leidenschaft las und mit Begeisterung vor dem Besucher kommentierte. Jahre später wurde Milián ein Maler von visionären Bildern, von kuriosen Kalligraphien und rätselhaft schauenden Gesichtern, bis er sich eines Tages das Leben nahm. Einige Wochen nach ihm starb auf geheimnisvolle Weise auch sein Freund Portocarrero.

Meine Artikel über René Portocarrero und seine Zeichnungen erschienen in einigen Zeitungen und in Feijoós Zeitschrift "Islas", die die Universität von Santa-Clara herausgab. Das Thema des Ornamentes, in dessen Gewirr sich dargestellte Objekte aufzulösen scheinen, war auch in meinem Artikel "Das Stilleben in der Malerei von Amelia Pelaez" behandelt; diese Abhandlung erschien 1945 in der Nummer 8 der Zeitschrift von

Amelia Pelaez, Öl, 1941, Sammlung Claudine Hélion-Altmann

*Robert Altmann,
Cienfuegos/Kuba 1941*

Lezama Lima, "Orígenes". Ich hatte in dem Haus der Malerin, einem der typischen neokolonialen Bauten der Jahrhundertwende in der Vorstadt Santos-Suarez, die Ornamentmotive der Eisengitter, der farbigen Glasfenster, des großen Vogelkäfigs im Patio und der Holz- und Korbmöbel photographiert und Vergleiche angestellt zwischen diesen und der malerischen Ausarbeitung in den Bildern der Malerin.

Ich nahm einige der Exemplare des "Cucalambé" nach Europa als wir 1949 zurückkehrten. Ein Exemplar habe ich später bei der Liechtensteinischen Landesbibliothek deponiert, ein anderes in den lateinamerikanischen Fonds der Pariser Nationalbibliothek. So ist ein Zeugnis dieses bescheidenen Sängers der Palmen und Wälder Kubas auch diesseits des Ozeans erhalten geblieben.

Mit Wifredo Lam in Haiti

Im Jahre 1946 wurde unser zweiter Sohn, Carlitos, geboren. Wir wohnten damals im Zentrum der Stadt in einer ruhigen Gegend, wo die Kinder auf der Straße spielen konnten. Wenn die chinesischen Eis- und Bonbon-Verkäufer vorbeikamen und ihre Refrains halbsingend ausriefen, war es immer ein großes Fest für die Kinder, die ihnen mit fünf Centavos nachliefen, um etwas zu kaufen. Der Krieg war seit eineinhalb Jahren zu Ende, die Grenzen öffneten sich langsam. Ich hatte eine Reise nach Haiti unternommen, wo ich Helena und Wifredo Lam traf, die mich mit dem Leiter des französischen Instituts, Pierre Mabille, Mediziner und surrealistischer Schriftsteller, bekannt machten. Dieser war ein großer Kenner der Vaudou-Religionen und hatte Zugang zu den "Houngans" oder Priestern, was Uneingeweihten nicht möglich war. Er zeigte Helena und Wifredo Lam die Kultstätten und ließ sie den Zeremonien und Festen beiwohnen. Die Malerei von Lam hat die Züge dieses Ausdrucks der Volkstümlichkeit in erhabener Weise plastisch verarbeiten können. Aus dieser Zeit stammen Lams ergreifendste und vollkommenste Werke, von denen ich 1947 eines erwerben konnte. Als Andenken an diese Zeit konnte ich in einem vom Engländer Peters geführten Atelier primitiver haitianischer Maler auch ein Werk des Priester-Malers Hector Hyppolite erwerben. Hyppolite war von André Breton entdeckt worden und gilt als der bedeutendste Protagonist dieser Kunst. Das von mir gekaufte Werk stellt den Künstler selbst in Priester-(Houngan-)Tracht dar, auf einem Pferd durch eine von Blüten und Blättern belebte Landschaft reitend.

Ein Werk des haitianischen Malers und Vaudou Priesters Hector Hyppolite

44 *Pläne zur Rückkehr nach Europa*

Allmählich hatten sich die Emigranten in Havanna zerstreut, viele gingen nach den Vereinigten Staaten, andere zurück nach Frankreich und Belgien. Wir machten nun auch Pläne zur Rückkehr nach Europa. Meine Eltern hatten sich inzwischen in Vaduz etabliert.

New York: Brunidor

Bis Anfang 1949 waren wir in Havanna geblieben, von wo aus ich verschiedene Reisen nach Europa und in die Vereinigten Staaten unternommen hatte. Als ich 1946 zum ersten Mal nach New York kam, besuchte ich auf Empfehlung von Wifredo Lam den surrealistischen Schriftsteller und Kunsthistoriker Nicolas Calas. Dieser nahm mich sehr herzlich auf und führte mich in den Kreis dortiger bildender Künstler und Dichter ein. Ich schlug Ihm vor, an einer Ausgabe von Portfolios mit Originalgraphik ihm nahestehender Maler und Graphiker mitzuwirken. Er war begeistert von dieser Idee und wollte selbst einen einleitenden Text dazu verfassen. Die verlegerische Arbeit sollte in einem kleinen Büro gemacht werden, in dem bis dahin die Zeitschrift "View" von Charles-Henry Ford herausgegeben worden war, die nicht mehr erschien. Redakteur sollte John Myers sein. Der Maler und Graphiker Stanley William Hayter hatte sein Ate-

Die Eltern: Berthe und Gustave M. Altmann, Vaduz, März 1954

lier mit Graphikschule, das er vor dem Krieg in Paris gegründet hatte, nach New York transferieren können. Ich sympathisierte mit diesem erfindungsreichen und originellen Künstler, der für seine Radierungen die ausgefallensten Materialien, auch Kunststoffe, wie das damals noch kaum bekannte Nylon, anzuwenden wußte. Er benutzte sie für Farbabzüge in Kombination mit Siebdruck oder mit gleichzeitig auf die Platte aufgetragenen diversen Farbschichten. Bei Hayter arbeitete auch der chilenische Maler Enrique Zañartu, den ich gut aus Kuba kannte. Er war ein Freund Nerudas, von dem er Werke illustriert hatte. In diesem Atelier traf ich auch den Philosophen und Professor für Kunstgeschichte an der Columbia University, Meyer-Schapiro, der sich von Hayter in die Kunst des Radierens einführen ließ. Meyer Schapiro war mit allen in New York lebenden Surrealisten wie auch mit vielen der jüngeren amerikanischen Maler sehr befreundet, und seine Vorlesungen über die Kunst des Mittelalters an der New School of Social Research hatten ein begeistertes Publikum. Im Anschluß an diese anregenden Kurse geriet ich oft mit ihm in lebhafte Diskussionen über Ästhetik und Kunstgeschichte. So entstand die Idee, eine Zeitschrift zu gründen, ein Projekt, das aber nie verwirklicht wurde. Meyer Schapiro hatte mit Nicolas Calas einen tiefgehenden Dissens wegen dessen Deutung des "Garten der Lüste" von Hieronymus Bosch, einer Arbeit, die ihn seit Jahren beschäftigte und die er auf einen Text von Augustinus gründete. Von diesem unveröffentlicht gebliebenen Werk des Nicolas Calas wurde in den vierziger Jahren in New York viel gesprochen, was dem Autor ein gewisses Renommee erbrachte. Das paßte gut zu seiner imposanten Statur und seinem südländischen Charme (er war Grieche). Die Sprache dieses Philosophen und Dichters war reich an Zitaten aus dem griechischen Altertum wie auch an surrealistischen Bildern, dazu in perfektem Französisch oder Englisch. Auf diese Weise verstand er es, den jüngeren Intellektuellen seine Thesen nachhaltig zu vermitteln.

Treffen mit Seligmann, Tanguy, Matta, Miró und Gorky: Brunidor Portfolio I

Regelmäßig war die New Yorker Avantgarde in der herrlichen Wohnung der Mosaikkünstlerin Jeanne Raynal zu Gast. Diese denkwürdigen Abende gaben den Amerikanern die Möglichkeit, mit den durch die Kriegsereignisse nach Amerika vertriebenen Gruppen europäischer Künstler in Kontakt zu kommen. In dieser Atmosphäre von lebhaftem Ideenaustausch nahm unser Projekt einer Ausgabe von Graphikblättern konkrete Form an, die dann mit Hayters Hilfe die nötige technische Basis erhielt. Nachdem Calas das Portfolio Nr. I auf den Namen Brunidor getauft hatte, ein Instrument zum Radieren, das zugleich die Tätigkeit des Polierens und das Material des Goldes evoziert, ging ich zu dem Maler Kurt Seligmann, der ein sehr schönes Atelier in der Nähe der Public Library bewohnte. Er zeichnete mir ein Signet, welches ich für den Einführungsprospekt benutzen konnte. Wifredo Lam gab mir eine schöne Zeichnung, die reproduziert wurde, sodaß mit einem Text von Calas bald das Werbeblatt gedruckt wurde. Hayter hatte Yves Tanguy zur Mitarbeit gewonnen. Mit Max Ernst führte ich mehrere Gespräche. Ich glaube, das war in der Wohnung von Pierre Matisse, der mit meinem Unternehmen sympathisierte. Auch Matta war interessiert. Er trat großzügigerweise sein von mir erhaltenes Honorar an Nicolas Calas ab, dessen materielle Lage immer etwas kritisch war. Damals hatten alle Künstler Probleme dieser Art. Max Ernst verkaufte kein einziges Bild in seiner bei Julien Levy organisierten Ausstellung. Miró allerdings konnte seine Bilder durch große Galerien verkaufen, wie auch Matta, für den Pierre Matisse eine Vorliebe hatte. Er galt als der Maler der Zukunft und hatte großen Einfluß auf die jungen Amerikaner, die ihn bewunderten. Unter diesen war Gorky, dessen Werk starke Ähnlichkeit mit den Kompositionen Mattas aufwies. Gorky, ein zurückhaltender und eher schüchterner Mensch mit einem tiefen, forschenden Blick, gab mir zu verstehen, daß er gern bereit wäre, eine Graphik für mein Portfolio beizutragen. Ich hatte dem mit Freude zugestimmt, aber es kamen unvorhergesehene Dinge dazwischen, besonders eine schwere Krankheit und andere Sorgen, die Gorky davon abhielten, die Graphik zu realisieren. Dieser junge Künstler hatte

Brunidor Editions New York

Kurt Seligmann, "Acteon", Radierung, 1947, Brunidor Portfolio I, New York 1947

Yves Tanguy, Farbradierung, Brunidor Portfolio I, New York, 1947

Roberto Matta, Farbstiftzeichnung

Max Ernst, Radierung, Brunidor Portfolio I, New York 1947

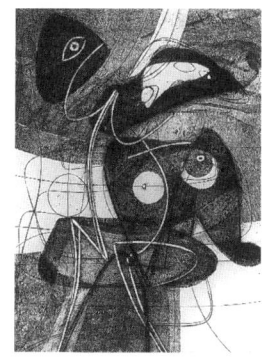

Stanley Willliam Hayter, Radierung, 1947, Brunidor Portfolio I, New York, 1947

Joan Miró, Radierung, 1947, Brunidor Portfolio I, New York, 1947

ständig eine Mütze auf dem Kopf, weil es ihn immer fror, was bezeichnend war für diese sensible, leidende Persönlichkeit. Er war von den Amerikanern derjenige, der sich am meisten mit den Europäern angefreundet hatte, besonders mit Miró, den er vergötterte.

Das Portfolio Brunidor Nr. I erschien im Jahr 1947. Es enthielt Farblithographien von Lam und Matta sowie Radierungen von Miró, Max Ernst, Seligmann, Hayter und Tanguy. Für letzteren hatte Hayter zwei Kupferplatten angefertigt, eine für die eigentliche Zeichnung und eine andere für die Tönung des Grundes. Auf diese wurden mit Rollen drei Farbflächen zugleich aufgetragen, was der Farbradierung einen besonderen Reiz im Zusammenspiel der feinen Linienzeichnung und dem wie aquarelliert wirkenden Hintergrund gab.

Als das Portfolio in 70 Exemplaren gedruckt war, sollte es 100 $ kosten. Kein Buch- oder Graphikhändler erwarb es damals. Einige Privatsammler leisteten eine Anzahlung von 25 $, haben aber nie den Rest bezahlt. Ich mußte Hals über Kopf das Büro auflösen und John Myers entlassen. Einzig der Direktor der Graphikabteilung des Museum of Modern Art, Liebermann, kaufte für das Museum die Nr. I der Edition. Da ich nicht länger in New York bleiben konnte, beauftragte ich John Myers mit dem Verkauf. Den größten Teil der 70 Exemplare habe ich nie wieder gesehen.

1946-1947 waren Jahre außerordentlicher künstlerischer Kreativität. In dieser Zeit kam es zum Konflikt zwischen den Surrealisten, die unter der Regie von Calas die führende Stellung in der Kunstszene der Nachkriegsjahre einnehmen wollten, und

Clement Greenberg, dem aggressiven Verteidiger der neuen amerikanischen Kunst, die schließlich die Oberhand gewann. André Breton war gleich nach Kriegsende von New York, wo er sich nie wohlgefühlt hatte, nach Paris zurückgekehrt. Eine Zwischenstellung nahmen Gorky und Matta ein. Max Ernst zog sich zurück in sein Haus in Arizona, Yves Tanguy lebte in Connecticut ebenso wie Joseph Cornell, den ich sehr schätzte, der aber kaum in New York ausstellen konnte. Symptomatisch für die Interesselosigkeit der Amerikaner gegenüber den Europäern war zum Beispiel eine Victor-Brauner-Ausstellung der Galerie Julien Levy, die auf völliges Unverständnis stieß. Ich war der einzige Besucher, als ich dort hinging. Unter den jüngeren Amerikanern suchten nur Baziotes, Gottlieb und Petrov mit uns Kontakt. Vom Surrealismus beeinflußte Schriftsteller wie Lionel Trilling und Parker Taylor, die auch in der Zeitschrift "View" veröffentlicht hatten, wurden kaum noch gelesen. Harold Rosenberg hatte lange eine Zwischenposition eingenommen, wandte sich aber dann vom Surrealismus ab. Gegen Ende 1948 erklärte mir Calas, daß sich in New York niemand mehr für den Surrealismus interessierte. Erst sehr viel später wurde klar, daß die neuen, rein amerikanischen Kunstrichtungen dem Surrealismus viel zu verdanken haben. Rauschenberg wie auch Gorky, Johns, Baziotes, Gottlieb, Pollock sind undenkbar ohne den Einfluß der emigrierten europäischen Nachkriegskünstler in New York. Meine eigene verlegerische Tätigkeit dort geriet in Vergessenheit. Der New Yorker Buchhändler Weyeth bot mir 1000 $ für die gesamte Ausgabe meiner Portfolios, was ich natürlich ablehnte. Nur die Buchhandlung Wittenborn zeigte ein gewisses Interesse für meine Bemühungen und Projekte, und Wittenborn selbst blieb mit mir, auch in späteren Jahren, in brieflicher Verbindung.

Marcel Duchamp

Ich hatte immer eine große Bewunderung für Marcel Duchamp. Er erschien uns oft rätselhaft in seinen Aussagen, war aber immer sehr herzlich und freundschaftlich und darum sehr beliebt bei den anderen Künstlern. Mir hinterließ er einen bleibenden Eindruck. Leider hatte ich damals nicht die Mittel, seinen "Koffer" zu kaufen, welcher sein Gesamtwerk in Miniatur enthielt samt dem "Urinoir" und der "Pariser Luft". Duchamp bot ihn mir an, weil er, wie so oft, dringend Geld brauchte. Er erklärte mir im Detail den Inhalt dieses Meisterwerks der Vervielfältigungskunst, das heute ein Museumsobjekt geworden ist. In diese Zeit fällt auch die Heirat von Duchamp mit der wohlhabenden, geschiedenen Frau von Pierre Matisse, womit seine fi-

*Wifredo Lam
in Chartres, photographiert
von Robert Altmann
1946/47*

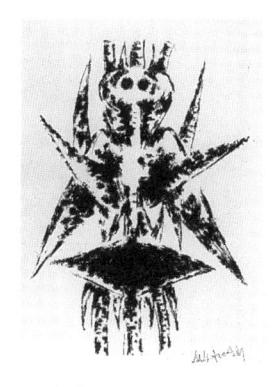

*Wifredo Lam,
Lithographie, Brunidor 1947*

nanziellen Probleme gelöst waren. Desgleichen verheiratete sich Matisse mit Patricia, der Frau von Matta, während Matta New York mit der Frau von Gorky verließ und nach Italien zog, woraufhin der ohnehin schon depressive Gorky Selbstmord beging. Calas empfand den Tod seines Freundes Gorky auch als einen großen Verlust für die Kunstwelt und verurteilte Matta mit unerbittlicher Vehemenz. In Paris nahm André Breton gleichfalls sehr kritisch gegen Matta Stellung und beschloß seinen Ausschluß aus der surrealistischen Gruppe. Sein Bannstrahl traf auch diejenigen, die Matta verteidigen wollten, so Victor Brauner, der daraufhin jahrelang wie ein Verfolgter ein einsames und schwieriges Künstlerdasein fristen mußte.

Kurz vor diesen Ereignissen hatte Matta in New York eine Zeitschrift mit dem Titel "Instead" gegründet, und zwar unter Mitwirkung des Komponisten Cage. Matta und Lionel Abel sollten die Zeitschrift führen, Calas sollte in der Redaktion mitwirken, und ich sollte mich finanziell beteiligen. Als Calas sich infolge des Skandals zurückzog, und ich gleichfalls meine Mitarbeit in Frage stellen mußte, ging die Zeitschrift nach acht Nummern ein. Gleichzeitig entfernte Pierre Matisse auf Veranlassung von Patricia alle Bilder von Matta aus der Galerie, sodaß es in ganz New York kein Werk dieses Künstlers mehr gab. Matta ging daraufhin für Jahre nach Italien und später nach Paris. Mir hat er meine Haltung wohl nie verziehen.

Wifredo Lam war noch in Havanna ansässig, kam aber sehr oft nach New York, wo wir uns bei Jeanne Raynal oder in der Wohnung von Pierre Matisse trafen. Die Lithographie, die er für das Portfolio Brunidor schuf, wurde von Lam mit lithographischer Tinte auf eine Zinkplatte gezeichnet, die ich von New York nach Kuba geschickt hatte. Er sandte sie dann nach New York zurück, wo ein Kollege von Hayter, der Drucker Jones, die Druckabzüge herstellte. Mit Lam traf ich mich auch in Paris – das war im Sommer 1946 oder 1947 – und ich erinnere mich an einen schönen Ausflug, den wir zusammen nach Chartres unternahmen. Aus dieser Zeit datiert auch meine Freundschaft mit Victor Brauner, der ein Bewunderer von Wifredos Werk war und auch die Kunst von Matta liebte.

André Breton in Frankreich

Ich besuchte damals André Breton in seiner Wohnung rue Fontaine und zeigte ihm das Brunidor Album, welches ihn aber nicht interessierte. Er sprach viel von seinen Enttäuschungen nach seiner Rückkehr nach Frankreich, insbesondere über die stalinistischen Überzeugungen seiner ehemaligen Freunde Tzara, Aragon und Eluard. Von seiner Gruppe aus der Vorkriegszeit

Victor Brauner,
Vorbereitung der Radierung
für das Brunidor Album II,
Brief vom 22. Dezember 1947
an Robert Altmann

waren eigentlich nur wenige übriggeblieben. 1947 wurde dann eine große Surrealisten-Ausstellung durch die Galerie Maeght organisiert, mit einer Dekoration von Miró und einem Aufbau des Architekten Kiesler. Es war der Versuch von Breton und seinen Freunden, die neue Linie des Surrealismus durchzusetzen, welche sich während des Aufenthalts von Schriftstellern wie Pierre Mabille und Benjamin Péret in Mittel- und Südamerika in Kontakt mit Gebräuchen und Mythen dieser Länder herausgebildet hatte, und die mit Bretons erneutem Interesse an esoterischen Schriftstellern des 19. Jahrhunderts (Eliphas Levy, Charles Fourier) zusammenfiel. Das Werk des Kubaners Wifredo Lam galt als Ausdruck dieser Tendenzen. Lam wurde hochverehrt als Überbringer von Botschaften und geheimen Riten aus Haiti und Kuba. Jacques Hérold hatte eine große Plastik ausgestellt, eine Figur, in deren Leib ein Spiegel eingebaut war. Max Ernst überbrachte die Mythologie der Hopi-Indianer aus New Mexico und Arizona. Man Ray sollte in einer Photographie-Serie die für die Ausstellung gestalteten Altäre wiedergeben. Diese Arbeiten wurden später in einer bibliophilen Ausgabe mit den Originalphotos veröffentlicht.

Victor Brauner

Der Ausschluss von Victor Brauner, der sich mit Matta solidarisch erklärt hatte, zeitigte für ihn, dem es gesundheitlich und materiell schon sehr schlecht ging, ernste Folgen. Die Surrealisten hatten immer noch ein gewisses Echo bei Museen und Ausstellungen, obwohl sich der Kunstmarkt eher in andere Richtungen bewegte, als sie von den amerikanischen Galerien

Victor Brauner,
Öl auf Leinwand, 1949

Victor Brauner,
aquarellierte Zeichnung,
Hortensia und Claudine,
1953

vorgegeben wurden. Von alledem blieb Brauner vollkommen ausgeschlossen. Ich war oft mit meiner Frau und den Kindern bei ihm in seinem Atelier in der rue Perrel, wo einstmals das Atelier des Douanier Rousseau gewesen war. Victor malte damals an dem großen Bild, mit dem er auf Rousseaus "Flötenspieler mit Schlange" anspielte, nur war bei ihm statt Rousseaus Figuren der "Conglomeros" in den Mittelpunkt des tropischen Waldes gestellt. "Conglomeros" war außerdem eine große Skulptur aus Gips, eine Art surrealistischer Laokoon, die nach seinen Zeichnungen der befreundete Michel Herz gestaltet hatte, und die nun in einer Ecke des Ateliers stand. Ab und zu brach ihr ein Glied irgendwo ab, wo dann aus dem Gips ein schwarzer Draht herausstach. Im Hintergrund des Ateliers hing auch das Riesenbild "Monsieur K.", auf dem viele kleine Puppen befestigt waren, was uns damals sehr faszinierte. Unsere Kinder bewunderten vor allem den am Eingang von Brauners Wohnung aufgestellten Käfig, in dem eine Elster – oder war es ein Rabe? – herumflatterte. In dem winzigen Eßzimmer hielt Jacqueline zwei enorme Hunde, die fast den ganzen Raum in Anspruch nahmen. Auf einem in der Ecke stehenden Sessel saß gewöhnlich Sarane Alexandrian. Er war später Brauners Biograph und publizierte Bücher über den Hermetismus. Der Dichter und Kunstkritiker Alain Jouffroy war auch oft zugegen. Er ist immer ein Anhänger von Victor Brauners Werk und besonders auch dem von Matta geblieben. Der Bildhauer Michel Herz, der als gescheiter Bastler das Atelier von Victor Brauner durch eine Treppe mit der Wohnung verbunden hatte, führte nach Victors Angaben die Skulpturen aus, welche einen wichtigen Teil von Brauners Werk darstellen. Herz lebte in der "Ruche", jenem wie ein Bienenhaus gebauten Gebäude von Künstlerateliers im Süden von Paris. In seinem malerischen wie seinem bildhauerischen Werk war dieser feine und originelle Künstler den Ausdrucksformen Brauners nahe. Er blieb nahezu unbekannt. Nur in der großen Biographie über Brauner von Didier Semin wird er als Mitarbeiter Brauners erwähnt. Ursprünglich aus Frankfurt stammend, verlebte er die

Kriegsjahre mit Jacqueline und Victor Brauner in Südfrankreich, wo sie den Verfolgungen entkommen konnten. Herz war übrigens ein Jugendfreund von Daniel Cohn-Bendit, der während der Studentenunruhen in Paris 1968 eine große Rolle spielte.

Treffen mit Gherasim Luca

Victor Brauner stammte aus Rumänien. Von dort kam auch der Dichter Gherasim Luca, der gleichfalls zum Freundeskreis von Victor und Jacqueline Brauner zählte. In Bukarest, wo er dem Surrealistenkreis angehörte, hatte er schon einige kleine Bücher publiziert und stand mit André Breton in Verbindung. 1951 oder 1952 kam Luca definitiv nach Paris. Auch seine Ausdrucksform und Sensibilität war der unseres Freundes Victor Brauner durchaus verwandt. Lucas erstes Buch in Paris veröffentlichte der Avantgarde-Herausgeber Di Dio in seinem Verlag "Le soleil noir". Dieses Buch, illustriert mit einer Graphik von Jacques Hérold, gefiel mir ganz außerordentlich. Die nächsten Bücher von Luca gab ich selbst heraus. So entstand eine kleine Serie seiner bei Brunidor erschienenen Werke mit Originalgraphiken seiner späteren Frau, der Malerin Micheline Catti. Die Texte, deren Umbruch Lucas Freund Jacques Dumons besorgte, zeichnen sich durch besonderen Reiz und Eleganz aus. Mit seinem Freund Bricianier, einem Anhänger von Pannecoek, dem linksoppositionellen holländischen Revolutionär und Theoretiker, gründete Luca eine Art Genossenschaft. Diese nahm von gewissen Personen die Bestellung eines poetischen Objektes an, das dann ähnlich wie ein Talisman auf die Namen der Besteller abgestimmt und als sogenanntes "Exactamo" von Luca selbst handwerklich ausgeführt wurde. Andere ähnliche Unternehmen kennzeichneten die Aktivitäten von Luca. Einmal komponierte er über das Thema der Atombombe und deren mögliche katastrophale Konsequenzen ein langes Gedicht mit dem Titel "La clef" (der Schlüssel). Dieses wurde im Zeitungsformat auf gelbes Papier gedruckt und an hunderte von zufällig gewählten Schlosseradressen gesandt. Unter anderen antwortete ein Schweizer aus Basel mit einer Einladung in seine Werkstatt. Luca reiste dorthin, wurde sehr herzlich bewirtet und empfing von dem Meister einen riesigen Musterschlüssel. Als er, seiner dichterischen Eingebung folgend, seine Wanderung fortsetzte, überquerte er innerhalb der Stadt Basel den Rhein in einem kleinen Fährkahn, der den Namen "Leu" (Löwe) trug, dies aber war Lucas Sternzeichen. Am anderen Ufer, zu Füßen des mittelalterlichen Münsters angelangt, stieg er die Stufen bis oben hinauf und gelangte auf den Münster-

Besuch bei Matta in seinem Besitz in Boissy-sans-Avoir 1963 (Mitte Bild: Matta zusammen mit dem italienischen Maler Peverelli, rechts: Robert Altmann)

platz, der in der Mittagssonne prachtvoll glänzte. Im selben Moment schlugen alle Glocken zwölf Uhr. Der Münsterplatz ist ein geschichtlich wichtiger Ort, wo zur Kaiserzeit große Turniere ausgetragen wurden. Als Luca sich umsah, bemerkte er über sich an der Fassade des Münsters die Figur des heiligen Georg, der seinen Speer in den Rachen des vor ihm liegenden Ungeheuers sticht. Für den Dichter war dies ein Hinweis auf den Untergang der gemeinen Sprache und die Erweckung eines neuen Sprachgebrauchs, für den Luca eintrat. Daß dieser weihevolle Gang in die Welt der Symbole noch weiter jene Reise bestimmte, die mit dem Schlüssel des Meisters angefangen hatte, beweisen andere Schriften des Dichters, die einer Rheinfahrt bis zu den Spuren des Paracelsus nachgingen. Ähnliche Erlebnisse in Gedicht und poetischer Sprachform waren Lucas Fahrten in den Irrgarten von Bomarzo, wo die geisterhaften Riesenstatuen dem Dichter wegweisend sein sollten und oft in seinen Gedichten auftauchten.

Victor Brauner wurde in seinen letzten Lebensjahren endlich anerkannt. Seine Bilder erreichten plötzlich hohe Preise. Er konnte sich ein Atelier in Montmartre, in der rue Lepic gegenüber der Wohnung des Dichters Yves Bonnefoy, kaufen. Hinter dem Atelier befand sich ein kleiner Garten, den Jacqueline mit Rosen bepflanzte. Ich erinnere mich da an einen Tisch mit einem eingebauten, ausgestopften Fuchs, ein Objekt, das der Künstler sehr liebte und das sich heute im Musée d'Art Moderne befindet, ferner die Skulptur mit einem Kopf nach oben und einem anderen nach unten, die später in Bronze gegossen auf seinem Grab auf dem Montmartre-Friedhof aufgestellt wurde.

Die Galerie, die sich der Arbeiten Victors annahm, war die von Eugène Iolas, der ein bekannter internationaler Bilderhändler wurde. In dieser Zeit malte Brauner mit durchsichtiger Farbgebung. Ich sah einmal, wie er Zeitungspapierfetzen auf die frische Farbe drückte, wodurch die Farbe hauchdünn blieb. Zum Spaß, sagte er, mache er das, damit die Farbe schneller trockne. Einmal gingen wir mit Victor und den Kindern auf einen Jahrmarkt am Bastille-Platz. Victor blieb vor einer Schießbude stehen und begann mit großem Erfolg auf die Scheibe zu schießen. Leute hatten sich um uns versammelt, und als ich sah, daß er beim Schießen beide Augen offen hatte, verstand ich die Bewunderung der Umstehenden. Tatsächlich hatte Victor nur ein Auge. Das andere, an dessen Stelle er jetzt ein Glasauge trug, hatte er in früheren Jahren bei einem Streit mit dem Maler Dominguez verloren.

1966 starb Victor, kurz nachdem ich Gherasim Lucas Gedicht "Poésie Elémentaire" veröffentlich hatte, für welches Dumons, der schwer erkrankt war, den Umbruch besorgt hatte. Es wurde auf Pergament gedruckt, und der Kasteneinband enthielt eine Terrakotta-Skulptur von Michel Herz. Dieses Künstlerbuch war den beiden Sterbenskranken, Dumons und Victor Brauner, zur Erinnerung gewidmet.

Mit Nicolas Calas war ich in brieflicher Verbindung geblieben und traf ihn noch einmal in New York, wo er mir das Manuskript seines Buches über Hieronymus Bosch mitgab. Ich sollte in Paris einen Verleger dafür finden, was mir aber nicht gelang. Das Buch wurde später als Fortsetzungsveröffentlichung in Zeitschriften aufgenommen. Calas war zu der Zeit (etwa 1955) sehr interessiert an der konzeptionellen Kunst, wie sie sich nach Marcel Duchamp entwickelte, und inspiriert durch die Philosophie von Wittgenstein, den Calas früher gründlich studiert hatte. Calas riet mir, seinen Freund, den Japaner Arakawa, aufzusuchen, der ein bedeutender Vertreter dieser neuen Kunstrichtung sei. Ich hatte dann eine sehr anregende Unterhaltung mit diesem. Mich wunderte sein Enthusiasmus für die letzten Werke von de Chirico, den er kürzlich in Italien besucht hatte. Ich selbst schätze diese letzte Periode de Chiricos als Zeichen seiner Unabhängigkeit von Theorien, von festgefahrenen Themen und toten Klassifikationen. Für Arakawa war das Bedeutende an de Chiricos Abwendung vom Surrealismus der reine Akt des Malens, ganz gleich welcher Richtung, das galt auch für sein Malen im Stil eines Realismus, der die Mode ablehnt. Ich habe oft an diese Unterhaltung denken müssen. Das erarbeitete Kunstwerk, die Aussage, tritt zurück hinter den handelnden Künstler.

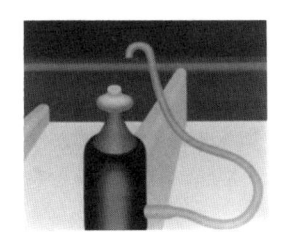

Konrad Klaphek, "L'émigrant", Öl auf Leinwand, 1962

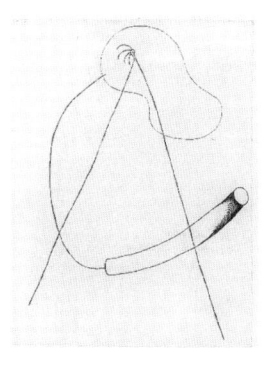

Joan Miró, Zeichnung, 1931

"Cobra" und "Rixes"

Mit der Gruppe "Cobra" kam ich durch einen kuriosen Zufall zusammen: Wir wohnten 1949, nach unserer Auswanderung aus Kuba, in Paris in einem Haus oberhalb des Parks "Buttes Chaumont". Durch einen Freund in Havanna wurde ich angeregt, einen Schriftsteller, Edouard Jaguer aufzusuchen, der, wie sich herausstellte, in dem gegenüberliegenden Wohnblock residierte. In seiner Wohnung traf ich viele der jüngeren Künstler und Schriftsteller, die an den von Jaguer herausgegebenen Zeitschriften und Manifesten mitarbeiteten. Ich traf dort Dotremont und Alechinsky. Letzterer dedizierte mir eine sehr schöne Lithographie. Ferner traf ich Antonio Saura, der gerade von Spanien kam und damals noch ganz Surrealist war. Auch Karl Otto Götz lernte ich kennen, dessen Malerei schon in der Richtung der Gestik und des abstrakten Expressionismus lag. Klaphek traf ich gleichfalls dort, und wir blieben recht befreundet.

Der mir aus Kuba bekannte Enrique Zañartu hatte seine Kunst von der Abstraktion zu einer ihm eigenen Art von Surrealismus hin entwickelt, er arbeitete damals, wie schon erwähnt, als großartiger Graphiker mit Hayter im "Atelier 17". Mit Zañartu also gründeten Edouard Jaguer und sein Freund Max Clarac Sérou, Dichter und späterer Galerie-Inhaber, die Zeitschrift "Rixes". Von dieser erschien aber nur eine Nummer, die allerdings sehr reich und bahnbrechend war. Nach dem Untergang von "Rixes" wurde die Zeitschrift "Phases" aus der Taufe gehoben, die allmählich in eine Breton nahestehende surrealistische Linie überging und viele Jahre bestehen konnte.

Nicolas Guillén

Während der Batista-Repression wuchs in Paris unsere kubanische Freundesgruppe. Viele der jungen linksgerichteten Intellektuellen emigrierten und hausten zum großen Teil im kubanischen Pavillon der Cité Universitaire. Es waren meistens Studenten des Film-Instituts, auch einige Maler und Schriftsteller. Nicolas Guillén war wohl der bekannteste unter ihnen. Hortensia, meine Frau, freundete sich mit Rosa, der Frau von Nicolas an, die wir beide sehr schätzten. Nicolas erhielt damals den Stalin-Preis, der ihm in Schweizer Franken von einer Zürcher Bank ausgezahlt wurde und ihm ermöglichte, in einem kleinen Hotel in der rue Cujas neben der Sorbonne sein Quartier aufzuschlagen. Guillén war schon recht bekannt in Frankreich, und seine Texte waren sogar auf dem Universitätsprogramm, unter anderem für die Agrégation. Es gab damals auch schon Übersetzungen ins Deutsche, die ich einmal aus der Schweiz mitbrachte und mir von ihm widmen ließ.

Eine denkwürdige Person der kubanischen Emigration war Lolo de Soldevilla, die mit zwei Sekretären in einem riesigen amerikanischen Wagen ankam und in einem Luxushotel residierte. Später reduzierten sich ihre Mittel, und sie zog um in ein kleines Hotel der rue Dauphine im Quartier Saint-Germain-des-Prés. Selbst Malerin, vom Surrealismus übergehend zur Abstraktion, war sie die unermüdliche Unterstützerin der lateinamerikanischen Abstrakten. Dazu gehörten insbesondere die Vertreter der Op-Art, die damals aufkam und durch den Venezuelaner Soto und die Galerie Denise René berühmt wurde. Lolo finanzierte den kubanischen Künstler Arcay, welcher der beste Siebdrucktechniker der Galerie wurde, ferner Pedro de Oráa, einen Dichter und Maler, der mit ihr zusammen verschiedene Künstlerbücher herausgab. Lolo war gut befreundet mit Lam, der ein Atelier in der Nähe der rue d'Alésia bezogen hatte und damals nach der Scheidung von Helena Holzer, die

56

Francis Picabia,
"Heureux danger",
Öl auf Holz, datiert 1925,
eher 1936, aus der Serie
der "Transparences";
erworben von der Galerie
Weiller, 1958

Francis Picabia,
"Le Baiser", Lack oder
Ripolin-Farbe auf Leinwand,
ursprünglich Sammlung
G. Hugnet, Paris

Francis Picabia,
"Die Karfreitagsprozession
in Sevilla", Aquarell

Francis Picabia
"Villejuif", 1951, Sammlung
Carlos Altmann

in New York geblieben war, mit einer Französin, Nicole, in einem von Krisen und Dramen sehr bewegten Verhältnis zusammenlebte. Nach seiner Ansiedlung in Paris hatte Lam gewisse Schwierigkeiten, in Europa Fuß zu fassen. Die Galerie Pierre Matisse in New York hatte nach seinem Fortgang kein so großes Interesse mehr an ihm. Er versuchte, die Galerie Maeght in Paris zu gewinnen, die in den Nachkriegsjahren die wichtigste Kunstgalerie für die Modernen wurde. Aber Maeght wollte ihn nicht übernehmen. So blieb Lam lange Zeit ohne die Unterstützung durch eine große Galerie. Es waren nur kleinere Galerien, die ihn regelmäßig ausstellten, wie die von Madame Salomon "Cours d'Ingres". Die Szenen und Konflikte mit Nicole wurden immer schlimmer. Wifredo trennte sich von ihr und lebte nun mit einer Argentinierin zusammen, Sarah Sluger, die recht befreundet war mit Hortensia und Lili, meiner Schwägerin, sodaß wir häufig Lam und Sarah bei uns in Viroflay zu Besuch hatten. Später eröffnete der Sohn von Pierre, Albert Loeb, eine Galerie, rue des Beaux Arts, die sich fast ausschließlich mit Lams Werken befaßte.

Lam hatte ein sehr schlechtes Verhältnis zu dem damaligen kubanischen Botschafter Hector de Ayala, dessen vermögende Frau, Titina Rojas sich von ihm trennte. Mit dieser Titina Rojas befreundet war Lydia Cabrera, eine wiederum mit Lam gut befreundete Schriftstellerin und Anthropologin, eine Spezialistin für afro-kubanische Mythen und Kulturen. Sie war Autorin vielgelesener Bücher über die Kultgemeinschaften der farbigen Bevölkerung Kubas.

Francis Picabia

Hector de Ayala lebte in Paris auf großem Fuß in einer Luxuswohnung im 16. Arrondissement, wohin er mich einmal einlud. Mich interessierte da vor allem die einzigartige Sammlung von Bildern des kubanischen Illustrators der Kolonialzeit des 19. Jahrhunderts, Landaluze, desgleichen einige großformatige Frauenporträts von Francis Picabia. Ich hatte bis dahin wenig von Picabia gesehen. In New York schätzte man ihn nicht. Da ich feststellte, daß Picabia durch seinen Vater eigentlich kubanischer Herkunft war, ging ich auf die Suche nach Bildern von ihm. Durch meinen Freund Pierre Weiller, der eine kleine Galerie, rue Gît le Coeur, nahe dem Seine-Ufer hatte, konnte ich zu sehr niedrigen Preisen einige Bilder kaufen. Durch einen Zufall lernte ich beim kubanischen Konsulat in Paris eine alte Dame kennen, die sich dort jeden Monat eine kleine Rente holte, die ihr aufgrund ihrer Verwandtschaft mit dem Vater von Francis Picabia gewährt wurde. Auf meine Frage, ob sie noch Bilder von ihm habe, lud sie mich ein, sie zu besuchen. Tatsächlich hatte sie in ihrer bescheidenen Wohnung zwei oder drei Picabias aus dessen impressionistischer Zeit, sehr schön gemalte Landschaften in der Manier von Raffaëlli oder Pissarro. Am meisten aber beeindruckten mich zwei kleine Landschaftsbilder, die, wenn ich mich richtig erinnere, in Pastell gemalt waren und eigentlich als präkubistisch, etwa im Stil der Barcelona-Landschaften von Picasso, bezeichnet werden können und wohl gleichfalls um 1909-1910 entstanden sind. Leider wollte die Dame sie mir nicht verkaufen. Später verlor ich sie aus den Augen. So frühe Picabias sind äußerst selten. Ich konnte aber von Picabias erster Frau, Gabrielle Picabia-Buffet, noch sehr interessante Bilder erwerben. Der Nachlaß war in Händen der letzten Frau Picabias, Olga, die sich mit Gabrielle natürlich schlecht verstand. Gabrielle hatte materielle Schwierigkeiten und lebte sehr bescheiden mit ihrem Sohn in einem geräumigen verwahrlosten Atelier, rue Chateaubriand, nahe den Champs-Elysées. Sie dedizierte mir ein Exemplar ihrer Memoiren und war trotz ihres hohen Alters temperamentvoll und unermüdlich im Erzählen aus der Zeit des Dadaismus und der zwanziger Jahre, als Picabia neben Tzara und Duchamp eine führende Rolle spielte und sie selbst aktiv an Zeitschriften, Manifesten und allen dadaistischen Kundgebungen mitwirkte.

Als ich 1961 eine Ausstellung kubanischer Künstler in den Galerien von Pierre Weiller und Max Clarac organisierte, stellte ich Werke von Picabia und Wifredo Lam in den Mittelpunkt. Später lernte ich Olga Picabia kennen und deren Freundin Angèle Lévesques. Letztere wohnte mit Cendrars und Picabia in den Jahren 1938-1939 zusammen in Tremblay. Ich erfuhr viel aus dieser Zeit der "Transparenzen und Ungeheuer", wie man die Kunst Picabias der dreißiger Jahre nannte, weil er mehrere Bilder und Figuren übereinander malte und manchmal monströse Fratzen darstellte. Angèle hatte mit ihrem Mann die Zeitschrift "Orbes" herausgegeben, in der verschiedene Extranummern Picabia gewidmet waren. Als ich sie 1992 besuchte, hatte sie auch noch ein sehr schönes Bild von Picabia aus dieser Zeit, Zeichnungen wie auch Zeugnisse von ihrer Freundschaft mit Picabia und Blaise Cendrars.

Nach dem Sieg Fidel Castros in Kuba wurde das Personal der Botschaft ausgewechselt. Nicolas Guillén fuhr nach Kuba zurück, um die Leitung der Schriftstellerorganisation zu übernehmen. Neue Botschafter und Kulturattachés kamen nach Paris. Für Kultur war einige Zeit Harold Gramatges zuständig, ein Musiker, der in den vierziger Jahren die Musikgruppe "Renovación Musical" mitbegründet hatte. Auch ein Freund von uns aus Cienfuegos, der Karikaturist Juan David, kam an die Botschaft. Später wurde der bekannte Schriftsteller Alejo Carpentier zum Botschafter mit Ministerrang ernannt. Durch seine literarischen Verbindungen in Paris spielte er für Kuba bei der Pflege der Beziehungen zu Frankreich eine sehr nützliche Rolle. Carpentier blieb auch als Botschafter gut befreundet mit Wifredo Lam, der jetzt immer mehr als bedeutender Verfechter der revolutionären Ideen seines Heimatlandes galt. Er hatte sich inzwischen nach seiner Trennung von Sarah mit einer Schwedin namens Lou verheiratet, mit der er dann drei Söhne hatte. Die Familie wohnte in Paris. Außerdem hatte er ein Haus mit Atelier in Albisola Mare, nicht weit von Genua gekauft, wo auch Asger Jorn, der Gründer der Gruppe "Cobra", ein Atelier besaß. Dort hatte Lam Verbindung zu einem guten Graphiker, Giorgio Upiglio, nach Mailand aufgenommen, mit diesem gab er seine großen Graphik-Folios und Bücher heraus. Bei Upiglio wurden auch mehrere wichtige Bände von Gherasim Luca mit Originalgraphiken von Lam gestaltet.

In Kuba war mittlerweile das Castro-Regime in die Abhängigkeit der Stalinisten geraten trotz erheblicher Konflikte gewisser Castro-Anhänger wie Che Guevara und anderer. Daraufhin distanzierten sich die Surrealisten in Paris von Lam. Dennoch hielt dieser seine Stellung auf dem amerikanischen Kunstmarkt. Bald wurden sogar die Exilkubaner von Miami und andere lateinamerikanische Sammler fanatische Käufer und hielten die Preise auf den Versteigerungen bei Christie's und Sotheby in ansehnlicher Höhe.

David Rousset

Ich kannte den Schriftsteller David Rousset sehr gut. Er hatte viel beachtete Bücher über die deutschen Konzentrationslager geschrieben, u.a. "L'univers concentrationnaire" und "Les jours de notre mort". Er selbst war in einem solchen Lager gewesen und durch einen glücklichen Zufall gerettet worden. Nun kämpfte er gegen die Lügen über sowjetische Lager an und veröffentlichte Berichte, in denen die furchtbare Wirklichkeit des Lageruniversums in der Sowjetunion offenbart wurde, zum großen Verdruß der Kommunisten in Frankreich. Er wollte gern eine Reise nach Kuba unternehmen. Durch meine Verbindungen zum kubanischen Konsulat konnte ich ihm ein Visum dafür besorgen. Kurz vorher war Sartre in Kuba gewesen und hatte die stalinistischen Tendenzen der Castro-Leute nicht bemerkt oder absichtlich verschwiegen. Roussets Reise nach Kuba paßte den Kommunisten natürlich nicht. Es gelang ihm dort aber, viele Leute, sogar solche, die der Castro-Regierung nahestanden, zu sprechen. Ein guter Freund von ihm, Bettelheim, der in Paris im Planungsministerium eine höhere Stellung bekleidete, hatte ihm mit Empfehlungen geholfen. Es gelang Rousset sogar, eine längere Unterredung mit Che Guevara zu haben. Diese erschien dann nach seiner Rückkehr im "Figaro Littéraire". Rousset diskutierte mit ihm besonders die wirtschaftlichen Aspekte der Castro-Revolution, und er spürte wohl, wie unzufrieden Guevara mit der starren Planifikation und der systematischen Verstaatlichung auch der kleinsten Wirtschaftsorgane war. Man darf nicht vergessen, daß Rousset, der vor dem Krieg als militanter Trotzkist bekannt war, aus der Gruppe der "Revue internationale" kam, und daß Bettelheim, Nadaud, Pierre Naville, Georges Altman und Manuel Rosenthal zu seinen Freunden zählten. Sein wirtschaftstheoretisches Credo tendierte eher zum Experiment der Selbstbestimmung, wie es damals in Jugoslawien praktiziert wurde und das unter Tito zur Abspaltung des Landes vom kommunistischen Block führte. Später wandte sich Rousset dem Gaullismus zu und wurde sogar zum Abgeordneten gewählt. Seine Bücher behandelten vor allem wirtschaftstheoretische Themen, eine größere Arbeit über den Krieg wurde zum Standardwerk.

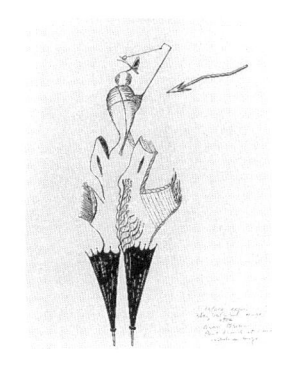

Valentine Hugo, Zeichnung "Cadavre Exquis", gezeichnet von André Breton, Valentine Hugo, Paul Eluard und Nusch, 1932

60 *Nina und Jean Dausset*
Zu der Gruppe der oben genannten Nachkriegszeitschrift "Revue internationale" gehörte auch der Biologe und Arzt Jean Dausset, den ich schon in New York mit seiner Gattin anläßlich eines Aperitifs bei Pierre Matisse kennengelernt hatte. Nina Dausset hatte damals gerade eine Buchhandlung mit Galerie in der rue du Dragon eröffnet, sie lud uns ein, sie doch nach unserer Rückkehr in Paris zu besuchen. Mein Brunidor Portfolio Nr. I war eben fertig geworden. So benutzte ich diese neue Verbindung, um die Blätter in dieser Galerie auszustellen. Die rue du Dragon war die belebteste Straße im Quartier Saint-Germain-des-Prés. Direkt gegenüber von Nina Dausset befand sich die Galerie "Cahiers d'Art" von Christian Zervos, daneben die Buchhandlung des bekannten deutschen Intellektuellen Pick. In dieser Straße traf man Camille Bryen, Matta, Henri Michaux. Alle fanden sich in Ninas Buchhandlung ein, ebenso Jean Dubuffet, John Rewald und später auch Riopelle. Nina organisierte sehr beachtete Ausstellungen von Tanguy, Henri Michaux, von den Surrealisten und deren "Cadavres exquis". Jacques Hérold und Michel Butor waren ebenfalls dort anzutreffen. Allmählich trat die Buchhandlung hinter der Ausstellungstätigkeit zurück. Jean Dausset kam oft am Nachmittag vorbei. Er und seine Frau sind mit Matta und dem Kreis der

Jacques Hérold,
Lithographie, 1947, Brunidor
Portfolio II, 1947-1952

Surrealisten immer befreundet geblieben, auch als die Galerie sich Anfang der fünfziger Jahre nicht mehr halten konnte und von Max Clarac übernommen wurde. Nina trennte sich von ihrem Mann. Dieser heiratete eine Spanierin, die mit Hortensia und meiner Schwägerin gut bekannt war. So sind wir also weiter mit Jean Dausset in Verbindung geblieben und haben mit großer Anteilnahme seine Karriere als bedeutender Wissenschaftler, bald Nobelpreisträger, verfolgen können. Als er zum Mitglied der Akademie erwählt wurde, gab er unserem gemeinsamen Freund, dem kubanischen Bildhauer Agustín Cárdenas, den Auftrag, seinen Akademiker-Säbel künstlerisch zu gestalten. Dieser ließ es an Inspiration und Originalität nicht fehlen und schuf ein wahres Kunstwerk. Cárdenas wie auch viele andere kubanische und lateinamerikanische Künstler stellten regelmäßig bei Max Clarac aus.

Isidore Isou

Bei Pierre Weiller traf ich einmal, es muß etwa 1960-1961 gewesen sein, den "Papst" der Lettristen, Isidore Isou. Mit seiner Beredsamkeit hatte er mich bald von seinen Thesen überzeugt. Ich brachte ihn in Verbindung mit meinem Sohn Roberto. Isou zeigte sich gleich interessiert, seine Malerei kennenzulernen. So wurde Roberto Altmann ein aktiver Mitarbeiter der Lettristen-Gruppe, welche sich jetzt mehr und mehr der Malerei und Bildhauerkunst zuwandte. Roberto publizierte mehrere lettristische Texte, teils von Isou und Spacagna, teils von ihm selbst, mit Illustrationen in Originalgraphik. Daneben realisierte er eine Zeitschriftenserie, die unter dem Namen "O" in ungefähr zehn Nummern erscheinen sollte, womit man sich von den eigentlichen Lettristen distanzierte. Auch eine Luxusausgabe mit Originalen von Lettristen und diesen nahestehenden Künstlern wie Paul Armand Gette, Spacagna und anderen sollte es geben. Über diese Periode des Lettrismus ist viel geschrieben worden. Roberto nahm teil an den Veranstaltungen und "Happenings" im Théâtre de l'Odéon und im Ambigu, die immer in einem unbeschreiblichen Tumult endeten. Die malerische Produktion der Gruppe war erstaunlich. Viele, die nie gemalt hatten, fanden nun, wo die Schriftzeichen das Thema ausmachten, einen Weg, sich auf Bildflächen und Papierbögen auszudrücken. Beiträge zu den Salons und anderen Kunstereignissen, wo die Organisatoren den Lettristen gewöhnlich einen Raum zur Verfügung stellten, gewannen der Gruppe ein gewisses Publikum, das durch die zahlreichen Flugblätter, Zeitungen, Broschüren und illustrierten Bücher immer zahlreicher wurde und gewisse Galerien dazu veranlaßte, wie die Galerie René Stadler, Ausstellungen eigens für Lettristen und mit entsprechendem Katalog zu organisieren.

1968 machten die Studentenaufstände in Paris dem Zusammenhalt in der Gruppe ein jähes Ende. Viele Mitglieder trennten sich von Isidore Isou und seinen nächsten Mitarbeitern. Zuvor aber waren fünf Nummern einer Zeitschrift erschienen, die ich unter dem Namen Brunidor finanziert hatte und deren Herausgeber Maurice Lemaître war. Sie ist das vielleicht wertvollste Zeugnis für die große Kreativität dieser Gruppe in den Jahren zwischen 1963-1967. Jede Nummer, die unter dem Namen "UR" in nur 100 Exemplaren erschien, enthielt außer Texten nur Originalgraphik oder eigens von den Künstlern gearbeitete Objekte, Collagen, Zeichnungen, Photos und Malereien. Die Gedichte von Isou zum Beispiel sind Erstveröffentlichungen, und die einzelnen Blätter sind in einer Art Kassette zusammengefaßt. Ich habe selbst einmal einen Holzschnitt dazu geliefert mit einem in roter Farbe auf Auvergne-Papier gedruckten Gedicht von Isidore Isou. Die verschiedenen Nummern der Zeitschrift enthielten eine sehr große Zahl von typographischen Experimenten und zeigten die Anwendung von Techniken wie Lithographie, Radierung, Linolschnitt usw., sodaß man von einer Gesamtübersicht sprechen kann, was die Produktion der ganzen Gruppe anbelangt.

Als mein Sohn Roberto sich von der Gruppe getrennt hatte, brachte er einige Nummern der von ihm selbst produzierten Zeitschrift "Apeiros" heraus, die typographisch sehr gepflegt aussah und mit Photos in Großformat und mehrfarbigem Papier eine Art Gegenpol zu der eher handwerklich hergestellten "UR" darstellte. "Apeiros" erschien in der Zeit, als wir auf unserem Grundstück in Vaduz den Bau eines Zentrums für Kunst planten. Mit dem Entwurf beauftragten wir den kubanischen Architekten Ricardo Porro. Der Bau wurde 1974 fertiggestellt.

Von Paul Armand Gette selbst gedrucktes Blatt in Farben für die Nr. 6 der Zeitschrift "UR", herausgegeben von Maurice Lemaître unter Mitwirkung der Edition Brunidor, 1966

Jacques Spacagna, farbige Tintenzeichnung, 1965

Roberto Altmann, "Métagraphie", um 1966

Roberto Altmann, "Métagraphie", um 1966

63

Besuch bei Paul Celan
Unterdessen hatte ich mehrere Graphik-Mappen herausgegeben und eine Reihe von Büchern, darunter die Ausgabe mit Gedichten von Michel Butor und Farbradierungen von Jacques Hérold bzw. von Camille Bryen sowie zwei Gedichtbände von Paul Celan mit Radierungen seiner Frau Gisèle Celan-Lestrange. Gherasim Luca hatte mir eines Tages von seinem Freund aus der Bukarester Zeit, dem Dichter Paul Celan, erzählt. Wir besuchten Celan, der mit seiner Frau und seinem Sohn in der rue de Longchamp wohnte. Celan gab mir einige seiner damals bei S.Fischer erschienenen Gedichtsammlungen, und wir sahen uns bei der Gelegenheit die Radierungen von Gisèle an, die sie mit einer Handpresse selbst abzog. Die Graphiken waren sehr eindrucksvoll, und ich fragte Gisèle, ob sie nie die Gedichte ihres Mannes mit ihren Arbeiten begleitet hätte. Gern würde ich, dies war mein Vorschlag, eine solche Ausgabe übernehmen. Das gefiel beiden Künstlern sehr. Bei späteren Besuchen regelten wir die Einzelheiten für ein solches Buch, eines der wenigen bibliophilen Werke, welches der Dichter je herausgab. Ich stellte Paul und Gisèle den Druckern vor, Fräulein Fequet und Herrn Baudier in der rue Falguière. Es waren dies sehr traditionsreiche Typographen. Ihr Atelier war bekannt und die Leute von großer Freundlichkeit und zugleich von hohem technischem Können, was den Celans außerordentlich gefiel. Beide machten sich mit Begeisterung an die Arbeit. Gisèle war in Verbindung mit dem Graphik-Atelier Lacourière, wo sich Herr Frélaut besonders ihrer Arbeiten annahm. So entstand im September 1965 das erste von mir herausgegebene Celan-Buch. Es trägt den Titel "Atemkristall", ein Wort, das einer von Celan gehaltenen Rede anläßlich der Verleihung des Büchnerpreises im Oktober 1960 entnommen ist. Es folgten einige kleinere Ausgaben von Celan-Werken, so eine Radierung mit einem Gedicht "Schlafbrocken" auf einer Karte, die als Neujahrsgruß gedacht war, das war im Januar 1967; ferner in einer Mappe die sechs großformatigen Radierungen mit einem 1966 eigens dafür geschaffenen Gedicht, es hieß "Grambeschleunigt", Ausgabe 1967 als Brunidor Portfolio VI bezeichnet; es folgte das als Antwort an Heidegger gedachte Gedicht "Todtnauberg", Januar 1968. Alle Ausgaben wurden bei den Typographen Fequet und Baudier gedruckt, die Radierungen im Atelier Lacourière-Frélaut. Den Gedichtband "Schwarzmaut" haben wir in demselben Format wie "Atemkristall" in einem grauen Leinenumschlag mit Schuber vom Buchbinder Duval ausführen lassen.

Der Gesundheitszustand von Paul Celan hatte sich Ende

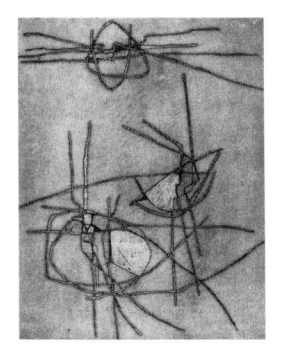

*Gisèle Celan-Lestrange,
Radierung, Brunidor
Portfolio IV, Paris, 1963*

*Eröffnung der Ausstellung
"Das Buch als Kunst"
Brunidor Edition, Realschule
Vaduz, August 1968;
hintere Reihe von links:
Cyril Deicha, Sophie Deicha,
Paul Celan, Franz
Biedermann, Hans-Jörg
Rheinberger; Mitte vorne:
Gherasim Luca, rechts:
Michel Herz*

*Ausstellung "Das Buch
als Kunst", Vaduz 1968;
von links nach rechts:
Carlos Altmann,
Robert Altmann,
Sophie Deicha,
Hortensia Acosta Altmann,
Isora Acosta*

1968 sehr verschlechtert, sodaß wir einige Mühe hatten, das Buch mit den nötigen Signaturen des Dichters und seiner Frau zu veröffentlichen. Paul hatte mir Ende des Jahres die Schwarzmaut-Gedichte geschickt. Im Sommer 1969 erschien auch dieses Buch.

Ausstellung in Vaduz

Einige Bücher zeigte ich in der Ausstellung "Das Buch als Kunst" in Vaduz 1968. Celan kam selbst nach Vaduz zur Eröffnungsfeier und las im Rahmen der Ausstellung vor einem sehr beeindruckten Publikum aus seinen Gedichten. Einige Dichter aus Paris und Liechtenstein, unter ihnen auch Gherasim Luca, waren anwesend wie auch der älteste Sohn des damals regierenden Fürsten. Diese Ausstellung, die während der Pariser Studentenunruhen stattfand, hatte der kubanische Architekt Ricardo Porro gestaltet. Seine Mitarbeiter aus Paris brachten etwas von der revolutionären Atmosphäre der École des Beaux Arts mit, was sich beispielsweise in den von uns verbreiteten Plakaten niederschlug, die in der Spray-Technik auf Liechtensteins Mauern aufgeklebt wurden. Porro hatte eine sehr eigenwillige Holzstruktur erdacht, wo die Bücher auf Pulten aus Plastik lagen, welche der Architekt in Form von symbolischen Figuren, von Händen, Mündern, Füßen oder Bäuchen gegossen hatte und die in runden Kojen standen, deren Wände mit Bildern von Graphikern wie Hérold, Toyen und Brauner bedeckt waren und wo in einer lettristischen Abteilung auch Roberto seine Bücher ausstellen konnte.

Die auf Schienen montierten Holzwände mitsamt den Pult-Skulpturen wurden 1969 ins Musée d'Art Moderne de la Ville de Paris transportiert, wo unter der Ägide vom ARC und dem Di-

Eröffnung der Ausstellung "Das Buch als Kunst", Vaduz 1968; im Vordergrund Robert Altmann

Ausstellung "Das Buch als Kunst", Vaduz 1968, Konzept Ricardo Porro

Ausstellung "Le livre comme oeuvre d'art" Edition Brunidor, Musée d'Art Moderne de la Ville de Paris, 1969

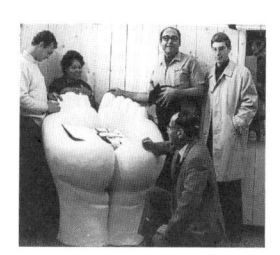

In Vorbereitung der Ausstellung "Das Buch als Kunst", Realschule Vaduz, August 1968. Von links: ein Mitarbeiter der École de Beaux-Arts, Paris, Hortensia Acosta Altmann, Ricardo Porro, der Architekt, ein weiterer Mitarbeiter von Porro; Mitte vorne: Robert Altmann

rektor Gaudibert dieselbe Ausstellung mit dem architektonischen Aufbau von Ricardo Porro gezeigt wurde. Unter den Lesungen und Diskussionsabenden waren die von Michel Butor besonders interessant. Er hatte einige Bücher, Objektbücher aus neuartigen Einbandmaterialien wie aufgerollter Seide, Plexiglas und ähnlichem, mit seinem Freund Jacques Hérold gestaltet und in meinem Brunidor Verlag herausgegeben. Zu bemerken war vor allem die Radiertechnik Hérolds: Für große Farbkompositionen, die über beide Seiten des aufgeschlagenen Buches reichten, wurden Kupferplatten mit tief eingravierten Reliefs in verschiedenen Farbtönen für jeden Abzug neu eingefärbt. Das war ein Meisterwerk des Ateliers Lacourière-Frélaut. Ähnlich, aber etwas vereinfacht war der Druck auf eine

Stoffrolle, die aus dem Buch eine Schrift- und Bildrolle machte, den japanischen Rollbüchern vergleichbar. Michel Butor war immer mit großer Begeisterung dabei, neue Bücher zu komponieren und seine Erfindungen zu realisieren. Seine Schreibart und Kreativität braucht seiner Meinung nach häufig die Mitwirkung eines Malers, Photographen oder Graphikers. Ich habe später Texte von Butor, illustriert von Camille Bryen, herausgegeben, die immer editorische Meisterwerke wurden. Jede Ausarbeitung eines solchen Werkes mit dem Schriftsteller, den Typographen, den Buchbindern, die Auswahl des Papiers, der Farbe und der Stoffart für Etui oder Kassette, des Formats und der Drucktypen für jedes Buch war immer ein spannendes, bereicherndes Erlebnis, und Butor hat oft über dieses Stadium der Vorbereitung seiner Ausgaben geschrieben. Mit Jacques Hérold, Camille Bryen, Gregory Masurovsky habe ich etliche Bücher und Folioblätter publiziert, die in vielen Ausstellungen der Bibliothèque Nationale gezeigt wurden.

Camille Bryen, Radierungen, Michel Butor Text "Briefe, geschrieben aus New Mexico", Brunidor Edition, 1970

Jean Hélion, Farblithographien aus "Force de la Mer", Brunidor Portfolio V, Paris, 1965

Jean Hélion, Lithograph

Ich hatte damals ein größeres lithographisches Werk von Jean Hélion in Arbeit genommen. Hélion war von solchem Unternehmen nicht sehr begeistert, weil er eigentlich kein Graphiker war. Ihm lag immer das direkte Zeichnen und Malen näher als das Bearbeiten von Metall- oder Steinplatten. Trotzdem willigte er ein, nochmals ein Album in Lithographie zu wiederholen, wozu er einen Sommer lang in seinem Haus auf der Insel Belle-Isle gezeichnet und in Gouache gemalt hatte. Die Textvorlage stammt von einem seiner Freunde, dem Dichter und Schriftsteller Jean Pierre Burgart. Dieses Album trägt den Titel "Force de la mer", und die sechs dazugehörigen Gouachen wurden auf Steinplatten übertragen. Hélion arbeitete selbst im Atelier des Lithographen Desjobert an der Übertragung der Farben. Außerdem wurde der handschriftliche Text von Jean-Pierre Burgart ebenfalls lithographiert. Das Album erschien in meiner Serie als Brunidor Portfolio V und wurde in einem Umschlag aus Auvergne-Papier in einer Kassette mit blauem Leinenüberzug gestaltet. Als eines der wenigen graphischen Werke des Malers ist dieses Album bezeichnend für diese Epoche seines Schaffens, also etwa 1965, in der er seine Beobachtungen von Menschen und Dingen in vielen Skizzen festhielt, von denen diese zusammen mit dem dazu komponierten poetischen Text eine künstlerische Einheit bilden. Dazu hatten wir vereinbart, daß das Album den Charakter eines Skizzenbuches beibehalten und somit die Spontaneität von Text und Bild unverfälscht wiedergeben sollte.

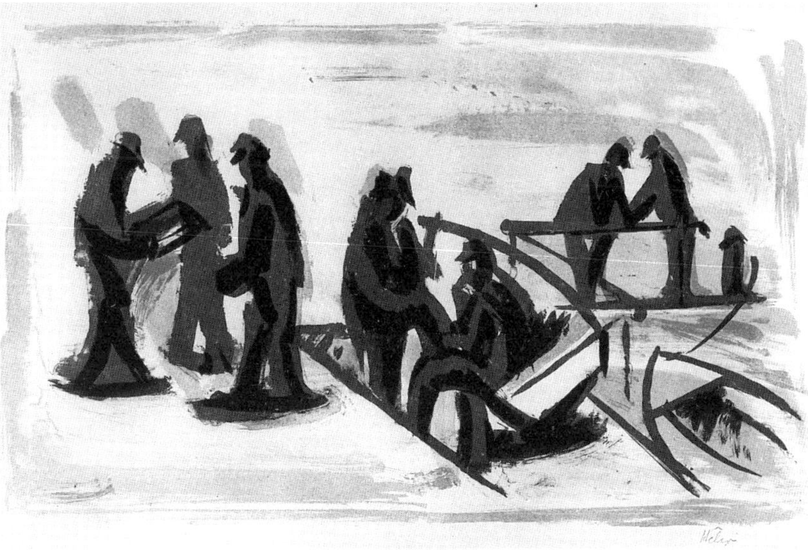

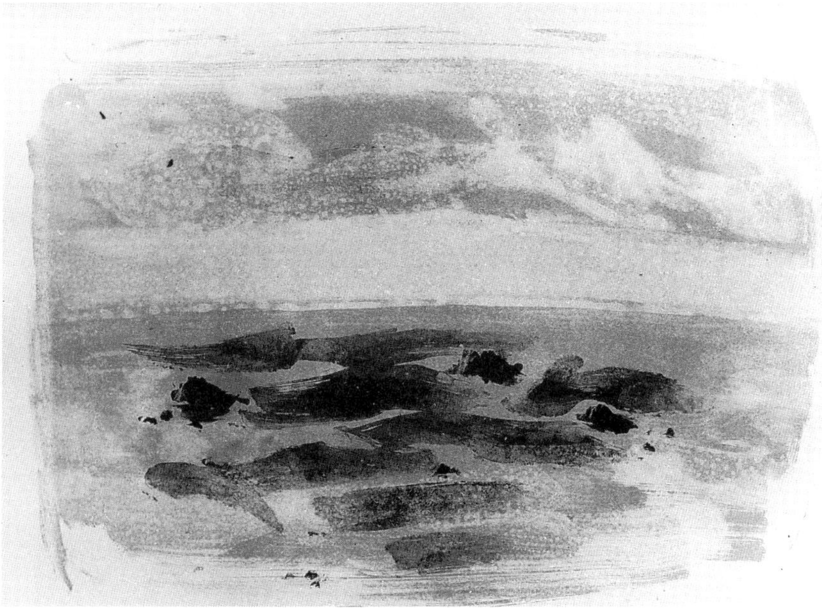

Unsere Freundschaft mit Hélion, den wir in seinem Atelier in der rue Michelet oft besuchten und wo ich fast jedes Mal ein kleines Bild erwarb, dauerte bis zu seinem Lebensende. Seine Kinder wurden ungefähr um dieselbe Zeit geboren wie die unseren. Nach dem Tod seiner Frau Pegeen sahen wir ihn oft in Sorgen um die Erziehung seiner Kinder. Fabrice, der älteste Sohn, ging in das französische Gymnasium in Rom und war entweder dort oder in Venedig bei seiner Großmutter Peggy Guggenheim. Wir besuchten diese ein paar Mal und konnten den schönen Palazzo Venier dei Leoni am Canal grande unter ihrer Führung besichtigen. Sie hatte ihre Wohnung im Untergeschoß, wo in ihrem Schlafzimmer das Bett mit der Skulptur von Calder stand. Im Wohnzimmer war sie immer umgeben von ihren vier Hunden. An den Wänden hingen Bilder ihrer Tochter Pegeen, Hélions ehemaliger Frau, welche eine sehr eigenartige malerische Qualität besaßen. Im Erdgeschoß waren die großen Bilder von Picasso und Mondrian sowie die Reihe der Max-Ernst-Bilder, ferner jene von Magritte und Victor Brauner. Alle Pollocks waren damals noch im Korridor des Untergeschosses. Heute ist das Gebäude zum Museum umgebaut und hat die Atmosphäre des Privaten ganz verloren. Die große Persönlichkeit der Peggy war natürlich in ihrer Lebensweise mancher Kritik ausgesetzt. Jean Hélion, den sie nicht mochte und dessen zwei abstrakte Bilder sie nie aufhängte, sprach nicht besonders lobend über seine Schwiegermutter, die ihm die Unterstützung für die Enkel nur mit Schwierigkeiten und mit peinlicher Verzögerung zukommen ließ.

Jean Hélion war öfter bei uns in Vaduz. Sein letzter Besuch galt der Hochzeit unserer Tochter Claudine mit seinem ältesten Sohn Fabrice. Hélion war schon erblindet, aber er hatte große Freude daran, an der Hochzeit teilzunehmen.

Von links nach rechts: Jean Hélion, Irma Wüst, Jacqueline Hélion und Claudine Hélion-Altmann, Vaduz 1980

Jean Hélion in seinem Atelier

Centrum für Kunst

Im Jahre 1974 wurde in Vaduz das Gebäude des Centrums für Kunst eingeweiht. Der Architekt Porro, dessen Aufbau unserer Buchausstellung von 1968 Anstoß zu diesem Zentrum gab, hatte verschiedene Vorstudien und Entwürfe gemacht, weil wir große Schwierigkeiten hatten, die nötige Baugenehmigung zu erlangen und uns mit den sehr skeptischen Nachbarn zu einigen. Die Idee des Baues als einer großen Skulptur war natürlich neu in Liechtenstein, doch konnten die Anspielungen an Barockkirchen Süddeutschlands, Österreichs und an St. Gallen die Ortsverbundenheit dieses eigenartigen Stils suggerieren. Schließlich wurde das

Centrum für Kunst und Kommunikation in Bau, Vaduz um 1973

Der Landesfürst anläßlich einer von Roberto Altmann und Margareth Altmann organisierten Ausstellung im Centrum für Kunst, Vaduz; im Bild: Fürst Franz Josef II. von Liechtenstein, Robert Altmann und Roberto Altmann

Gebäude allgemein akzeptiert. Die Feierlichkeit der großzügigen Struktur mit den goldglänzenden Metallornamenten machte die aus dem Grün der umgebenden Gärten herausragende Architektur zu einer echten Sehenswürdigkeit, die von durchreisenden Touristen gern photographiert wird.

Unser Sohn Roberto leitete fünf Jahre lang zusammen mit Margreth Altmann Mauritz die Ausstellungstätigkeit, die ganz auf die internationale Moderne abgestellt war. Pariser Künstler wie Paul Armand Gette mit seinen geographischen Studien des Rheintals als konzeptuelles Kunstwerk gesehen und de la Villeglé mit zerrissenen Plakaten der Pariser Straßen bildeten den Auftakt dieser heute als einzigartig angesehenen Serie von Avantgarde-Kunst. In der Zwischenzeit gab es Konzerte und Ballett-Aufführungen, Studiensitzungen über Masken und Veröffentlichungen von Spezialnummern der Zeitschrift "Apeiros", die Roberto einmal dem Ballett, ein anderes Mal dem Dadaisten Raoul Hausmann oder der Konzeptkunst widmete und mit Ausstellungen begleitete.

Daß William Burroughs bei uns in Vaduz war, ist in seiner Biographie von Ted Morgan erwähnt. Die Tatsachen waren zwar ganz andere als die von Morgan genannten. Roberto, der Burroughs gut aus Amerika kannte, hatte beabsichtigt, nach dem Ankauf einiger Kisten mit Manuskripten, Dokumen-

72

ten und ausgerissenen Zeitungsseiten zur Herstellung von "cut-ups" ein Burroughs-Archiv in Vaduz zu gründen. Das kam aber nicht zustande.

Verschiedene andere Projekte, für die wir die Mitwirkung liechtensteinischer Kulturkreise benötigten, ließen sich gleichfalls nicht realisieren. 1980 entschieden wir uns, die künstlerischen Aktivitäten in diesem Gebäude aufzugeben und die Räume als Büros zu vermieten.

Jean Dubuffet – Samuel Feijóo

Als ich in den vierziger Jahren in Kuba lebte, hatte ich durch den Dichter und Maler Samuel Feijóo erfahren, daß dieser auf seinen zahlreichen Wanderungen und Fahrten durch das Land Arbeiter und Handwerker mit einem ganz eigenen Talent zum Malen und Zeichnen entdeckt hatte. Resultat seiner Entdeckungen war eine ansehnliche Sammlung naiver Kunst. Feijóo setzte diese Sammlertätigkeit fort und plante sogar, für solche natürlich Begabten eine Art Kunstschule einzurichten. In seinen Publikationen, sowohl in Zeitschriften und Büchern, hielt er für naive Kunst immer einige Seiten frei. Das war damals noch ganz einmalig in Kuba und verschaffte ihm eine besondere Stellung in der Folklore-Forschung. Ich hatte in Paris den Maler Jean Dubuffet auf diese Publikationen von Feijóo hingewiesen, und als letzterer 1966 nach Paris kam, ging ich mit ihm in das Atelier von Dubuffet. Dieser war begeistert von Feijóo, und obwohl sie sich sprachlich nicht verstehen konnten, entstand ein lebendiger Kontakt und eine heitere freundschaftliche Atmosphäre zwischen den beiden, die sich in den folgenden Jahren durch Korrespondenz und meine Berichterstattung fortgesetzt hat bis zu Dubuffets Lebensende.

Man vergißt oft, daß Dubuffet auch in der Buchkunst ein großer Erfinder gewesen ist. Kurz nach dem Krieg, es war wohl um 1946-1947, sah ich einen herrlichen in Holz geschnitzten Einband zu einem Buch Dubuffets. Das war in der Galerie René Drouin an der Place Vendôme. Drouin war ein Verfechter der sogenannten Informellen, zu denen Künstler gehörten wie Henri Michaux, Wols, Jean Fautrier, Dubuffet und andere. Der monumentale Einband war im Stil von "Art brut" gemacht. Er war das Werk eines ganz merkwürdigen Kunstenthusiasten na-

Gebäude des Centrum für Kunst und Kommunikation in Vaduz, 1998, photographiert von Frau Houg, Clairegoutte

*Samuel Feijóo,
Tintenzeichnung
mit Aquarell, 1966,
während eines Aufenthaltes
in Paris gemalt*

*Samuel Feijóo,
Zeichnung, um 1963*

Jean Dubuffet,
Tintenzeichnung mit
Collagen, aus der Serie
"Les Sites", 1982

Kubanische "naive"
Kunst, A. Blanco,
Zeichnung, 1961

Kubanische "naive"
Kunst, unbekannter
Zeichner, Cienfuegos, Kuba

mens Tapié de Celeyran, der ein Nachkomme von Toulouse-Lautrec war und dessen hagere große Gestalt man oft in Galerien und auf Vernissagen sah. Mit seinen Artikeln, Manifesten, zusammengebastelten Objekten und den Ausstellungen, die unter seinem Namen liefen, war Tapié de Celeyran aus der Kunstszene der Nachkriegsperiode nicht wegzudenken. Etwas geheimnisvoll prägte er den Ausdruck "Un art autre" (eine andere Kunst) und eröffnete in Turin ein Zentrum für Schriftkunst und Malerei der Zeichen, wo er auch einige Arbeiten der Lettristen ausstellte. Er hatte verschiedene Folien und Bücher in bibliophilen Ausgaben unter seinem Thema verfaßt und eine sehr originelle Art der Buchillustration erfunden. Ein anderer Wegbereiter in der Buchkunst war Slavko Kopac, der Leiter des Museums für "Art brut". Dubuffet hatte ihn entdeckt, einen Maler und Collagisten aus Kroatien, der in seinen Buchausgaben die merkwürdigsten Materialien verwendete, z.B. Holzblätter, die er wie ein orientalisches Faltbuch mit eingekerbten Zeichnungen zusammenband. Auch André Breton gab einen Text mit ihm heraus. Dubuffets spätere Kontaktnahme mit Pierre-Albert Benoît, genannt PAB, zeugte weiter von dem Interesse des Malers an Ausgaben von bibliophilem Charakter.

Ich besuchte zuweilen Dubuffet, als er schon schwer leidend war und nur noch sitzend zeichnen konnte. Er zeichnete die "Orte", "Les sites", wie er die Serie nannte, mit Filzstift in China-Tinte und schnitt manchmal eine Figur aus, um sie auf eine andere Zeichnung zu kleben. Die Farben, wenn er welche benutzte, waren helles Zinnoberrot, manchmal Blau und Grün. Das waren immer Bilder, die mir belustigend erschienen, was ihn sehr verwunderte, denn er selbst fand sie eher schreckenerregend. Er sagte, er beobachte die winzige "Landschaft", die sich beim Gehen direkt vor den Füßen auftat. Dieses Gewirr von Staub, Fäden, Ästen, Blättern und Papierresten war für ihn das eigentliche Thema, mit dem er sich monatelang abgab.

Der Zollbeamte Leroy

Dubuffets Interesse blieb immer wach für "Art brut" und das Lausanner Museum, das sein Freund Michel Thévoz mit ebensoviel Begeisterung wie Kenntnis leitete. Wir erinnerten uns zusammen an Samuel Feijóo und die einzigartige Zeitschrift "Signos", die er in Kuba herausgegeben hatte, zu der Dubuffet manchmal eine Illustration beisteuerte. Dann sprachen wir über Claude Leroy, einen Zollbeamten an der Basler Grenze, einen "Pied noir", den ich mit Dubuffet wegen seiner eigenartigen Zeichnungen und Malereien zusammengebracht hatte, worauf sich im Laufe der Jahre eine rege Korrespondenz entwickelt

Man Ray, Porträt von Arcimboldo (Selbstporträt)

Man Ray, Zeichnung, Paris 1965, dediziert an Robert Altmann

hatte. Feijóo war eigentlich derjenige, der Leroy bei einer Fahrt mit mir in die Schweiz entdeckt hatte. Leroy hörte uns Spanisch sprechen und vermutete in Feijóo jemanden, der sich für Kunst interessierte. So ließ er ab von seiner Zollkontrolle und setzte sich mit uns ins Bahnhofskaffee. Daraus entwickelte sich eine große Freundschaft, und so bin ich bis heute immer in Verbindung mit Leroy und seinem malerischen Werk geblieben.

Vor kurzem hat man den Briefwechsel zwischen Dubuffet und Claude Simon veröffentlicht. Ich wußte, daß die beiden sich gegenseitig sehr schätzten, daß Dubuffet immer mit großem Interesse die neuen Veröffentlichungen von Claude las und sie kommentierte. Die Arbeitsweise des Schriftstellers war ganz im Sinne des natürlichen Schreibens, welches Dubuffet in seinen eigenen Büchern immer als eine notwendige Voraussetzung ansah. Claude Simon hatte selbst früher gemalt, und in seiner Wohnung stand ein großer Paravent, den er mit Collagen vollkommen bedeckt hatte. Auch die zahlreichen Photographien, die man in einer Ausstellung der Galerie Maeght vor nicht langer Zeit zeigte, sind ein Beispiel von Claudes Enthusiasmus für diese Art von Kunst, welche man vielleicht schon in der scharfen Beobachtung der Natur und der Menschen in seinen Romanen hatte vermuten können wie auch in seinen häufigen Darstellungen von Graffitis und Zeichnungen in "Art brut".

Daß zwischen Asger Jorn und Dubuffet eine gewisse Verwandtschaft bestand, ist allgemein bekannt. Ich glaube sogar, daß es Bilder gibt, die von beiden zusammen gemalt wurden. Übrigens musizierten Jorn und Dubuffet auch zusammen. Wie erwähnt, hatte ich 1966 den Kubaner Feijóo nach Paris eingeladen. Da besuchte er auch Jorn, wohnte einige Tage bei ihm, malte dort und hat wahrscheinlich auch Kollektiv-Bilder gemalt, was ja ganz im Sinne von Dubuffets Kunstauffassung war. Beide, Jorn und Dubuffet, gaben Feijóo öfter Zeichnungen für seine Zeitschrift "Signos" und, wie schon erwähnt, ein Aquarell für den Einband einer der Nummern, die in Kuba veröffentlicht wurde.

Man Ray

Das Thema der Zusammenarbeit von verschiedenen Künstlern ist nie im Hinblick auf seine eigentliche Bedeutung näher untersucht worden. So war zum Beispiel Man Ray von den Lettristen, besonders von Isidore Isou, als einer ihrer Vorläufer gepriesen worden. Ich kannte Man Ray seit meinem New Yorker Aufenthalt 1947-1948. Ich fuhr einmal nach Los Angeles, um ihn zu besuchen. Wenn ich mich recht erinnere, wohnte er dort in Beverly Hills in einem merkwürdigen Atelier, in das man nur

Marcel Duchamp,
Lithographie, in der Folge
"Il reale assoluto"

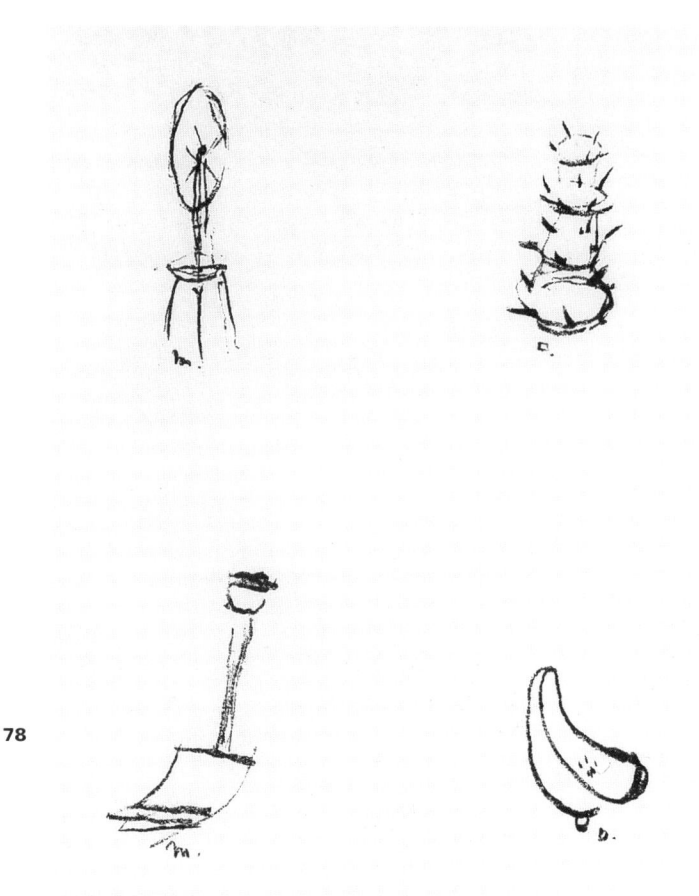

durch einen unterirdischen Gang gelangen konnte. Nach Jahren traf ich ihn dann in Paris wieder, wo er in der rue Feroud neben der Kirche St-Sulpice sein Atelier hatte. Das war recht baufällig und wurde bei Regen feucht. Auf einem Holzbrett neben dem Eingang war das "blaue Brot" teilweise von Mäusen angefressen, was den Künstler eher amüsierte. Man Ray zeigte mir eine Anzahl Rayographien und erklärte die angewandte Technik. Auf dem Tisch stand das Metronom mit dem Auge, an der Decke hingen die ineinander verhakten Kleiderbügel. Man Ray sprach mir von seiner Bewunderung für den Maler Arcimboldo und holte ein imaginäres Porträt Arcimboldos hervor, das er gemalt hatte. Ich konnte es wie auch eine Vorzeichnung auf Papier günstig erwerben. Im Hintergrund des Ateliers war ein Vorhang. Man Ray ging dann hinter diesen Vorhang und zeigte mir ein Originalgemälde dieses Malers, einen Kopf mit

Gemüse und Pflanzen kombiniert, ein erstaunliches Bild. Man Ray liebte es, die Leute zu überraschen und immer etwas Komisches zu zeigen oder zu erzählen. Seine wirklich beachtlichen Erfindungen stellte er als etwas ganz Einfaches, von jedermann Machbares hin. Seine Bilder, teilweise von recht großen Dimensionen, hatten meist belustigende Themen, was aber nicht immer gleich sichtbar war. Verkaufen konnte er damals fast nichts. So hatten er und seine Frau Julia sicher materielle Sorgen, bis dann der Händler Arturo Schwarz in Mailand anfing, Vervielfältigungen der Objekte von Man Ray zu verkaufen, womit der Künstler natürlich einverstanden war. Ab und zu erschienen Arbeiten von Man Ray in Zeitschriften, so bei Edouard Jaguer in "Phases". Auch erinnere ich mich, daß er ein Rayograph, das er in 20 signierten Exemplaren hergestellt hatte, in dieser Zeitschrift publizierte. Die Lettristen, insbesondere Sabatier, hatten sich der Technik der Rayographie angenommen und konnten Ähnliches produzieren und publizieren. Man Ray wirkte ferner an Büchern mit Originalgraphik mit. Dennoch war sein graphisches und malerisches Werk noch immer nicht anerkannt. Man kannte Man Ray als Photographen, aber nicht als Maler, Radierer oder Lithographen, obwohl er gern Graphik schuf und auch nach der eigentlichen surrealistischen Zeit besonders schöne Zeichnungen gemacht hat.

André Masson

Stand das photographische Schaffen der Lettristen ganz im Zeichen Man Rays, so waren die graphischen Hervorbringungen André Masson verpflichtet. Dieser hatte sich in seiner nach-surrealistischen Zeit, also in den fünfziger Jahren, mehr der Schrift und den Buchstaben zugewandt. Er hatte sogar vorgehabt, ein Buch von Isidore Isou mit vier Kaltnadelradierungen zu illustrieren, welche ganz die lettristische Kunstrichtung präsentierten. Die Platten wurden gedruckt, aber das Buch kam nie zustande. Jedenfalls zeugen die Platten von einer typographischen Zusammenarbeit, die gegenseitige Beeinflussung nicht verleugnet.

Max Ernst und Jean Tardieu "Le Parquet se soulève"

Ich hatte Max Ernst und Dorothea Tanning zuletzt in Paris besucht im Jahre 1949 oder 1950. Bei dieser Gelegenheit verkauften sie mir ein Album mit Lithographien, ein graphisches Hauptwerk von Dorothea, dazu ein kleines Ölbild, "Die zwei Vulkane", das Max Ernst in Arizona gemalt hatte. Viele Jahre später, als Max Ernst, der sich in der Ardèche niedergelassen hatte, schon weltberühmt war und seine Werke mit Leichtigkeit an alle Museen verkaufen konnte, hatte ich als Verleger erneut Kontakt zu ihm. Ein Zürcher Freund von Max hatte erfahren, daß ich im Besitz von sechs Frottagen Max Ernsts war, welche 1938 zur Illustration eines Buches von Eluard dienen sollten, die damals aber nicht benutzt worden waren. Der Freund schlug mir vor, diese sechs unbekannten, auf lithographischem Transfer-Papier aufgenommenen Frottagen, mit dem Einverständnis von Max Ernst, in lithographischem Verfahren als kleine Auflage drucken und gegen entsprechendes Honorar vom Autor signieren zu lassen. Ernst war damit einverstanden unter der Bedingung, daß von seinem Freund, dem Dichter Jean Tardieu, sechs Gedichte dazu veröffentlicht würden. Der Dichter schuf eine schöne Gedichtreihe unter dem Titel "Le parquet se soulève", weil die Frottagen ursprünglich auf unterlegten Parkettfußbodenbrettern ausgeführt worden waren. Alle Blätter, auf aufgelegtem Chinapapier lithographiert, wurden von Max Ernst signiert und numeriert, was ihm in seinem hohen Alter nicht mehr ganz leicht fiel. Die Bücher erschienen in einem blauen Leineneinband im Schuber. Es war je eine Serie in Rot, in Braun, in Blau und in Schwarz gedruckt worden, was auch der ursprünglichen Farbskala, die 1938 vorgesehen war, entsprach. Auf ausdrücklichen Wunsch von Max Ernst wurde in diesem Buch kein Hinweis auf die ursprüngliche Ausgabe gegeben.

Ich hatte diese sechs Frottagen einmal bei Georges Hugnet gekauft. Sie steckten in einem rosa Umschlag und stammten aus der Sammlung von Valentine Hugo, die auf dem Um-

André Masson, Kaltnadelradierung, 1947, "Femme attaquée par des oiseaux", Brunidor Portfolio II, Paris 1947-1952

André Masson, eine der vier Kaltnadelradierungen, Serie Brunidor 1968

Blatt aus: "Le Parquet se soulève", sechs Lithographien von Max Ernst zu Gedichten von Jean Tardieu, Edition Brunidor-Apeïros 1973

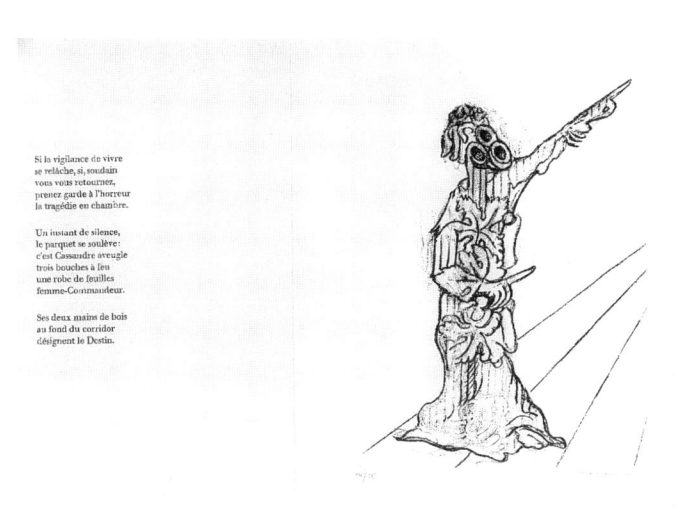

Si la vigilance de vivre
se relâche, si, soudain
vous vous retournez,
prenez garde à l'horreur
la tragédie en chambre.

Un instant de silence,
le parquet se soulève:
c'est Cassandre aveugle
trois bouches à feu
une robe de feuilles
femme-Commandeur.

Ses deux mains de bois
au fond du corridor
désignent le Destin.

Georges Hugnet, Collage, 1961

schlag mit Bleistift die Geschichte dieser Bilder aufgeschrieben hatte. Für die damalige Buchausgabe des Gedichtes von Eluard wurden vier Lithographien benutzt. Die restlichen der ursprünglich zehn Frottagen blieben unbenutzt, und Valentine Hugo konnte sie von Max Ernst erwerben. Sie hat sie dann an den Sammler und Bibliophilen Georges Hugnet verkauft. Dieser besaß außerdem ein Exemplar der Erstausgabe von 1938, für welches er in seiner Werkstatt einen rein surrealistischen Einband anfertigen ließ, der ganz zu der Stimmung der Gedichte und der Lithographien paßte. Als ich die Frottagen erwarb, besprach ich mit Hugnet, ob sein Buchbinder, einer der bekanntesten Handwerker und Buchkünstler, Henri Mercher, für mich einen Einband in derselben Art machen könnte. Mit Hugnet und Mercher wurde ein solcher Einband dann angefertigt, ein herrliches Werk der Buchbindekunst und ein einmaliges Beispiel für die sogenannten Objektbücher in reiner surrealistischer Tradition.

Georges Hugnet

Das schmucke Häuschen, das Hugnet mit Frau und Sohn in einem Hinterhof, rue de la Gaîté, im Quartier Montparnasse bewohnte, war ein richtiger Schatzkasten voller Wunder und Überraschungen. Bei jedem Besuch wurde ich ins größte Erstaunen versetzt. Eines der Zimmer im Erdgeschoß neben dem Raum, wo ich Hugnet immer vormittags vor einer Flasche Rotwein traf, war ganz im Dunkeln. Die Fenster wurden da nie aufgemacht. Dieses Zimmer war vollgepackt mit Schriften und Büchern. In einem anderen Zimmer befanden sich zwei Vitrinen, in denen wunderbar eingebundene romantische Bücher standen in vorzüglichem Zustand.

Einmal holte Hugnet eine Art Skulptur aus Holz mit angenagelten farbigen Elementen hervor. Es handelte sich um eine ganz frühe Arbeit von Miró. Oder er kramte in einem Packen Papier und förderte ein Blatt mit zwei oder drei Bleistiftskizzen von Dalí zutage. In einem Buch, das die Geschichte des Dadaismus enthielt, war auf der Vorderseite eine Schuhsohle aufgeklebt, von Man Ray mit einem witzigen Titel handschriftlich versehen. Mit Picasso hatte sich Hugnet während der Kriegsjahre häufig in einem katalanischen Café in der rue des Grands Augustins getroffen. Während der Unterhaltung zeichnete Picasso auf die papierene Tischdecke. Es versteht sich, daß Hugnet all diese Zeichnungen aufbewahrt hat. Mit Jean Cocteau verfuhr er ähnlich und publizierte seine eigenen Zeichnungen und die von Cocteau unter dem Titel: "La Nappe du Catalan" in einem dicken folioartigen Album, dessen Papier die wabenförmigen Reliefs der Café-Tischdecken imitierte. Mit Pablo Picasso gab Hugnet während des Krieges einen Gedichtband heraus, den jener mit vier auf kleine Pappkärtchen gemalten Bildern begleitete und deren Druck auf der Platte mit einer scharfen Nadel von Picasso vollkommen überarbeitet worden war.

Die kuriosesten Dinge waren in dieser erstaunlichen Sammlung zu finden: Aquarelle und Manuskripte von Max Jacob, mit dem Georges Hugnet sehr befreundet gewesen war, ferner Photographien von Man Ray, der übrigens ein eindrucksvolles Photo-Porträt von Hugnet gemacht hat, und nicht zuletzt gab es dort Erstausgaben von Büchern und Graphik-Folios, die, mit Widmungen, Zeichnungen und Collagen versehen, in keinem Katalog je zu finden sind.

Hugnet war ein fanatischer Verfechter der Buchbinderkunst. Er hielt es für absolut notwendig, wertvolle Bücher von einem Spezialisten einbinden zu lassen und zwar so, daß derselbe den Einband nach seiner Eingebung und seinem künstlerischen Können verzieren oder sogar als selbständiges Kunstobjekt gestalten sollte. Erstens gäbe dies dem Buch einen bleibenden Wert, und zweitens wäre dies die beste Methode zur Verwahrung und zum Schutz des Buchkörpers. Ich habe selbst von solchen handwerklich und künstlerisch hervorragenden Buchbindern wie Henri Mercher und Jean-Paul Miguet fast alle surrealistischen Bücher, die ich zum Teil von Hugnet gekauft hatte, einbinden lassen. Ein Buch, in dieser Form erhalten und geschützt, ist ein eindrucksvolles Objekt, an dem das Fühlen der zarten Lederdecke, des Reliefs, der Mosaiken, des vergoldeten Schnitts, die Wahrnehmung der schimmernden Buchstabenreihen, das bedächtige Blättern der Seiten und das Eindringen in Text und Gestaltung zur richtigen Stimmung und zur Liebe des Buches beitragen.

In der Geschichte des Surrealismus ist mehrfach geschildert worden, wie Georges Hugnet aus der Surrealismus-Gruppe ausschied, wie er von allen Freunden Bretons angegriffen und schließlich körperlich mißhandelt wurde. Seither war er herzleidend und hatte sich dem Alkohol ergeben. Eines Tages wurde bei ihm eingebrochen. Es wurden etliche Bilder und Objekte der "Art-Nouveau" gestohlen. Darauf zog er sich in sein Landhaus auf der Ile de Ré zurück, in dem er viele seiner Schätze verwahrte. Dort lebte er noch einige Wochen und starb dann inmitten seiner Bücher, Skulpturen und Bilder. Seine Witwe hat sein ganzes Werk von Photomontagen und Collagen zusammengestellt und der Galerie Zabrisky in New York übergeben. Die Bedeutung dieses reichen surrealistischen Ensembles kann man erst jetzt ganz schätzen, wo man den größten Teil kennt. Unter seinen dichterischen und literarischen Schriften, die er teilweise schon in den dreißiger Jahren in seinem eigenen Verlag herausgegeben hatte, sind einige Theaterstücke, größere Dichtungen und Beschreibungen der Bewegungen und Gruppen, denen er nahegestanden hatte: dem Dadaismus und dem Surrealismus. Als wichtiger Zeuge und Besitzer einer großen Menge von Material war Hugnet wohl der bestinformierte Schriftsteller dieser Epoche. Seine vielleicht zu intime Kenntnis der Atmosphäre und der Mitglieder der besagten Gruppen könnte den Haß provoziert haben, mit dem man ihm dann begegnete.

Toyen

Vor dem Krieg war Hugnet eng befreundet mit Filipacchi, dem Gründer der Sammlung der "Pléïade" bei dem Verleger Gallimard. Filipacchis Sohn Daniel wurde nach dem Krieg auch ein bedeutender Verleger und sammelte unter der Leitung von Hugnet die wichtigsten surrealistischen Werke, sodaß seine Sammlung heute wohl die vollständigste ist, die es gibt. Ich war einige Male bei Daniel Filipacchi. Wir tätigten einige Tauschaktionen, da ich vor allem gewisse Werke aus meinem Brunidor Verlag besaß, die noch nicht in seiner Sammlung waren. Unter den Bildern bei Filipacchi interessierten mich besonders die der tschechischen Malerin Toyen, deren Bilder man selten sieht. Er hatte einige wichtige Werke von ihr. Ich kannte Toyen sehr gut. Sie hatte um 1950 eine Farblithographie für mich gemacht, die ich im Brunidor Album II herausgegeben hatte. Nach dem Tod von André Breton bewohnte sie dessen Atelier in der rue Fontaine und, obgleich im Kunsthandel kaum bekannt, war sie noch bis in die letzten Jahre sehr produktiv sowohl in der Ma-

84

Toyen, Zeichnung, aus dem Album "Cache-Toi Guerre", 1944

Toyen, Farblithographie zu einem Gedicht von Jindrich Heisler, 1947, Brunidor Portfolio II, Paris, 1947-1952

Surrealisten in Prag (vor der Auswanderung): von links Toyen, Heisler, Teige

Toyen (links) und André Breton (Mitte) mit Teige, Surrealistengruppe in Marienbad

lerei als in der Graphik und auch in der Buchgestaltung. Sie illustrierte Texte von Benjamin Péret, Annie Lebrun und Radovan Ivsic. Sie blieb immer im engsten Kreis um Breton und war bei allen Veranstaltungen, auch bei Aufenthalten in St-Cirq-Lapopie, zugegen. Als man dort im Jahr 1993 eine kleine Ausstellung zur Erinnerung an André Breton organisierte, habe ich die von mir herausgegebene Farblithographie dazugegeben, die mit anderen ihrer Werke sowie Leihgaben aus dem surrealistischen Kreis die letzten Jahre Bretons und seiner Freunde wiederaufleben ließ.

Buchgestaltung

Heute existieren viele der spezialisierten Handwerksbetriebe, die so viel für die Buchgestaltung getan haben, nicht mehr. Buchbinder, Vergolder, Drucker, Typographen werden seltener, und die Verteuerung des Papiers, des Leders, der Stoffe bewirkt, daß Entstehungskosten heutzutage in keinem Verhältnis mehr zu dem stehen, was ein normaler Bibliophiler oder Sammler zu zahlen gewillt und in der Lage ist. Mit dem Verschwinden der betreffenden Berufe und der Preisentwicklung des Materials wird das ganze Buchwesen sich ändern müssen, sodaß neben den kommerziellen Produkten nurmehr eine auf primitive Mittel angewiesene, künstlerisch aber doch authentische Buchart sich entwickeln kann. Bei der Beobachtung der Zusammenarbeit aller an der Buchgestaltung Beteiligten über Jahre könnte man sich an allgemeine Feststellungen halten, um daraus eine Erklärung dessen zu erlangen, was den inneren Sinn dieser Künstlerbücher ausmacht. Dieser Sinn wurde ermöglicht durch die Mitarbeit aller Beteiligten, das gemeinsame Interesse an der Ausführung und Fertigstellung des Buchobjekts, dessen Inhalt und literarisches Dasein ja nur einen Teil des Ganzen dessen ausmacht, was das Endprodukt dann schließlich darstellt. Sicher trägt die gemeinsame künstlerische Arbeit aller Beteiligten auch wesentlich zur Originalität eines solchen Kunstobjekts bei. Mich hat oft verwundert, daß einige Schriftsteller und Dichter sehr viel Wert auf die Ausstattung ihrer Bücher legen, z. B. durch die Benutzung von spezifischem Papier, besonderer Druckart oder durch eigens gewählte Formate, während andere diese Dinge ganz dem Verleger überlassen, dies zur Vervollständigung ihrer Arbeit nicht als notwendig betrachten. Letzteres ist der Fall bei Claude Simon, den meistens nur der Inhalt, nicht die Präsentation des Textes interessierte. Dagegen ist für einen Autor wie Michel Butor das als Objekt betrachtete Buch von großer Wichtigkeit. Selbst in seinen von großen Verlegern in Massen produzierten Schriften sind sorgfältiger Umbruch, Wahl der Typographie, kurz, die äußere Form wichtiger Bestandteil des Ganzen. Das ist auch bei Paul Celan der Fall gewesen. In seiner Zusammenarbeit mit den Druckern, Herrn Baudier und Fräulein Fequet, konnte ich bei Celan äußerste Akribie beobachten im Hinblick auf die Disposition der Schrift, der Seite, der Größe der Buchstaben, des Zeilenabstands und der so wichtigen Leerstellen, die wie schweigende Raumflächen zwischen den Versen zu stehen kamen, bedeutsame Unterbrechungen, Pausen, worin sich der Atem als Ausdruck des Zeitlichen zusammengezogen hat. Einige der von ihm mit vielen Korrekturen versehenen Probedrucke konnte ich aufbewahren. Bei Gherasim Luca war die Sorge um das Schriftbild gewöhnlich in den Händen seines Freundes Jacques Dumons, dessen sicherer Blick und Taktgefühl für die Maße Textgruppen mit Randlinien oder eingraviertem Rahmen den Textseiten einen Rhythmus und ein Gleichgewicht gaben, wie es selten in dieser Vollkommenheit in anderen Buchexperimenten erreicht worden ist. Ich selbst war immer sehr offen für Buchexperimente, doch lag mir daran, in einem sinnvollen Verhältnis zwischen dem Gewicht des Buches, seiner Dimension und Handlichkeit zu bleiben. Es ging mir darum, die bisweilen zum Objekt gewordenen Werke immer noch als leicht bewegliche und innerhalb eines Bibliotheksregals zu ordnende Dinge zu gestalten. Michel Butor und Jacques Hérold brachten mich mit ihren Ideen auf sehr verschiedenartige technische Gestaltungsmöglichkeiten, die ich vorher als nicht realisierbar angesehen hatte. So zum Beispiel das "Rollbuch", das zusammengerollt die Dimension eines gewöhnlichen Einbands aufweist, obgleich, entrollt, der seidene Stoff über eine Länge von über einem Meter aufgehängt werden kann. Oder das "Taschenbuch" in einem Plexiglas-Behälter, wo hinten in einem kleinen durchsichtigen Fach eine welke Rose und ein kleines Kristall eingefaßt sind. Die Probleme beim Abziehen der Radierungen für das Buch "Querelle des Etats" von Michel Butor und Camille Bryen waren ganz anderer Art, brachten aber große Verzögerung bei der Fertigstellung der Radierungen, da durch das Befeuchten der Blätter und das Übereinanderlegen der verschiedenen Farbdrucke das Papier nie dasselbe Format behalten konnte und so manchmal Unterschiede aufwies, die eine Erneuerung der Drucke erforderlich machten. Die Drucke wurden dreifach in verschiedenen Kombinationen der Plattenlage für das Brunidor Portfolio angefertigt, welche der Autor und der Künstler als Tryptichon bezeichneten und wo auch manchmal die Buchstaben vertikal eingesetzt werden mußten.

Jacques Hérold,
Tiefdruck ab Kupferplatten
auf Kunstseidenstoff,
Rollbuch mit Text
von Michel Butor
"Politique des Charmeuses"

Gedicht von Gherasim Luca, Terrakotta-Skulptur von Michel Herz: "Poésie Elémentaire", Edition Brunidor 1966

Objektbücher: Bauduin, LE JARDIN DU SEL

Objektbücher: Bauduin, SUR LA ROUTE DU SEL, Text Daniel Charles, Brunidor Edition, Paris 1984

Gherasim Luca: THÉÂTRE DE BOUCHE, 1984, mit Radierungen von Micheline Catti, Edition Criaple

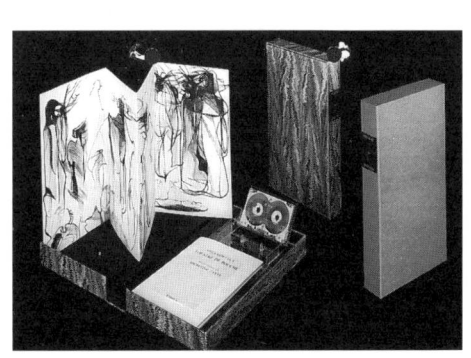

Objektbücher
Ein Objektbuch des kubanischen Malers Jorge Castaño bestand aus einer Reihe Würfel, die zusammengesetzt ein gewisses Bild ergaben, denn die Lithographien des Künstlers waren ausgeschnitten und auf die Seiten der Würfel geklebt. Diese schwierige Präzisionsarbeit, ohne die eine Zusammensetzung als Puzzle nicht möglich wäre, leistete das Atelier des Buchbinders Jean Duval, der auch den Kasten mit einem Plexiglasfenster entworfen hatte. Objektbücher mit eingeschlossenen Plastiken realisierte er ebenfalls für mich, einmal zusammen mit einem Werk des Bildhauers Michel Herz und eines Texts von Gherasim Luca, ein anderes Mal das Objektbuch "Sur la route du sel" mit Bauduin und Daniel Charles. Das Ganze, das heißt Zementblock und Buch, hielt eine dafür konstruierte, in schwarzes Leinen eingebundene Schachtel zusammen. Diese konnte wie ein gewöhnliches Buch ins Regal eines Bücherschrankes gestellt werden. Mein oben genanntes Skulpturenbuch von Michel Herz und Gherasim Luca war wohl das erste seiner Art, wo die Plastik auch unabhängig vom Buch herausgenommen und aufgestellt werden konnte. In der Bibliothèque Nationale erzählte mir der Konservator Toulet von den ganz neuartigen Problemen, vor die die Objektbücher nach den sechziger Jahren die Bibliotheken insbesondere im Hinblick auf Volumen und Platz stellten. Ich habe später von Henri Chopin Objektbücher gekauft, die überhaupt keine Buchform mehr hatten. Ich ließ in solchen Fällen immer Einbände oder Kassetten machen, die dem Objekt wieder die Form eines handlichen Volumens gaben. Ähnlich werde ich die Bücher, die Bauduin gemacht hat (mit einem Text von Mikel Dufrenne), und die in einem aus Glas geblasenen Umschlag eingefaßt sind, zum Schutz des Glases und zum besseren Einfügen in den Bücherschrank auch mit einer Art Kassette einfassen lassen, obwohl Bauduin dagegen protestieren wird, sein Objekt-Buch werde irgendwie verfälscht dadurch und nicht mehr ganz wie im Original zu betrachten sein.

Die Zeitschriften "UR" und "fragment"
Die Idee bibliophiler Ausgaben, d.h. Editionen mit Originalgraphik oder in gepflegter Druckart, habe ich eigentlich mit meinem Sohn Roberto in der Gruppe der Lettristen zu einer ganz markanten Entwicklung gebracht. Aber auch jemand wie Michel Tapié hat sich mit lettristischen Buchausgaben beschäftigt. Ich war in diesen Dingen Inspirator und gleichzeitig Kunde, da ich systematisch die Originalausgaben der Nummern 1 oder A und dann noch mit Widmungen aufkaufte. Als das Projekt einer

Zeitschrift "UR", 1966

Neuauflage der Zeitschrift "UR" von Maurice Lemaître reifte, sagte ich meine Mitarbeit und finanzielle Hilfe zu, unter der Bedingung, daß die Auflage klein bliebe und daß die Nummern zum größten Teil Originale enthalten sollten. Es erschienen sechs Nummern. Diese Folge von sehr hübsch eingebundenen Kassetten enthielt eine Anzahl hochinteressanter Beiträge, darunter viele Graphiken und Originalmalereien, Zeichnungen und Collagen. Ich möchte noch hinzufügen, daß die Zusammenstellung der einzelnen Nummern in unserem Haus in Viroflay gemacht wurde und daß sich an dieser Arbeit ein großer Teil der Lettristen selbst beteiligte. Diese handwerkliche Zusammenarbeit drückt sich im ganzen Stil dieser Hefte aus und bringt diese Ausgabe zu einer wohl einzigartigen Synthese der intellektuellen Gruppe und ihrer Ausdrucksweise. In diese Zeit fällt auch die vornehmlich malerische Tätigkeit der ursprünglich literarisch veranlagten Künstler, obgleich Isidore Isou schon um die fünfziger Jahre viel malte. In den sechziger Jahren entwickelte sich eine wirkliche Produktion von Bildern und Skulpturen, und Künstler wie mein Sohn Roberto und Spacagna waren damals in allen "Salons", das heißt in allen offiziellen Kollektiv-Ausstellungen vertreten.

Einen ganz anderen Versuch, eine Zeitschrift zu fördern, stellt meine Zusammenarbeit mit Jean Daive dar. Das war ein damals fast unbekannter Dichter und ein großer Verehrer von Paul Celan. Dieser war es auch, der ihn mir vorstellte. Jean Daive hatte schon mehrere Übersetzungen von Celan-Gedichten mit dem Dichter zusammen veröffentlichen können, und für die erste Nummer der besagten Zeitschrift waren Gedichte von Celan mit Übersetzungen von Daive und Graphiken von Gisèle Celan vorgesehen. Die Zeitschrift hieß "fragment" und hatte eine Vorzugsausgabe von Exemplaren mit Originalgraphik. Im Ganzen sind drei Nummern erschienen. Danach sah ich ein, daß "fragment" nicht vertrieben werden konnte. Wie es schien, gab es kein interessiertes Publikum für eine solche Publikation, obgleich eine Reihe bekannter Schriftsteller und Dichter darin veröffentlicht waren und auch die Graphik-Reihe bekannte Künstler aufwies wie Kalinowsky, Tàpies, Music, Sima und andere. Jean Daive wollte einige Zeit später "fragment" nochmals aufleben lassen. Doch schuf er dann eine andere Zeitschrift, "Fig", an der ich mich aber nicht beteiligte.

Guido Llinás, Holzschnitte zu Gedichten von José Lezama Lima "Poemas", Edition Brunidor, Vaduz, 1972

Lezama Lima und Guido Llinás

Mit unseren Freunden in Kuba und den Kubanern in Paris hatten wir weiter Kontakt, obwohl die politischen Divergenzen sich in den freundschaftlichen Beziehungen niederschlugen. So trennte uns die zu offiziell gefärbte Haltung Alejo Carpentiers, den wir kaum noch sahen. Auch Wifredo Lam sahen wir seltener. Ricardo Porro, der Architekt, war nicht sehr gut bei den Castro-Leuten angeschrieben. Er hatte 1973 begonnen, für mich in Vaduz das Gebäude zu bauen, das später den Namen "Centrum für Kunst und Kommunikation" tragen sollte. Wifredo Lam, jetzt der offizielle Künstler der Revolution, hielt nicht mehr an seinen früheren freundschaftlichen Beziehungen zu Ricardo Porro fest. Ich hatte dagegen eine rege Korrespondenz mit dem Dichter Lezama Lima, dessen Buch "Paradiso" als Übersetzung in Frankreich herauskam, heftig verteidigt von dem Argentinier Julio Cortázar und dem emigrierten kubanischen Schriftsteller der Gruppe "Tel Quel", Severo Sarduy. In Kuba jedoch erschien es kaum in den Buchläden wegen des stark erotischen Gehaltes, der in der puritanisch-stalinistischen Atmosphäre von damals nicht opportun war. Lezama selbst, schwer asthmakrank, fühlte den auf ihm lastenden politischen Druck und litt sehr unter der Vereinsamung der letzten Jahre seines Lebens, worüber er mir in traurigen, hoffnungslosen Briefen oft geschrieben hat. Mit Guido Llinás, dem in Paris lebenden kubanischen Maler, konnte ich für zwei von Lezama speziell dazu komponierten Gedichten eine sehr hübsche Ausgabe mit Holzschnitten des Malers veröffentlichen. Das Impressum schickte ich an Lezama, der es mir signiert wieder zurückschickte. Die Bücher erschienen in einem grauen Leineneinband in dem Format aller vorigen Brunidor Bücher. Dies ist wohl das einzige bibliophil gefaßte Buch dieses Schriftstellers, der heute als einer der wichtigsten lateinamerikanischen Dichter gilt.

Der Architekt Ricardo Porro

Genau wie die Bücher von Lezama wurden die in Havanna errichteten Kunstschulen von Ricardo Porro nicht als regierungs-

Der Architekt Ricardo Porro, Vaduz 1968

konform angesehen, und der Name des Architekten wurde ignoriert. Auch war der stark erotisch gehaltene Symbolismus des Werkes von Porro ein Grund, ihn auf die "schwarze Liste" zu setzen. Ricardo Porro lebte nun in Paris und wurde französischer Staatsbürger. Ich besuchte die Kunstschulen gelegentlich unserer Reise nach Kuba im Sommer 1966 und war fasziniert von diesem großartigen Werk. Ich fühlte mich in dieser geheimnisvollen Atmosphäre ähnlich wie im Garten Bomarzo oder im Park Guëll in Barcelona umgeben von Zeichen und Bildern, die den Raum durchbrechen, als ob sie ein illusionistisches Spiel mit dem Licht trieben. Meine Begeisterung war so groß, daß ich Porro sofort mit dem Bau des bereits erwähnten Centrums für Kunst und Kommunikation in Vaduz beauftragte, als sich dort die Gelegenheit eines Grundstücktausches ergab. Obgleich für den Architekten ein Themenkreis das Kunstwerk bestimmt und obgleich auch bei dem Vaduzer Bau ein vielseitiges Programm zum Ausdruck kommt, ist der rein künstlerisch ästhetische Eindruck auf den ersten Blick überwältigend. Die Frage nach der Bedeutung scheint überflüssig zu sein inmitten dieser sprudelnden Raumkombinationen und schwebenden Strukturen. Auch Landschafts- und Stadtbild wirken wie eine Extrapolierung, wie eine Verlängerung des Formenkomplexes, sodaß überall ein gewisser Widerhall entsteht, ein Echo auf die Töne der vibrierenden Metalle und ein Spiegelbild der fernen Bergketten in den geschwungenen Leisten und Schienen.

Während Ricardo Porro bei den Kunstschulen in Havanna die Idee einer Polis zu verwirklichen suchte, wie sie sich Lezama Lima im Sinne Platos ausgedacht hatte, wo die Schüler sich, unter Arkaden in diskutierenden Gruppen von Ort zu Ort wandelnd, in die gewundenen Räume einfügen sollten, machte sich beim Bau in Vaduz ein anderes Prinzip geltend, nämlich das der Renaissancestädte Italiens, wo ein Turm den Marktplatz abschließt, auf dem das eigentliche Leben der Stadt sich abspielt. Die Vielzahl der umliegenden Gebäude, in Stil und Geschichte unterschiedlich, evoziert die Città z. B. von Bergamo, nur daß in Vaduz alles dem Barock entsprungen ist und in die Moderne überleitet. Das kollektive pulsierende Leben will in diesem Bau seinen Ausdruck finden. Die Menschen dürfen sich heimisch fühlen in den gebogenen Formen der Wände, und ihre Wege sind durch Wendeltreppen und runde Korridore vorgezeichnet im Flug einer eigenen Dynamik. Während die Gebäude in Kuba innerhalb einer wilden Landschaft in rotem Backstein hervorragen, sind hier in Vaduz die Laubwälder an den Abhängen und das weite

Rheintal der Rahmen dieser eigentlichen Riesenplastik, an der die goldglänzenden Aluminiumstangen wie eine siedende Flüssigkeit den weiß hervordringenden Komplex überfluten.

Henry-Miller-Archiv

War nun in dem Vaduzer Gebäude viel vom Wesen der Dichtung eines Lezama Lima zu spüren, so standen doch wieder gewisse Leitlinien in Richtung auf eine architektonische Ausdrucksform surrealistischen Ursprungs im Vordergrund. Zweifellos kann sich ein so vielseitiger Kunstcharakter bestens für eine diverse Ausstellungstätigkeit eignen. Es war, wie schon erwähnt, mein Sohn Roberto, der in den darauffolgenden fünf Jahren das Gebäude als Centrum für Kunst und Kommunikation zum Vorführen größerer Kunstereignisse ausbaute und damit eine grenzüberschreitende Wirkung erzeugen konnte.

Wir hatten gewisse Möglichkeiten, außer einem Archiv William Burroughs, was sich schließlich nicht realisieren ließ, ein Henry-Miller-Archiv in Vaduz zu deponieren. Meine Freundschaft mit Millers Sekretär Robitaille gab mir Gelegenheit, eine Reihe von Briefen Millers zu erwerben. Auf einer Ausstellung von Aquarellen Millers in der Galerie Gervis, die sich damals in der rue du Bac in Paris befand, lernte ich Miller kennen. Er war ein sehr lustiger und gesprächiger Mensch. Seine blinzelnden Augen und sein rundes Gesicht gaben seinem Aussehen etwas Orientalisches. Damals lebte er mit einer Japanerin zusammen, die er mir vorstellte. Seine Aquarelle waren in freudigen Farben gehalten. Er war sehr stolz darauf und hielt sich für einen Maler mehr denn für einen Schriftsteller. Ich kaufte eine hübsche Landschaft und ein imaginäres Porträt von Marcel Proust. Auf das Landschaftsbild schrieb er sogar eine Widmung für mich. Später hat sich Robitaille schwer mit Miller verworfen. Er hatte eine Biographie Millers veröffentlicht, die diesem gar nicht gefiel. Mit Robitaille, der esoterische und mystische Bilder malte und einige interessante Bücher über indische Kunst geschrieben hat, war ich noch lange in Verbindung. Er verkaufte schließlich alle Manuskripte und Briefe Millers, über die er verfügen konnte, an die Bibliothek von Montreal, denn er war ein überzeugter "Québéquois".

Henry Miller, imaginäres Portrait von Marcel Proust, Aquarell, 1967 in Paris gemalt

François Mathey

Eine wichtige Figur der Pariser Kunstszene war ohne Zweifel auch François Mathey, der lange Zeit das Museum für dekorative Kunst in Paris leitete. Gleich nach dem Krieg gelang es ihm, aus dem etwas verschlafenen und verstaubten Museum in Ergänzung zum eigentlichen Museumsbetrieb ein Zentrum für Gegenwartskunst zu schaffen. Man erinnere sich an die große Picasso-Ausstellung dort und auch an die erste erfolgreiche Ausstellung von Dubuffet. Dieser wurde ein guter Freund von Mathey und gab dem Museum eine Reihe großartiger Werke als Dauerleihgaben. Fast wäre in den Räumen der rue de Rivoli die Sammlung von "Art Brut" gelandet. Durch die Borniertheit einiger Routinebeamter kam diese Stiftung aber nicht zustande. Dubuffet zog es dann vor, die ganze Sammlung der Stadt Lausanne zu geben, wo sie von seinem Freund Thévoz betreut wurde.

Mathey stammte aus Ronchamp, das nur einige Kilometer von Clairegoutte, dem Heimatdorf meiner Mutter, entfernt ist, wo wir jeden Sommer einige Wochen verbrachten. Die Familie Mathey bewohnte ein altes Bauernhaus, das etwas abseits von dem Dörfchen Ecromagny in einer herrlichen Berglandschaft am Fuße der Vogesen liegt. Mathey hatte das Haus mit viel Geschmack renoviert. Dort trafen wir uns oft im Sommer. Unser Freund besaß da eine bedeutende Sammlung von Hinterglasmalerei, auch hatte er interessante Möbel der Franche Comté, viele Volkskunstwerke und nicht zuletzt Bilder und Plastiken moderner Künstler. Übrigens war es Mathey zu verdanken, daß Le Corbusier zum Neubau der alten zerstörten Kapelle auf dem Hügel von Ronchamp berufen wurde. Er hatte sehr gute Beziehungen zu dem Dominikanerorden, welcher maßgeblich die Wallfahrtstätte zu beaufsichtigen hatte und der die Pläne Le Corbusiers unterstützte. So blieb der Protest der Bevölkerung von Ronchamp und des örtlichen Klerus gegen das Projekt ohne Wirkung.

Mit Mathey bewegten wir auch gewisse Pläne, die Bildersammlung des Fürsten von Liechtenstein im Musée des Arts Décoratifs auszustellen. Ein guter Freund und interessanter Künstler von Liechtenstein, Martin Frommelt, kannte Mathey gut aus seiner Studienzeit an der École des Beaux-Arts in Paris. Frommelt lebt nun in Schaan, Liechtenstein, und hat eine beachtliche Laufbahn als Maler und Graphiker hinter sich. Die Originalität seiner kraftvollen Kunst macht ihn zu einer der markantesten Persönlichkeiten im Fürstentum. Damals war Frommelt mit Mathey übereingekommen, die Bewilligung des Fürsten zu der besagten Ausstellung zu erbitten. Es entstanden aber unvorhergesehene Schwierigkeiten, sodaß aus den schönen Plänen nichts wurde.

Jardot und Kahnweiler

Ein anderer Bekannter von mir aus der Gegend von Belfort war Jardot, der unter Kahnweiler die Galerie Leiris in Paris leitete. Ich sah ihn öfter dort, und er stellte mir eines Tages Kahnweiler vor. Wir hatten uns verabredet, mit Michel Leiris zusammenzukommen, was dann aber nicht möglich wurde. Jardot war ein politisch sehr interessierter Mann und unterhielt enge Freundschaft mit Persönlichkeiten, die dem Surrealismus nahestanden wie Benjamin Péret und dem griechischen Politiker Raptis, einem Freund auch von Nicolas Calas. Raptis war ein Verfechter der ökonomischen Theorie der "Autogestion", die, wie schon oben erwähnt, die Tito-Regierung in Jugoslawien inspirierte. Raptis machte auch eine Reise nach Havanna und hatte Kontakt zu einigen der führenden Politiker dort, obgleich er von der stalinistischen Fraktion nicht gern gesehen wurde. Nicht zuletzt unterstützte Michel Raptis die politischen Vorstellungen von Ben Bella in Algerien. Nach der plötzlichen Krankheit von Benjamin Péret und seinem Tod hatte ich dann kaum noch Verbindung zu Jardot und Raptis. (Erst jetzt, 1998, erfuhr ich, daß Jardot seine Sammlung der Stadt Belfort geschenkt hat. Dort wird ein Museum gebaut.)

Péret war für mich eigentlich der letzte wirkliche Surrealist, mit dem ich in Verbindung war. Er und Toyen waren diejenigen, die Breton am nächsten standen. Diese beiden waren vielleicht die letzten Zeugen die wussten, was der innerste Kern dieser Gruppe gewesen war. An sie schlossen sich von der nächsten Generation der Dichter Radovan Ivsic und Annie Lebrun an, mit denen ich weiter befreundet blieb. Sie waren gleich mir, wie auch der kubanische Künstler Camacho und der Bildhauer Cárdenas, enttäuscht von der Aufmachung der großen André-Breton-Ausstellung im Centre Georges Pompidou. Da war zwar eine außergewöhnlich interessante Dokumentation zusammengetragen worden, doch nach dem Sinn und Geist des Surrealismus wurde nicht gefragt, obwohl Elisa Breton die Oberaufsicht in dieser Ausstellung innehatte. Annie Lebrun, bekannt durch ihre Arbeiten über Sade und Raymond Roussel, ist eine engagierte Kämpferin gegen Feministen und Frauenrechtler der neuesten Gattung. Ebenso verteidigt sie den Surrealismus gegen alle Verfälscher und Epigonen.

Altwarenhändler
Wir hatten in den Sommerferien von François Mathey oft Hinweise bekommen, diesen oder jenen Altwarenhändler in der Gegend von Ronchamp aufzusuchen, nachdem er dort selbst einen interessanten bemalten Schrank, eine alte Zinnlampe und Reste von handgewebten Decken gefunden hatte. So machten wir eines Tages die Entdeckung von einem Brocanteur in einem kleinen Bauernhaus weit außerhalb jeglicher Ansiedlung. Pâti hieß der Mann, der inmitten größter Unordnung in einem Chaos aufeinandergestapelter Möbel, Töpfe, Rahmen und Eisenstücken

thronte. Hinter ihm durch eine geöffnete Tür erriet man eine Art Küche, wo zwischen Stapeln von Büchern, aufgehängten Kleidern, Kisten mit Porzellan und Glas, die voluminöse und ungekämmte Frau ein undefinierbares Essen kochte, beobachtet von Hunden und Katzen. Bei diesem Herrn Pâti fanden wir meterweise sogenannte Verquelure-Stoffe, die im vorigen Jahrhundert von den Bauern selbst auf Webstühlen hergestellt worden waren, und wie man sie noch zuweilen in alten "fermes" finden konnte. Auch gab es da die in Filet-Technik geknoteten Fenstervorhänge, wie man sie bis etwa 1920 noch in jedem Haus der Gegend selbst angefertigt hat. Wir kauften da einige um die Jahrhundertwende geblasene Flaschen, zum Aufbewahren von Kirsch-Schnaps und die in unserem kleinen Haus in Clairegoutte sich sehr dekorativ auf den alten Familienmöbeln ausnehmen.

Architekten und Landschaft

Seit der Errichtung der Kapelle von Ronchamp durch Le Corbusier werden wir uns der architektonischen Schönheit von Gebäuden bewußt, welche auch gewisse Relationen untereinander aufweisen. So stellten wir eine ideale Verbindung fest zwischen Ronchamp und Dornach, dem Goetheanum von Rudolf Steiner, einem der wichtigsten Bauten des ausgehenden Expressionismus, eine Verbindung, die unser Freund Porro öfter kommentierte. Auch scheinen uns Beziehungen dieser Architekturen zu unserem Centrum für Kunst und Kommunikation in Vaduz klar zutage zu liegen. Diese in gleicher Weise in dieselbe Landschaft Schweiz-Ostfrankreich integrierte Reihe von Gebäuden entspricht in ihrem symbolischen Gehalt dem Sinn und der künstlerischen Organisation der erwähnten Bauwerke und macht aus dem Komplex ein visionäres Ganzes, was auf eine großangelegte Landschaftsästhetik hindeuten könnte.

Gerade diese aus dem Einzelnen zu einer Gesamtheit strebende Einbeziehung des Naturbildes wurde mir zur klaren Erkenntnis bei meinen vielen Wanderungen in den Wäldern bei Clairegoutte, etwa vier Kilometer von Ronchamp entfernt. Ich rekonstruierte mir bei allen Aussichtspunkten eine neue Topographie des Landschaftsbildes, zog ideelle Linien und knüpfte Verbindungen über die weiten hügeligen Flächen, die man vom Bergweg aus beobachten konnte. Ich stellte mir vor, daß das Gehen selbst wie ein Meßgerät funktioniere und mitwirken würde an den großen Plänen, die mir meine Vorstellung in einer Atmosphäre von dichterischer Undefinierbarkeit möglich machten, ganz ungeographische Pläne also, die dennoch mit dem Projekt zur Erfassung der Umwelt zusammengehen könnten. Ich las nun eifrig die Bücher von Thoreau, von denen mein

Freund Bauduin gesprochen hatte. Mit ihm wollte ich im Geist von Thoreau die Ausarbeitung einer Landschaftsintervention vorbereiten, die außer den Wäldern auch eine Reihe von Teichen und Wasserläufen einschließen sollte. Alles wurde mit Bauduin im Hinblick auf den Aufbau von Zeichen und kleinen Gerüsten vorbereitet. Aber zu einer solchen Zusammenarbeit in Landschaftskunst kam es erst, als 1989 in Liechenstein ein Kunstalmanach mit dem Thema Landschaft geplant wurde. Ich übernahm mit drei weiteren Persönlickeiten aus Liechtenstein, Martin Frommelt, Evi Kliemand und Hubert Ospelt, die Herausgeberschaft und vertrat darin den Bereich "Land-Art". Hierzu hat Bauduin zusammen mit dem Philosophen Daniel Charles zu einem "Land Art"-Kapitel beigetragen, und es wurde in diesem Kontext möglich, eine Reihe von Interventionen im Rheintal durchzuführen. Diese in verschiedenen Gruppenarbeiten durchgeführte "Erhebung" eines Teils der liechtensteinischen Landschaft fand ihren Niederschlag in einer Vortragsreihe und in der erwähnten Veröffentlichung des liechtensteinischen Almanachs im H. P. Gassner Verlag Vaduz.

Postkarten und Mailart

Zur gleichen Zeit war ich mit der Herausgabe einer Serie von Postkarten befaßt. Es ging mir darum, die Grundidee meiner Brunidor Editionen in handlicher Form und ohne finanziellen Aufwand zu propagieren: Original-Graphik oder Original-Collage in kleiner Auflage in Kartenformat ausführen zu lassen, damit ein Vertrieb auf dem Postweg auf einfachste Weise realisierbar sein würde.

Das war also eine Kombination von Mail-Art, Postkartenkunst, und Originalgraphik. Die verschiedenen Serien der Postkarten wurden nach Maßgabe der vorgegebenen Themen entwickelt. So hat man für die oben erwähnte Ausstellung zu den Liechtensteiner Landschaften eine Serie hergestellt, für die verschiedene Künstler mittels Graphik, Ausschneidekunst und Collage Landschaftsmotive verfremdeten. Für weitere Serien hatte ich mit Michel Butor zwei Texte ausgesucht zum Thema "Ein Besuch im Fürstentum". Jeder Textbeitrag ist in vier Abschnitte gegliedert. Die eine Serie wurde auf vier Illustrationen von Gregory Masurovsky in Handschrift gedruckt und kam als Postkarte heraus. Der andere Text begleitet vier Landschaftsverwandlungen von Jiri Kolár. Hier hat der Künstler durch raffinierte Kombination Liechtensteiner und Pariser Ansichtskarten in jeweils neue geistvolle Landschaftsvisionen verwandelt. Für den Betrachter bedeutet diese Konzeption das Herausfinden des Unerwarteten aufgrund der Gegensätze von normalen, banalen Postkartenlandschaften und der plötzlichen Entdeckung

Jiri Kolár, eine der vier Postkarten, erschienen im Brunidor-Verlag: Landschaft Liechtenstein in Kombination mit Ansichten von Paris, anläßlich der Landschaftsausstellung "Liechtensteiner Almanach 1989", Vaduz-Schaan

all dessen, was nicht Wirklichkeit ist, sondern was Erfindergeist und Zufall zu einer neuen Realität verarbeiten können, einer Realität, die vielleicht etwas vom wahren Wesen der Landschaft enthält. Die Texte von Michel Butor entsprechen ganz den Absichten der Illustratoren Masurovsky und Kolar und geben den eigentlichen Anstoß zu einem neuartigen Sehen und Nachempfinden des den Menschen eigentümlichen Naturerlebens. Auf diese Weise bilden Text und Bild, Textfragmente und Zerrbilder eine Einheit. Tatsächlich sind sie Miniaturmeisterwerke der Gegenwartskunst.

Landschafts-Intervention – Bauduin

Ganz andere Intentionen verfolgte der Künstler Bauduin mit seinen Landschafts-Interventionen, wie er seine Postkartenbearbeitungen auch nannte. Durch Zeichnungen oder Collagen auf dem Grund von Postkartenlandschaften schuf er regelrechte Objekte, die einem Eingriff in die sichtbaren Gegebenheiten der Natur gleichkamen. Von solchen Karten fertigte er vier verschiedene Serien von je 70 Exemplaren an, ergänzt oft durch kurze Sätze, Metaphern und Zitate beispielsweise von Marcel Duchamp und anderen. Diese Karten sind wie die anderen von mir publizierten Serienkarten mit einem Gruß bzw. einem alltäglichen Text durch die Post zu befördern. Sie sollen so als beweglicher Landschaft Absender und Empfänger verbinden und zugleich für den Empfänger zur Entdeckung werden. Dieser reagiert dann vielleicht darauf, indem er dem Absender dankt, verbunden mit der Frage, wieso, wie und wo diese seltsame Landschaft existiert. Dadurch, daß diese Projekte zur Diskussion anregen, bereichern sie über ihre bloße Existenz hinaus unser Leben und unser künstlerisches Verständnis.

In ähnlichem Sinne hatte ich von Bauduin ein Objekt zu einem Text von Daniel Charles ediert, einem Philosophen, Musiker und Schriftsteller, den ich sehr schätze. Bauduin arbeitete an diesem Werk mit dem Titel "Sur la route du sel" schon sehr lange. Wir kamen überein, den Text von Daniel Charles in Buchform drucken und einbinden zu lassen, und zwar zusammen mit dem besagten Objekt. Materiell bestand dieses aus einem imitierten Salzhaufen (Zement mit eingefügten Stahl- oder Glasplättchen), welcher in eine Kassette zusammen mit dem Buch geschoben wird und so in Form eines schwarzen, in Leinen eingebundenen Kästchens eine kompakte Brunidor Edition bildet. "Die Salzstraße" war aber auch gedacht als Wegführung. Indem man zehn bis zwanzig von den quadratförmigen Objekten auf kleine Sockel stellt, wird man damit einen Weg markieren, den der Besucher entlang gehen und sich durch die imitierten Salzhäufchen zu mancherlei Betrachtungen anregen lassen kann. Diese Salzstraße soll Anlaß sein zum Nachdenken über Salz, seine Gewinnung, seinen Gebrauch, seine Geschichte, sein Vorkommen in Meer, Minen und unterirdischen Quellen. Auf diese Weise verbindet sich das Kunstwerk mit dem Naturgeschehen und hat sein Wesen im Nachfühlen und Nachdenken. All dieses war auch in der Serie von den vier Postkarten evident. So konnte mit dem Objekt-Buch Naturbetrachtung und Naturerforschung, in einen ästhetischen Kontext gestellt, ein starker Eindruck bewirkt werden.

Camille Bryen

Michel Butor hatte mich mit dem Maler, Dichter und früheren Surrealisten Camille Bryen zusammengebracht. Wie ich schon erwähnte, hatten wir verschiedene Bücher gemeinsam gemacht, von denen heute das berühmteste die Briefe aus Neu-Mexiko "Lettres du Nouveau Mexique" ist, eine Reihe von Briefen, die Butor aus den Vereinigten Staaten an Camille Bryen schrieb und auf die der Maler mit einer Serie von Radierungen antwortete. Kurz vor Bryens Tod, 1976, habe ich ein kleines Heft mit zwei Radierungen von ihm herausgebracht und einem auf durchsichtiges Japan-Papier gedruckten Gedicht von Daniel

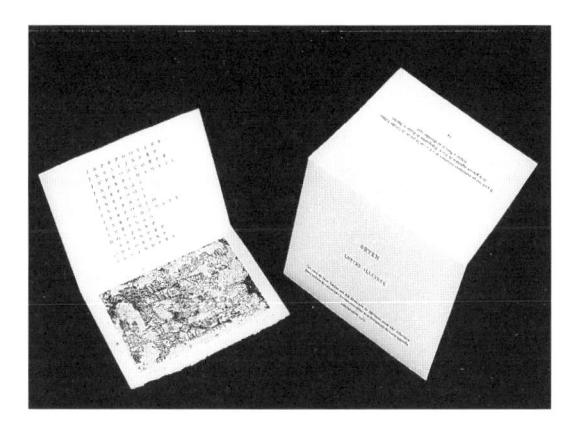

Camille Bryen.
"Lettre illettrée",
Text und Radierung,
Brunidor-Reihe 1971

Abadie. Dieser war damals einer der führenden Direktoren im Centre Georges Pompidou und hatte verschiedene Arbeiten, insbesondere über Jean Hélion, publiziert. Unser kleines Heft "Miroir de l'Absence" (Spiegel der Abwesenheit) zeigt zwei Farbradierungen, die man als Spiegelung ansehen kann und die das Gedicht einfassen. Schon schwer krank, konnte Bryen nur noch einige der Graphiken signieren. Nun bleibt das Büchlein eine gute Erinnerung an diesen außerordentlichen Künstler, der seit den zwanziger Jahren zur intellektuellen Landschaft von Paris gehörte und dessen malerische Entwicklung in den Nachkriegsjahren die sogenannte informelle Kunst kreierte. Er hatte vom Surrealismus zu einer ganz unabhängigen Position gefunden und blieb neben seiner Malerei einer der feinsten und erfinderischsten Graphiker seiner Epoche, was seine von Brunidor veröffentlichten Bücher und graphischen Blätter bezeugen.

Ein viktorianischer Roman: Tom Phillips

Ich hatte den Engländer Tom Phillips für mein Brunidor Portfolio VII gewinnen können. Als guter Freund von mir hatte er gleich zugesagt, zwei Siebdruck-Bilder für mich zu machen. Zwei seiner Freunde, Henri Chopin, Verfechter der Poésie Concrète, und John Furnival, ein englischer Künstler, den man vielleicht als Neo-Dadaisten bezeichnen könnte und dessen Arbeiten häufig in Chopins "OU" erschienen sind, stellten mir gleichfalls jeder zwei Siebdrucke zur Verfügung. So wurde das Brunidor Album Nr. VII ein recht humorvolles und auch technisch perfektes Folio, zumal die Siebdrucke von sehr guten Londoner Spezialisten unter Aufsicht der Künstler ausgeführt wurden.

Tom Phillips, Lithographie,
"The River Promenade",
Brunidor Portfolio VII
"Three Artists - Six Images",
London 1973

Tom Phillips ist ein Künstler, für den das Buch und alles, was mit Druck-Kunst zusammenhängt, von großer Wichtigkeit ist. Bekannt ist, daß er aus einem der gefühlvollen viktorianischen Romane eine Reihe von ganz entfremdeten neuartigen Büchern, Bildern, Graphiken und Dichtungen schuf, die er als "Humument" (zusammengezogen aus "human monument") bezeichnete. In anderem Sinne verfuhr er mit Dantes "Inferno" dessen illustrierte Ausgabe mit eigenen Übersetzungen ein bedeutendes Zeugnis für den zeitgenössischen Siebdruck und Lithographie darstellt. Nicht zu vergessen sind auch seine musikalischen Umarbeitungen von Themen Schumanns oder seine

Oper "Irma", graphische und textliche Meisterwerke. Ich selbst besitze einen Großteil des graphischen Werks von Phillips und bin laufend über seine Neuausgaben informiert. Ab und zu entstehen natürlich Fehldrucke in seinen Serien, die er aber auch als vollwertig anerkannt wissen will.

Durch Postkarten inspiriert, hat Phillips erstaunliche Bilder und Schriftexperimente entworfen. Vergrößert oder verkleinert und in verschiedenen Fokal-Schärfen behandelt, sind Postkarten für diesen Künstler in der Tat etwas Grundlegendes. Eins seiner letzten Werke ist in Zusammenarbeit mit Salman Rushdie entstanden. Graphisch wie dichterisch wirkten beide Autoren gemeinsam an einer raffinierten Siebdrucktechnik.

Dominique Bozo

Ich hatte früher bei Jacqueline Brauner öfter Dominique Bozo getroffen. Dieser war damals einer der Konservatoren des alten Kunstmuseums, bevor das Centre Beaubourg fertig war. Er hatte eine große Ausstellung der Werke Victor Brauners organisiert und den Katalog redigiert. Später wurde er Leiter des Picasso-Museums, das er eingerichtet hatte, und zuletzt war er Direktor des neuen Kunstmuseums im Centre Beaubourg. Nach Victor Brauners Tod vermachte seine Witwe Jacqueline durch Dominique Bozo dem Museum eine größere Stiftung von Werken ihres Mannes. Als auch Jacqueline gestorben war, erhielt ich von Dominique Bozo Bescheid, daß er zusammen mit dem Galeriebesitzer Samy Kinge zum Testamentvollstrecker der Brauners bestellt worden war und daß Jacqueline mir wie auch einigen anderen Freunden ein Bild meiner Wahl vermacht hatte. Mit Hortensia ging ich zu Bozo ins Centre Beaubourg, wo ich anhand vieler Photographien ein Bild aussuchen konnte, denn der größte Teil des Nachlasses verblieb dem Museum. Wir wählten dann ein Werk, das eine Epoche repräsentierte, aus der wir noch kein Bild hatten. Es trägt den Titel "Collègue de l'Invisible" und stammt aus dem Jahr 1939. Meiner Erinnerung nach hatte es immer in Brauners Wohnzimmer gehangen. Mit Bozo regelten wir die Formalitäten. Nun hängt das Bild in seinem alten Rahmen bei uns und weckt viele Erinnerungen an unsere guten Freunde. In unser gutes Andenken gehört nun auch der große Museumsdirektor Dominique Bozo, der vor kurzem plötzlich gestorben ist. Bei ihm wie auch bei Daniel Abadie, der lange leitend am Centre Pompidou tätig war, hatte man nie das unangenehme Gefühl wie bei manchen jüngeren Museumsleuten, daß sie ihre Karriere auf den Enttäuschungen und Leiden der Künstler aufgebaut haben könnten.

Pierre Rosenberg
Unter den bedeutenden Initiatoren und Pionieren der Museumswelt kannte ich auch recht gut Pierre Rosenberg, der einen bewundernswerten Aufstieg am Musée de Louvre zu verzeichnen hatte. Er war der Sohn eines Freundes meines Vaters, ein aus Köln stammender Anwalt, der sich in Paris niedergelassen hatte. Er bewohnte ein Haus mit einem Garten in der Nähe des Jardin du Luxembourg. Pierre, der ein leidenschaftlicher Sammler war, hatte das Haus seiner Eltern voll mit Zeichnungen und Bildern bepackt, bei Brocanteur und Flohmärkten erworben, sodaß kein Fleck an den Wänden frei war und sogar die Toilette voll mit Gemälden behängt war. Er erzählte die spannendsten Geschichten von seinen Entdeckungen, so von einem großen Gemälde von Pierre Peyron, einem Maler des endenden 18. Jahrhunderts, das er bis zur Unkenntlichkeit verschmutzt auf dem Boden eines im Freien sitzenden Altwarenhändlers am Flohmarkt auf der Seine-Insel bei Chatou erworben hatte und das heute im Museum hängt. Dazu gehört auch die Entdeckung eines La Tour und noch anderer Meister des 17. Jahrhunderts. Diese Epoche war eigentlich seine Spezialität, dies hat ihn dann später auch berühmt gemacht. Als er einmal bei uns in unserem Haus in Viroflay war, begeisterte ihn natürlich, daß bei uns die Wände ebenfalls bis oben zur Decke mit Malerei behängt waren. Seine Frau, eine geborene Rothschild, hatte sich sehr für Paul Celan eingesetzt. Sie sandte mir immer Neuerscheinungen von zu jener Zeit noch wenig bekannten Dichtern, wie dem Tschuwasch-Dichter Guennadi Aigij, von dem gerade eine erste französische Übersetzung erschienen war, dann auch vom Israeli Yehuda Amachai. Dieser war zu der Zeit fast unbekannt in Paris. Heute gibt es zahlreiche Übersetzungen ihrer Dichtung.

Die von Pierre Rosenberg meisterhaft aufgebaute Nicolas-Poussin-Ausstellung im Grand Palais hatte mich besonders angezogen, da mein Freund Jean Hélion diesen Maler verehrte. Was ihn in dessen Malerei anzog, war die Organisation von Menschengruppen in architektonischer Umgebung. Er hatte sich oft selbst mit Gruppen befaßt, Zeitungslesern oder Straßenarbeitern, die in unser modernes Straßenbild eingefaßt waren. Ich selbst hatte bei Poussin die Anlehnung von Menschen an bewaldete Hintergründe oder an Baumgruppen oder auch nur an einzelne große Bäume bewundert, die sich wie eine Stütze zur Bewegung der Figuren verhielten und zum statischen Gegenpol wurden.

Kunstsammler in New York

Durch Verbindung meines Vaters konnte ich einmal – es war wohl im Jahr 1946 – im Hotel Plaza in New York die Sammlung von Solomon Guggenheim besichtigen. Es gab da eine große Anzahl Bilder von einem gewissen Bauer, den heute kaum jemand kennt. Aber es hingen da auch einige hervorragende Kandinsky. Zu dem epigonenhaften Bauer wurde der alte Guggenheim, wie zu vernehmen war, durch eine Dame namens Hilla Rebay verführt, die damals seine Sammlertätigkeit energisch beeinflußte. Peggy Guggenheim beschreibt diese für die Kunstgeschichte wichtige Episode, die zum Bau des Guggenheim-Museums durch Frank Lloyd Wright in New York führte.

Ebenfalls durch frühere Geschäftsverbindung meines Vaters mit den Amsterdamer Bankiers Kramarsky und Koenigs hatte ich Gelegenheit, die sagenhafte Kunstsammlung Kramarskys in New York, in seiner Wohnung am Central Park South zu sehen. Dazu gehörten einige der bedeutendsten Bilder Van Goghs, von denen es hieß, Kramarsky habe sie kurz vor dem Krieg von den Nazis als entartete Kunst aus deutschen Museumssammlungen billig eingekauft. Ich war besonders beeindruckt von den herrlichen Cézanne-Aquarellen, von denen Dutzende in den mir gezeigten Mappen lagen. Der bedeutende Sammler Franz Koenigs war mit Kramarsky assoziiert und leitete ihn ein in seine Kunstkenntnisse. Die Sammlung des letzteren soll in Russland aufgetaucht sein.

Delacroix – Kampf Jakobs mit dem Engel

In einer Zeit ganz anderer Kunstauffassungen malte Delacroix in der Kirche Saint-Sulpice in Paris den Kampf Jacobs mit dem Engel. Diese Freske dominiert ein riesiger Baum, der das ganze Bild und die Kämpfenden in ihrer dramatischen Bewegung zusammenhält. Vor Jahren schrieb ich einmal einen Artikel zur Malerei des Liechtensteiner Künstlers Martin Frommelt. Dieser hatte – nebenbei bemerkt – in seiner Studienzeit an der École des Beaux-Arts in Paris seine Atelier-Wohnung im Dachstuhl dieser Kirche Saint-Sulpice. Frommelt malte zur Zeit meines Artikels eine Reihe alter Eichen in einem Park bei Maienfeld. In seinen Bildern sah ich eine gewisse malerische Intensität und unterstrich die Verbindung zwischen dem Da-Sein, der Existenz des Bild-Objektes mit dem gleichzeitig Gesehenen, dem Ding als solchem. Hier haben wir den Versuch, aus der Darstellung heraus etwas Vorgegebenes zu betrachten, was durch die Darstellung erst formuliert wird, etwas zu finden, was durch das Betrachten der Bäume aktualisiert wird. Das sind dann malerische Formeln und keine botanischen Imitationen. Und darin ist vielleicht ein ästhetisches Prinzip verwirklicht. All dies ist in der Phänomenologie eines Mikel Dufrenne sehr weitgehend erfaßt. Dufrenne sieht im Kunstwerk die Öffnung zu der ihm eigenen Welt, zum Wahren an sich.

Mikel Dufrenne

Ich hatte zuerst die kurze Abhandlung Dufrennes über "Le Cap Ferrat" gelesen, bevor mein Freund Bauduin mit ihm diese Schrift in Verbindung mit Photographien herausgab. Bauduins Betrachtung der Natur steht in engem Konnex zu den Aussprüchen des Philosophen, der die Landschaftsaufnahme in ähnlicher Weise erläutert wie Bauduin es in seinem Schaffen tat. Daß sich dies alles in der Massivität der Bäume zu erkennen gibt, die ich bei Poussin als Konstitutive seiner "Wahrheit" entdecke, oder bei Delacroix in der Freske, oder auch in der zeitgenössischen Kunst, ob sie nun direkt das Pflanzliche in ihren Themenkreis einbezieht oder als "Land Art" eine Totalität anstrebt wie bei Bauduin, ist nur eine weitere Auslegung der Abhandlung von Dufrenne und der ewigen Frage, was das Künstlerische an sich sei, das heißt, was der Mensch und seine Welt in der Kunst sein können.

Bruguière und Zervos

In den letzten Jahren gab es unter den Pariser Kunstsammlern zwei schmerzliche Verluste zu beklagen. Daß Pierre Bruguière 1994 gestorben ist, erfuhr ich erst kürzlich. Er war einer der besten Freunde von Jean Hélion, dessen Werke er seit langem sammelte. Obwohl er von Beruf Richter war, hatte er sich in Hélions Arbeit so vertieft, daß er zahlreiche Artikel darüber schrieb, von denen einige in den "Cahiers d'Art" veröffentlicht wurden. Auch Christian Zervos, der den riesigen Werkkatalog von Picasso erstellte, und seine Frau waren beide große Kunstsammler und Freunde von Hélion wie auch von Victor Brauner, deren Arbeiten Zervos durch Ausstellungen und Veröffentlichungen in den "Cahiers d'Art" förderte. Ich war mit Zervos ebenfalls gut bekannt. Er war ein Mensch mit wahrhaft tiefen Kenntnissen der modernen Kunst, der sich auch in den griechischen und orientalischen Kulturen auskannte. Seine bedeutende Sammlung wurde jetzt nach seinem und seiner Frau Ableben nach Vézelay gebracht, wo die Zervos ihre Sommerresidenz hatten.

Fernand Léger, Lithograph

Übrigens gelangte auch Fernand Léger bald nach dem Krieg durch die "Cahiers d'Art" zu erneutem Ansehen. Auf Anraten von Hélion ging ich, das war wohl im Jahr 1947, zu ihm, da ich

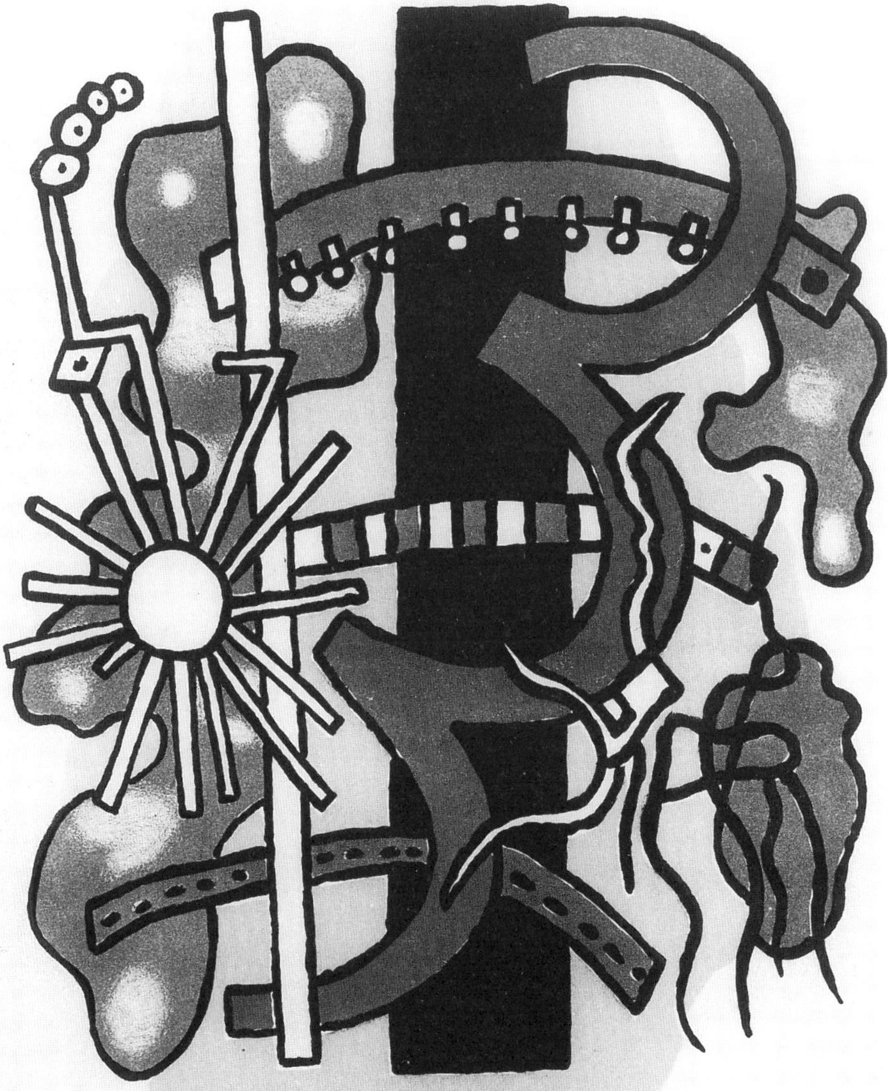

*Fernand Léger,
Farblithographie, 1947,
Brunidor Portfolio II,
Paris 1947-1952*

Graphikblätter von Léger herausgeben wollte. Ich wurde von ihm sehr liebenswürdig in seinem Atelier im Erdgeschoß eines niedrigen Häuschens in der rue Notre-Dame-des-Champs empfangen. Er zeigte mir etwa ein Dutzend Aquarelle, die er auf dem Boden des Ateliers ausgebreitet hatte, und ich konnte mir eines aussuchen, das als Vorlage für die Lithographie dienen sollte. Diese habe ich dann im Brunidor Portfolio II veröffentlicht. In derselben Mappe gab ich eine schwarz-weiße Lithographie von Henri Michaux heraus. Beide Blätter waren damals praktisch noch unverkäuflich, sodaß ich mit der Weiterbearbeitung meiner Brunidor Serie zögerte. Ein oder zwei Jahre später kaufte mir Berggruen, den ich aus seiner New Yorker Zeit noch als ambulanten Buchhändler und Antiquar kannte, eine ganze Reihe der Léger-Lithos ab. Auf diese Weise ist 1952 das Brunidor Album Nr. II nur in ganz kleiner Auflage in Umlauf gesetzt worden. Außerdem sind einige Blätter von Léger und eine Radierung von André Masson gleichfalls einzeln in den Handel gekommen.

Schrift und Typographie

Michel Butor hat sehr aufschlußreich über die moderne französische Literatur geschrieben, was jetzt in einem kleinen Band unter dem Titel "Essais sur les modernes" als Taschenbuch erschienen ist. Seine Studie über Marcel Proust erinnert mich an die Arbeitsmethode Butors beim Erschaffen seiner eigenen Werke. Ich besitze einige der Bücher im Manuskript, die er mit mir gemacht hat. Es sind eher Entwürfe als fortlaufende Texte, Zeichnungen mit Einkreisungen von Satzteilen, Pfeilen, Ein- und Ausklammerungen, die das Sichtbare an der Schrift hervorheben. Dieser überaus kompliziert konstruierte Satzbau scheint aber "Zufallseinfälle" nicht auszuschließen, die in dieses Gebäude eindringen können. Deshalb entsteht zwischen Schrift und Illustration oder vielmehr zwischen Schrift und begleitender graphischer und malerischer Kunst eine absolute Konkordanz. Das Gesamtwerk, Buch oder Blattseite mit typographischen Zeichen, in Druck oder Handschrift, wird also in seiner Entstehung zusammen mit den angedeuteten Entwürfen, dem zeichnerisch gedachten Unterbau des Textes und den begleitenden Bilder zu etwas Neuem, Fremdem, zu etwas ganz anderem als die Textwiedergabe sie später in den fertigen Büchern zeigt, die im gewöhnlichen Druckverfahren hergestellt wurden.

Pierre Albert-Birot

Geht man heute durch die Straßen von Paris, so ist es wie ein Blättern in einem phantastischen Buch. Man kann nur staunen über die Fülle der bildhauerischen Arbeiten an den Fassaden

Pierre Albert-Birot,
"Moulin a Poèmes", 1958

MOULIN A POÈMES
PIERRE ALBERT - BIROT

> moulin ce n'est pas
> un moulin ou dans
> le train font un
> excellent pain
> avec ou
> sans
> cent poèmes
> pour
> le
> kaolin
> et ça tourne
> bien
> ...
> de vin et même à la main

beim Anblick der prächtigen Häuser vom Anfang dieses Jahrhunderts: Karyatiden, ausdrucksvolle Gesichter in langen Reihen, geschwungene Körper und tanzende Frauengestalten. Man kennt kaum noch die Künstler, die diese Werke geschaffen haben, und vergißt, daß einer unter ihnen Pierre Albert-Birot war, ein Freund von Apollinaire und selbst ein Dichter, der "Sic", eine der bekanntesten dadaistischen Zeitschriften, gegründet hat, deren erste Nummer 1918 erschien. Pierre Albert-Birot hatte eine eigene Druckerei. Dort druckte er seine Gedichte auf einzelne Bogen, die er seinen Freunden schickte. Ich bin in seinen letzten Lebensjahren mehrmals bei ihm gewesen, und er zeigte mir die entzückenden Gedichtbücher, die er herausgegeben hatte. Einige davon konnte ich erwerben. Er schrieb mir in jedes eine Widmung, einen geistreichen und humorvollen Text oder eine Verszeile. Zum Jahreswechsel oder bei anderer Gelegenheit erhielt ich seine selbstgedruckten Manifeste in Gedichtform. Hier wirkte sich eine enge Verbundenheit aus zwischen dem bildnerischen Schaffen und dem rein Graphischen oder Typographischen, in welchem Albert-Birot ein Meister war. Er erzählte gern von seiner verlegerischen Tätigkeit vergangener Jahre. Dazu gehörte an prominenter Stelle die Publikation des Theaterstücks "Les Mamelles de Tirésias" von Guillaume Apollinaire mit Illustrationen von Serge Férat und der Musik von Germaine Albert-Birot. Von der Zeitschrift "Sic" konnte ich im Buchhandel einzelne Nummern kaufen. Die vollständige Serie ist sehr selten geworden.

Michel Herz, Plastik in Lavastein

Begegnungen

Es hat Begegnungen gegeben, die ganz zufällig waren und ohne Folgen blieben, die dennoch unvergessen sind. So erinnere ich mich, einmal Hans Richter bei Pariser Freunden getroffen zu haben, der damals an den langen, auf Papierstreifen gezeichneten Kompositionen arbeitete. Ebenso zufällig begegnete ich Hans Arp anlässlich eines Besuchs bei Victor Brauner. Ich hatte Arp früher einmal geschrieben und versucht, ihn für die Mitarbeit an meinen Brunidor Portfolios zu gewinnen. Er war aber damals (um 1948) schon leidend und wollte keine neue Arbeit mehr annehmen. Ähnlich erging es mir mit Yves Tanguy, mit dem ich in New York durch Hayter und andere gemeinsame Freunde in Verbindung war. Getroffen hatten wir uns dort aber nie. So freuten wir uns, nun in Paris einmal persönliche Bekanntschaft zu machen. Auf der ersten großen Magritte-Ausstellung, die ich besucht habe, zu der Victor Brauner mich mitgenommen hatte, machte ich mit Magritte Bekanntschaft, und ich war sehr beeindruckt von diesem eigentlich unscheinbar wirkenden Menschen inmitten seines gewaltigen Werkes. Später konnte ich David Sylvester, den Kunstkritiker und Magritte-Spezialisten, kennenlernen und bekam den ersten Band seines Oeuvre-Katalogs, wo die Dimensionen des Werkes von Magritte einem erst richtig bewußt werden konnten. Die Rätsel Magrittes sind vielleicht in etwa von derselben Art wie die Zauberbilder Victor Brauners. Das könnte die Sympathie der beiden füreinander erklären. Beide liebten das Geheimnis, für beide war der Titel ihrer Bilder von großer Wichtigkeit, und für beide war ein Bild so etwas wie die Schaffung eines Talismans.

Ich habe nie Victor Brauner nach dem Sinn seiner symbolgeladenen Werke gefragt, höchstens gewartet, daß er von sich aus hie und da eine "Erklärung" abgab. Er war aber sicher nicht zu Unrecht der Meinung, daß für das Kunstwerk das Bloßlegen seiner inhaltlichen Bedeutung nebensächlich sei. Seine Insistenz auf das Auge, auf den Blick in seinen Bildern zeigt deutlich, daß etwas anderes als ein erklärbarer Inhalt in seinen Darstellungen zu suchen ist. Ihm waren die Bilder Objekte mit einer ausstrahlenden Kraft. Michel Herz nannte das eine "présence", eine Gegenwärtigkeit, die er auch in seinen Skulpturen und Zeichnungen zu verwirklichen suchte, und womit er dem Auge, also dem Seherischen, dem Wahrsagen die große Bedeutung gewährte. Das Esoterische in Brauners Bildern verdeckt eigentlich das innere Wesen, das Dasein als ästhetisches Objekt in seiner Verbindung mit der seelischen Welt des Künstlers, die sich dem Beschauer eröffnen kann.

Jiri Kolár, Collage, 1962

Das Kunstwerk – oder von der Bedeutung und dem Gehalt
Um also das Geheimnis zu bewahren, vermied ich es möglichst, einen Dichter oder Maler nach dem Sinn seines Werkes zu fragen, bis der Künstler vielleicht gelegentlich eines Gesprächs von sich aus dieses Thema berührte. So verlief zum Beispiel eine Zusammenkunft mit Paul Celan, von der ich schon berichtet habe. Da schrieb er mir ganz unerwartet auf einer Seite seines Notizbuchs ein kleines Gedicht auf und sagte mir, daß es auf den Krieg in Vietnam verweise, daß er öfter politische Ereignisse hinter Worten verstecke, wie rosa Lippen für Rosa Luxemburg. Wenn er mir gewisse Texte zur Veröffentlichung gab, freute er sich immer, wenn ich ihm sagte, wie sehr ich seine Verse bewundere. Ich konnte und wollte mir eigentlich nie etwas logisch erklären, was aus dem rein Künstlerischen entstanden war. Ebenso erging es mir mit den Schriften von Leza-

Robert Altmann,
Aquatintaradierung:
Inneres der Biblioteca
National im Castillo
de la Fuerza, Havanna, 1945

ma. Dieser Autor sprach über "Paradiso", und daß er dieses Buch für sein Hauptwerk halte, was mir ein wichtiger Hinweis zu sein schien und dieses Buch in meinen Augen unter die großen Schriften unserer Zeit einreihte. Jiri Kolár erklärte auch ungern seine Collagen, die für mich vor allem reines Kunstwerk waren. Wohl sprach er gelegentlich mit mir über diesen oder jenen Ausschnitt, welche Reproduktion er zerschnitten und zusammengeklebt hatte. Das war interessant zu wissen, tat aber nichts dazu, in seinem Werk anderes als die Inspiration des wahren Künstlers zu entdecken. Es hat aber immer Künstler gegeben, welche deutlich und genau das darstellten, was einer Idee entsprach, wie das im 17. oder 18. Jahrhundert üblich war.

Pannini

Im Louvre sind zwei große Gemälde des italienischen Malers Pannini aus dem 18. Jahrhundert zu sehen, welche vielleicht in diesem Sinne gemalt wurden und dessen Thema ich jedenfalls in einer Graphik-Serie "Das Museum" aufgriff. So wie Pannini im Rom seiner Zeit Menschen malte, wollte ich Bilder innerhalb anderer Bilder, die Bilder von der römischen Vergangenheit betrachten, also eine Übereinanderkonstruktion von Visionen in verschiedenen Tiefen und Zeitabschnitten entstehen lassen. Meine eigene Sammlertätigkeit galt mir als Hauptmotiv: Ich stellte in dieses Konzept den Bibliothekar bzw. den Sammler, der umgeben ist von den zusammengetragenen Objekten, ähnlich wie in Jean Pauls Romanen die Wunderkabinette voll der merkwürdigsten Dinge waren, die dem Roman dann als Titel für verschiedene Kapitel der Erzählung dienten, die gleichfalls ineinander griffen.

Seit meinen Holzschnitten in Kuba und den Radierungen zum Thema der Bibliothek habe ich in Paris an solchen Illustrationen gearbeitet. Ich habe damit in einem einzigen Bild eine Verbindung zwischen meiner Sammeltätigkeit und dem Kopieren von Kunstwerken verschiedener Stile und Epochen erreichen wollen, eine Art Manifest des Eklektizismus, der mich als künstlerische und menschliche Haltung ungemein interessierte. Nur in der Art wie es damals Pannini gelungen war, konnte ich diesbezüglich etwas zustande bringen.

Verlegerische Tätigkeit

Mein Interesse für verlegerische Tätigkeit war bekannt und hatte zur Folge, daß ich des öfteren wegen Editionen angesprochen wurde, die dann, wie es sich herausstellte, nicht in den von mir gezogenen Rahmen paßten. Ich hatte mich schon wegen meiner begrenzten Mittel und mangels Erfahrung strikt auf das Gebiet der Bibliophilie beschränkt, und zwar fast immer in Zusammenarbeit mit mir befreundeten Künstlern, denen ich Aufträge für Originalgraphik anvertrauen konnte. In Liechtenstein war ich durch meinen Vater mit dem Verleger Henry Goverts zusammengekommen, der in den fünfziger und sechziger Jahren noch recht aktiv war. Er hatte sich mit dem Scherz-Verlag zusammengetan und einige größere Bucherfolge gehabt. Ich erzählte ihm später nach dem Erscheinen von "Paradiso" in Kuba von meinem Freund Lezama Lima, und daß ich hoffte, die Rechte für eine deutsche Übersetzung zu erwerben. Aber das kam nicht zustande. Ich erinnere mich, als ich noch in New York war, den Dichter Albert Ehrenstein getroffen zu haben, den ich damals auch mit Henry Goverts in Kontakt zu bringen versuchte. Ehrenstein war ein unglücklicher Mensch im New York der vierziger Jahre und hätte dringend eine Publikation nötig gehabt, aber auch das konnte ich nicht bewerkstelligen. Ich denke, schon damals war Ehrensteins Dichtung in Vergessenheit geraten. Ebenso versuchte ich, das Manuskript von Raoul Hausmann, "Hyle", durch Dr. Goverts Verbindungen veröffentlichen zu lassen. Es wurde

Robert Altmann,
Holzschnitt zu Jean Pauls
"Der Flötist":
"Die Schlittschuhläufer
des Nachts", 1984

*Robert Altmann,
Holzschnitt, zu Dantes
"Inferno": "Einer
der Riesen", 1982*

*Alfred Kubin, aquarellierte
Zeichnung*

schließlich auch gedruckt, aber das Buch fand keinen Anklang. Hausmann war bekannt für seine dadaistischen Kreationen und seine Rolle in der Avantgarde; dieses Buch aber, eine Erzählung von seinem Aufenthalt in Ibiza während der Kriegsjahre, hat kein Interesse wecken können.

Der Dichter Jean Tardieu, mit dem ich, wie schon berichtet, einen Gedichtband, "Le Parquet se soulève", herausgegeben habe, gab mir auch Gedichte, die er in einer phantasievollen Handschrift notiert hatte, etwa in der Art der "Calligrammes" von Guillaume Apollinaire. Das hätte ein sehr hübsches Buch werden können, aber da war es mir momentan nicht möglich, die relativ hohen Kosten dafür aufzubringen. Es wurde dann 1990 unter dem Titel "Poèmes à voir" bei Gallimard herausgegeben. So ist eine Reihe von meinen Projekten unausgeführt geblieben.

Robert Walser, Panizza und Kubin

In der Straße Pierre Curie in der Nähe des Hospitals Val de Grâce im Viertel Montparnasse wohnte Dr. E. F. Tuchmann, der einstmals der Bibliophilengesellschaft von Berlin angehörte und ein bekannter Sammler von Exlibris und Büchern war. Er hatte die Panizza-Gesellschaft gegründet, die ab und zu kleine Bulletins herausgab mit Artikeln und Studien über das Werk dieses Schriftstellers, dessen "Liebeskonzil" 1960 in französischer Übersetzung erschien. Die Surrealisten begrüßten das Buch sogleich mit Enthusiasmus, und das Stück wurde sogar in Paris aufgeführt, nachdem es sechzig Jahre in Vergessenheit geraten war. Dr. Tuchmann konnte mir natürlich viel von Panizza, diesem verfolgten Dichter und Polemiker, erzählen, und durch ihn gelang es mir, verschiedene Bücher in Antiquariaten in Holland und Deutschland zu erwerben, so auch die von Alfred Kubin illustrierte Ausgabe des obengenannten Theaterstücks. Mit dem Zeichner Kubin war Dr. Tuchmann jahrelang in Korrespondenz gewesen, und er besaß von ihm viele illustrierte Mappen und Bücher, von denen er mir einige schenkte. Ich habe mich dann weiter für Kubin interessiert und konnte in Österreich, ja sogar manchmal in Pariser Versteigerungshäusern Zeichnungen von Kubin erwerben. Persönlich hat aber Dr. Tuchmann Kubin nie getroffen. Eine ähnliche Passion hatte er für den Schweizer Robert Walser, dessen Romane manche gemeinsame Züge mit Kafkas Werken haben. Eines Tages, so erzählte Tuchmann, erschien bei ihm in Berlin ein Unbekannter mit einem großen Paket, in dem sich hunderte von mit Bleistift beschriebenen Blättern befanden. Wahrscheinlich sind das Schriften von Walser gewesen, die dieser im Irrenhaus verfaßt hatte. Der Mann wollte das Paket aber nicht verkaufen und verschwand. Nie hat Tuchmann wieder von ihm oder den Texten gehört. Es wurden vor kurzem in der Schweiz diese Miniaturschrift-Romane (Mikrogramme) publiziert: Robert Walser. Aus dem Bleistiftgebiet (Suhrkamp 1998). Man konnte in den sechziger Jahren noch sehr günstig Erstausgaben von Erzählungen und Gedichten Walsers finden, einige mit Illustrationen seines Bruders. Panizza, Kubin und Walser gehörten in die Welt, in die ich durch Dr. Tuchmanns Sammlungen und Erinnerungen eingeführt wurde. Mit Frans Masereel war Tuchmann auch in Kontakt gewesen. Er verkaufte mir eine Vorlage für den Holzschnitt "Les Cloches" und eine Vorzeichnung für das grauenerregende Bild eines Mörders, der den zerstückelten Leichnam seines Opfers in einem durchsichtigen Koffer durch eine Stadtlandschaft voller drohender Augen trägt.

Franz Masereel, Tintenzeichnung, "Der Mörder"

   Bei Tuchmann waren die Zimmer immer voll von Kästen und Koffern. Die Bücher wurden nie aufgestellt, alles lag durcheinander. Das war zumindest mein Eindruck. Aber Tuchmann fand immer schnell, was er suchte, ein Kubin-Buch, eine Zeichnung von Masereel, ein Heftchen seines Bibliophilenverbandes aus der Berliner Zeit. Durch ihn lebte eine ganze Epoche wieder auf, die des ausgehenden Expressionismus mit Künstlern und Autoren, die in Frankreich kaum bekannt waren. Die Surrealisten hatten sich außer für Panizza auch für Kubin interessiert und auf einem ihrer Manifeste der sechziger Jahre figurierte eine Zeichnung von ihm. Ab und zu erschienen auch Lithographien und Zeichnungen Kubins bei Pariser Versteigerungen, sodaß ich einige schöne Blätter erwerben konnte. Bei meinem Besuch im Auktionshaus von Dr. Hauswedell in Hamburg, etwa im Jahr 1968, zeigte mir dieser das Originalmanuskript des "Liebeskonzils", das ich sofort kaufte trotz des ansehnlichen Preises. Ich brachte es zu meinem Buchbinder in Paris, Henri Mercher, der jeden der fünf Akte einzeln in je einer Mappe ließ und jede der fünf Mappen in einen Holzeinband faßte, der ein farbiges Mosaik im Jugendstil trug. Alle fünf Mappen waren dann in einem Kasten vereint, der ebenfalls mit farbigem Mosaik im Stil der Jahrhundertwende geschmückt war. Von Pariser Surrealisten hörte ich, daß André Breton sich dieses Autograph gern gekauft hätte, aber damals nicht das Geld dafür hatte. Die Handschrift in gotischen Buchstaben ist sehr deutlich und enthält nur wenige Änderungen. Die Blätter sind alle sehr sorgfältig nummeriert. Oskar Panizza hat übrigens viele Artikel meist politischen und antiklerikalen Inhalts in der Zeitschrift "Zürcher Diskussionen" publiziert, von der ich in der Schweiz bei Antiquariaten einige Nummern habe finden können.

In den Jahren meiner ersten Brunidor Veröffentlichungen hatte ich immer den Graphikblättern einen dichterischen Text beigeben wollen. Im Brunidor Portfolio Nr. I war dies schon geplant. Mit der Lithographie von Matta zum Beispiel sollte der französische Dichter und Dramaturg Henri Pichette beauftragt werden, etwas zu verfassen. Da er gut befreundet war mit Matta, der unter anderem die Bühnenbilder zu seinem Stück "Les Epiphanies" geliefert hatte, welche 1945 oder 1946 großen Erfolg hatten, war der Text schnell geschrieben. In großen Buchstaben und in roter Tinte hatte dieser ideenreiche und temperamentvolle Autor einige poetische Zeilen für das Folio geschrieben, die eine ganze Seite ausgefüllt hätten. Inzwischen war aber das Album schon fertig, und es hätte zu großen Verzögerungen geführt, wenn ich für alle der sechs Künstler einen Schriftsteller hätte finden müssen. So verzichtete ich auf diesen Teil der Veröffentlichung. Für das Brunidor Portofolio Nr. II hatte ich gleich schon bei der ersten Kontaktnahme an literarische Mitarbeit gedacht. Jacques Hérold gab mir ein eigenes Manuskript, das ich ins Englische (die Übersetzung war von dem Dichter Charles Duits) übersetzen ließ, weil ich noch immer daran dachte, die Firma Brunidor in New York neu aufleben zu lassen. Dasselbe tat ich mit einem Gedicht des tschechischen Surrealisten Jindrich Heisler, das er zu der Lithographie seiner Freundin Toyen schrieb. Es bildete durch die Anordnung der Schriftreihen auf der Blattseite eine Silhouette des Kopfes der Malerin. Auch diese Texte konnten nicht veröf-

*Sonia Delaunay,
Gouache, 1932*

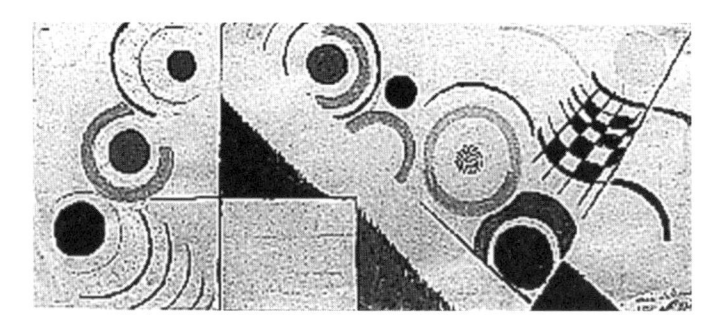

fentlicht werden. Aber ich habe bei dieser Gelegenheit die außerordentliche Persönlichkeit Heislers kennengelernt, und wir wurden sehr befreundet. Heisler kam wie Toyen aus Prag. Er hatte die Nazi-Zeit überlebt, weil er einen kleinen Apparat erfand, den er in die Nase steckte und diese damit so formte, daß er nicht mehr als Jude erkannt wurde. Mit Toyen hatte er verschiedentlich Gedichte herausgegeben. Sehr aktiv in der Pariser Surrealistengruppe, hatte er Objekte konstruiert, Collagen fabriziert und viel geschrieben. Sein Name figurierte in der Erinnerungsausstellung im März 1982 im Centre Georges Pompidou, zusammen mit Styrsky und Toyen.

Galerie Pierre Weiller

Meine editorische Aktivität spielte sich teilweise in einer der merkwürdigsten Straßen in Paris ab, der rue Gît-le-Coeur, die neben der Place St-Michel direkt auf die Seine zuläuft. Dort hatte der mir befreundete Schweizer, Pierre Weiller, eine kleine Galerie, von der ich gesprochen habe, weil ich früher schon den Lettristen Isidore Isou dort getroffen hatte. Ich habe bei Weiller auch meine ersten Picabia-Bilder erwerben können, weil Weiller sehr befreundet war mit Picabias Witwe Olga, die ab und zu Werke ihres verstorbenen Mannes verkaufen mußte. Auf einer denkwürdigen Ausstellung, genannt "Die dreißiger Jahre", traf ich mit einigen historischen Figuren dieser Zeit, den Abstrakten, zusammen: Cesar Domela, Jean Hélion, Sonia Delaunay. Ich hatte Domela seit Jahren nicht mehr gesehen, und eine erneute Freundschaft mit ihm und seiner Frau belebte auch wieder meine Verbundenheit mit dem Werk dieses außerordentlichen Künstlers, hatte ich doch, wie ich an anderer Stelle schon erwähnte, von seinen Arbeiten in einem Brunidor Buch veröffentlicht und einige Reliefs und Gouachen von ihm gekauft. Ebenso ging es uns mit Sonia Delaunay, die uns durch ihre Freundschaft mit dem Kubaner Jorge Castaño sehr nahe stand und die Hortensia und ich oft in ihrer Atelier-Wohnung, rue Saint-Simon, besuchten.

*Jorge Perez Castaño,
Mischtechnik: Kreide,
Gouache, Collagen*

*Henri Michaux,
Tintenzeichnung, 1950*

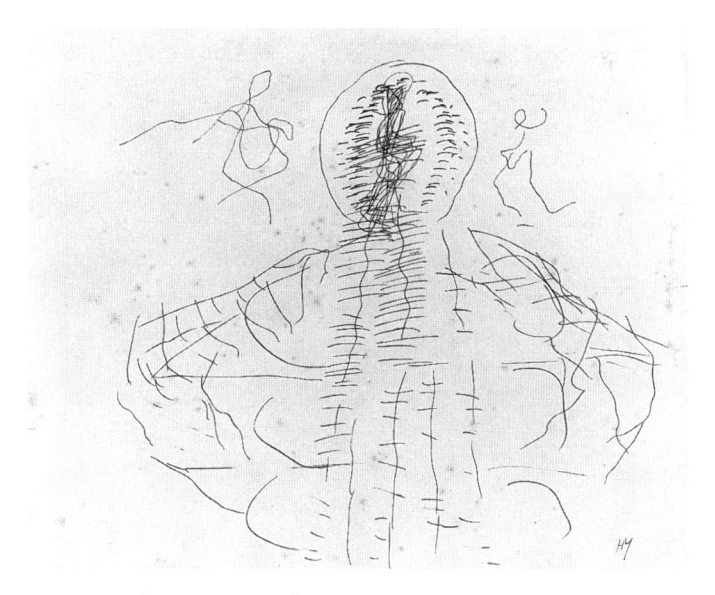

Die Amerikaner rue Gît-le-Coeur

Pierre Weiller stellte gelegentlich auch Werke von Brion Gysin aus, einem Schweizer, der ein Freund von William Burroughs war. Ich kannte ihn seit der Veröffentlichung seines Buches über "Onkel Toms Hütte" in New York. Da unser Sohn Roberto mit ihm zusammen verschiedene Veröffentlichungen herausbrachte, sah ich Gysin nun häufig wieder. Gysin stand dem Lettrismus nahe und hatte Verbindungen zu den "Beatnicks" und zur Gruppe von Tanger. Die Amerikaner Ginsberg, Kerouac, Burroughs und Gysin bewohnten lange Zeit das kleine Hotel neben Pierre Weillers Galerie, "Hôtel du Vieux Paris". So traf man sich häufig in dieser winzigen Straße. Vom Schriftsteller wurde Gysin zum Graphiker und dann mehr und mehr zum Maler, der monumentale Leinwände bearbeitete. Seine Aquarelle und Textbilder, oft mit Burroughs zusammen gemacht, sind wichtige Zeitdokumente geblieben und zeugen von der großen Originalität dieses Künstlers.

Besuch bei Henri Michaux

In der Straße parallel zur rue Gît-le-Coeur, der rue Séguier, wohnte in den fünfziger Jahren der Dichter Henri Michaux, den ich zu der Zeit manchmal in Begleitung von Hortensia besuchte. Dabei empfing er uns vor einem Tisch, wo auf einem Teller kandierte Blumen, Veilchen, Vergißmeinnicht, Nelken bunt durcheinander prangten. Wenn nun Michaux eine Grammophonplatte mit afrikanischer Musik spielen ließ, hüpfte er im Takt herum und erzählte von seiner Vorliebe für tropische Kul-

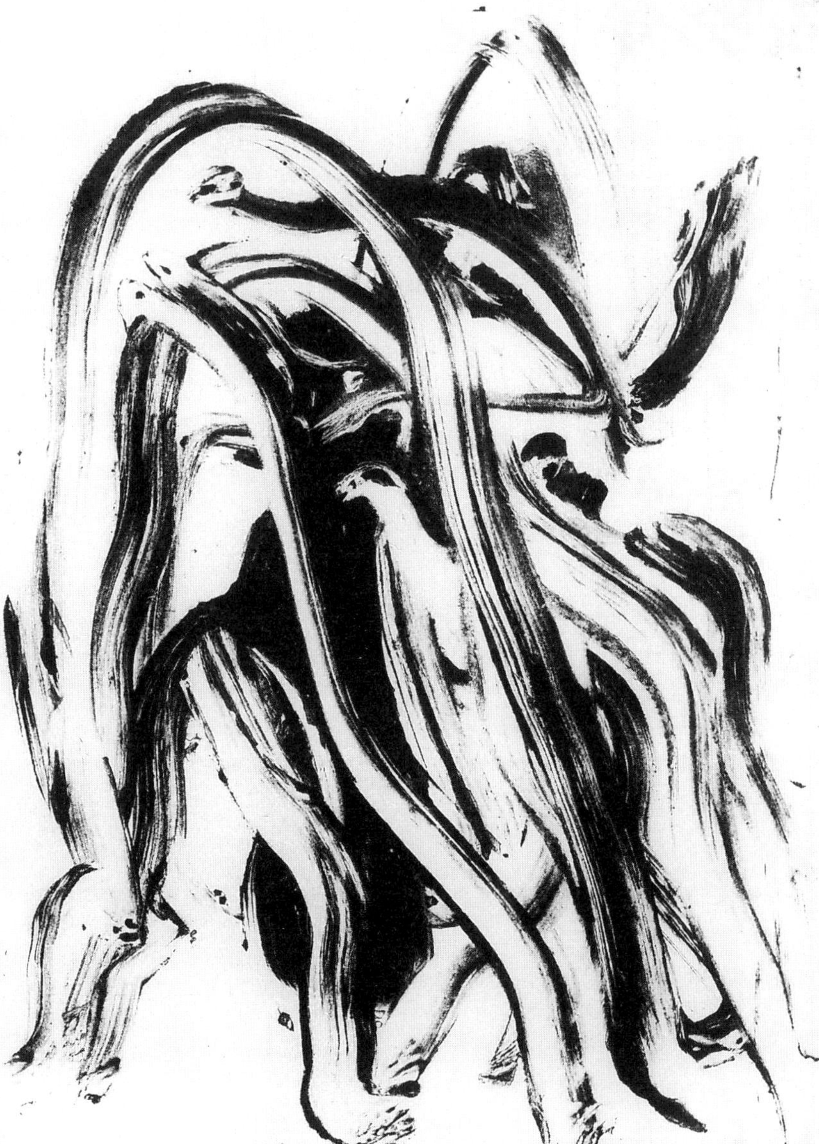

Henri Michaux, Lithographie, 1947 Brunidor Portfolio II, Paris 1947-1952

turen, den einzigen, die er schätzte. Hortensia fand ganz zu Recht, daß das spitz zulaufende Gesicht von Michaux einer Maus glich, und sie nannte ihn unter uns "ratoncito". Als er in der Galerie du Dragon bei Nina Dausset seine Aquarelle ausstellte, war er hocherfreut zu erfahren, daß ich ein Bild gekauft hatte und tanzte vor Freude in der Galerie herum. Niemand kümmerte sich damals um das malerische Talent des Dichters, und als ich ihn beauftragte, eine Lithographie für das Album Brunidor II zu machen, ging er mit großem Eifer zu Desjobert in die Lehre. Michaux arbeitete auf dem Stein, indem er die Finger in die lithographische Tinte tauchte und schlangenförmige Gebilde formte. Nach dem Brunidor-Blatt machte er ein ganzes Album Lithographien in derselben Art und nannte die Gebilde "Meidosems". Als ich Michaux, der öfter nach Belgien fuhr, einmal in der Bahn dorthin traf und wir die überschwemmten Wiesen sahen, fragte ich ihn, da er nach meiner Erinnerung aus dieser Gegend nahe der belgischen Grenze stammte, ob er von hier gebürtig sei, worauf er ganz witzig antwortete: "Quoi, ici dans l'eau?" – Das furchtbare Unglück, dem seine Frau zum Opfer fiel (sie verbrannte in ihrem Nachthemd aus einem Kunststoff, dessen Feueranfälligkeit man damals noch nicht kannte) veranlaßte ihn zu dem Gedicht: "Nous deux encore" das er in kleiner Auflage drucken ließ und wovon er mir ein Exemplar schenkte.

Déposer la forme

In der Galerie Weiller stellte auch Bauduin aus, und zwar seine großen Steinblöcke wie auch gewisses Handwerkzeug, Äxte und Hämmer, die er in Metallnetzen an der Wand aufhängte. Ich folgte dem Arbeitsgang dieses eigenwilligen Künstlers, für den ich mich mehr und mehr interessierte und von dem ich mehrere Editionen publizierte. Man hat Bauduin, der aus der Gruppe der Neorealisten stammte, meistens zu den "Minimalisten" gezählt. Sein Minimalismus kam vielleicht durch seinen Amerika-Aufenthalt 1960-1970, auf den wohl auch seine Bewunderung der amerikanischen Landart-Künstler wie seine musikalische Vorliebe für Edgar Varèse und John Cage zurückzuführen ist. Seine aktuelle Entwicklung, insbesondere seine Stellung zur Landschaft, seine Beschäftigung mit Felsblöcken, Vulkankratern, Salzgewinnung und Lawinenkorridoren gaben ihm einen ganz neuen Ausblick auf das, was für ihn Kunst sein könnte. Er sucht die Natur- und Kunsterscheinungen ihrer Form zu entledigen, wie sein Freund, der Philosoph Marc Froment-Meurice, es in seinem Buch "Déposer la forme" kommentiert. Durch Bauduin bin ich auch mit dem Professor Daniel Charles

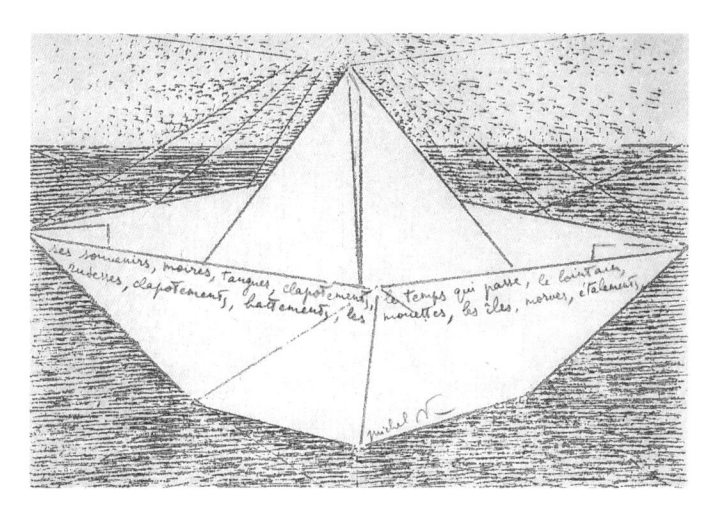

*Postkarten, signiert,
numeriert - Edition Brunidor:
Masurovsky, "Navigation",
75 Ex., Nr. 12, 1985,
mit handschriftlichem
Text von Michel Butor*

*Carréga, "87 II 7",
Farblithographie, 75 Ex.,
Brunidor-Serie Nr. XIII, 1986*

*Guido Llinás, Holzschnitt,
75 Ex., Nr. 12, 1984*

*Bauduin, "Deposition I"
(Absetzung I), 100 Ex.,
Postkarten überarbeitet
mit Originalzeichnung,
Nr. 18, 1987*

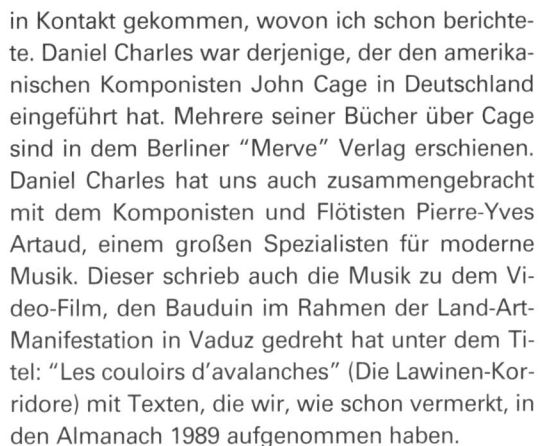

in Kontakt gekommen, wovon ich schon berichtete. Daniel Charles war derjenige, der den amerikanischen Komponisten John Cage in Deutschland eingeführt hat. Mehrere seiner Bücher über Cage sind in dem Berliner "Merve" Verlag erschienen. Daniel Charles hat uns auch zusammengebracht mit dem Komponisten und Flötisten Pierre-Yves Artaud, einem großen Spezialisten für moderne Musik. Dieser schrieb auch die Musik zu dem Video-Film, den Bauduin im Rahmen der Land-Art-Manifestation in Vaduz gedreht hat unter dem Titel: "Les couloirs d'avalanches" (Die Lawinen-Korridore) mit Texten, die wir, wie schon vermerkt, in den Almanach 1989 aufgenommen haben.

Die Ausstrahlungen eines Buches auf Video-Kunst und Musik lassen erkennen, welche Wirkung eine Edition unter Umständen ausüben kann: Solche Grenzüberschreitung kann zu Erfindungen, zu Innovationen führen, wie sie die großen Initianten Mallarmé, Ezra Pound, James Joyce angestrebt haben, ein universales Schriftwerk wie "Also sprach Zarathustra" oder "La boîte blanche" und "La boîte verte" eines Marcel Duchamp.

Postkarten

Die Mittel, die ich zu benutzen trachtete, waren zuletzt die der Edition von Postkarten. Darin sah ich die Beweglichkeit der "Idee", die auf dem Postweg ein Publikum erreicht, zugleich aber als Kunstobjekt auf sich selber bezogen bleibt. Die Dialektik des Erkennens und des Neu-Schaffens hört dann eigentlich nie auf. Ein Buch mit künstlerischem Wert berührt seinen Leser auf dieselbe Weise und erlaubt eine Grenzüberschreitung auf das Gebiet des rein Ästhetischen. Vielleicht ist daran zu erkennen, wie zukunftsträchtig das Künstlerbuch ist und welche Bedeutung das Handwerkliche für seine Entstehung hat in einer Zeit hochentwickelter Kommunikationstechnik. Diese, das sollte man sich klarmachen, zielt auf das Gegenteil handwerklich entstandener Kunstobjekte. Sie hat keine Beziehung mehr zu nummerierten, absichtlich auf kleinste Zahl reduzierten Editionen der Bibliophilie. Es wäre einmal wert zu untersuchen, wie es kommt, daß trotz dieser sich widersprechenden Konstellation das Künstlerbuch oder, wie auch in meinem Fall, die Künstlerpostkarte in ihrer offenbaren Unzeitgemäßheit doch angenommen, ja sogar gefeiert werden, was die Besucherzahl in Ausstellungen und Museen der modernen Buchkunst bewiesen hat.

Schwitters – Buchheister
Als ich im Dezember 1994 die großen Plakate in Paris zur Ausstellung Kurt Schwitters im Centre Beaubourg anschaute, wurde ich jäh zurückversetzt in die Zeit, wo ich bei Edouard Jaguer den letzten Überlebenden der Hannover-Gruppe traf, den Maler Carl Buchheister. Seine Erzählungen über seinen Freund Schwitters rissen nie ab und kulminierten in seiner Lesung der berühmten "UR-Sonate", die er mit dröhnender Stimme rezitierte und die wahrscheinlich als einzige lebendige Darbietung dieses dadaistischen Hauptwerkes die Zeit überdauert. Carl Buchheister war ein lustiger Mensch, immer lachend und immer bereit einem eine Lithographie, eine Collage oder Zeichnung zu widmen. Er hatte mir einmal eine größere Gouache gezeigt, die abstrakt zu sein schien, aber nach seiner Beschreibung einen Besuch in einem Kabarett darstellte, wo ein ärmliches Mädchen mit großen traurigen Augen in einem Teller Geld sammelt. Ich kaufte ihm dieses Bild ab, was ihn sehr erfreute und ihm erlaubte, seinen Aufenthalt in Paris etwas zu verlängern. Seine Bilder waren meistens mit Objekten wie Fäden und Drähten, Karten oder Holzstücken zusammengebastelt. Seine Malerei war ein lyrischer Abstraktionismus. Er hatte alle seine Bilder nummeriert und hielt sie so bei sich in Kartenmaßstab zur Kartei eingereiht. Diese systematische Aufnahme seiner Werke kontrastierte offenbar mit der Arbeitsmethode von Kurt Schwitters, über den mir Cesar Domela erzählte, er sammele alles, was ihn irgendwie anzog, auf dem Fußboden, auf der Straße und selbst in Mülleimern und verwahrte es in seinen vollgepfropften Hosentaschen. Schwitters muß wohl ein ganz unmöglicher Mensch gewesen sein, wenn man sich vorstellt, daß all das zusammengetragene Zeug furchtbar stank und daß ihn dies nicht störte. Übrigens, seine Merz-Bilder waren sehr sorgfältig nummeriert. Während seiner letzten Jahre in England versuchten seine Freunde, eine Zeitschrift herauszugeben, an der auch Raoul Hausmann

Carl Buchheister, Gouache und Kreidezeichnung, um 1955/56

mitwirken sollte. Einige Nummern erschienen, und der Dichter Henri Chopin publizierte einige Auszüge daraus in seiner Zeitschrift "Ou" in Paris. Er war einer der wenigen, die in Frankreich zu diesem Schwitters-Kreis Beziehungen hatte. Auch korrespondierte Chopin mit dem in Frankreich fast unbekannten Raoul Hausmann und brachte einige seiner Bücher in Übersetzung heraus.

Die Ur-Sonate

Die umfassende Dada-Ausstellung im Centre Georges Pompidou zeigte in einem Saal Exponate der Gruppe von Hannover und von einigen zeitgenössischen Künstlern wie Cesar Domela (ein neoplastisches Bild, das dem Centre Beaubourg gehört), ferner Werke von El Lissitzky und Vordemberge-Gildewart. Auch Carl Buchheister war da vertreten mit zwei Objekten aus Holz, Plexiglas und anderem Material, die mir in diesem Saal am besten gefielen. Schwitters hat übrigens damals auch Collagen mit Bindfäden und Drähten gemacht wie später Buchheister. Die "UR-Sonate" war in einem kleineren Raum zu hören, wahrscheinlich eine Aufnahme der Originalplatte, die aber technisch sehr schlecht war, sodaß ich eine Interpretation durch Buchheister vorgezogen hätte. Die Lektüre von "Anna Blume" in der Übersetzung, ich glaube von Moholy-Nagy, erschien mir besser gelungen, obgleich ich mir denken kann, daß der originale Schwitters-Witz teilweise verloren ging. Collagen und Bilder von Hannah Höch und Raoul Hausmann wurden in dieser Ausstellung auch gezeigt. Über beide gibt es heute größere Abhandlungen, über Hausmann auch in Französisch, sodaß sein Name inzwischen auch in Frankreich bekannt ist.

John Cage

Seit ich Bauduin und Daniel Charles kennengelernt hatte, kam ich öfter als früher in Kontakt mit moderner Musik und las vieles auch über neue Musiker wie John Cage und den Flötisten Pierre-Yves Artaud. Das Buch "Pour les oiseaux" von Daniel Charles und John Cage wurde kürzlich von seinem Verleger im Radio besprochen. Der Sprecher war allerdings der Meinung, es sei von Charles allein geschrieben worden und würde nur unter beider Namen vertrieben.

Pierre Schaeffer und Pierre Henry

An ein besonderes musikalisches Erlebnis erinnere ich mich, als von Pierre Schaeffer das erste Konzert mit "Musique concrète" im Saal der École Normale de Musique, am 18. März 1950, gegeben wurde. Erst 1960 hatte ich Gelegenheit, einiges von elektronischer Musik kennenzulernen. Der kubanische Maler Agustín Fernández nahm mich mit zu Pierre Henry in einen kleinen Raum im Conservatoire, der angefüllt war mit Apparaten, die Henry uns erklärte. Bei der Gelegenheit fragte er mich, ob ich Interesse hätte für ein kleines Bild von Francis Picabia, das er verkaufen wolle. Da ich zuvor schon angefangen hatte, Picabia-Bilder zu sammeln, erklärte ich mich einverstanden. Er zeigte mir ein etwas konventionell gemaltes Blumen-Bouquet auf Pappe. Auf der Rückseite war aber in ganz anderer Manier ein Kopf gemalt, der auf eine andere Werkepoche des Malers deutete, die für Picabias beste Zeit typisch war. Ich habe das Bild dann wieder verkauft. Leider wurde bei einem Transport ausgerechnet das rückseitige Bild beschädigt. Pierre Henry war ein Jugendfreund von Francis Bouvet, von dem ich eine Lithographie für ein Brunidor Album machen ließ. Durch Bouvet war Pierre Henry in Kontakt mit den Surrealisten. Er war befreundet mit Schaeffer.

Der Text von Daniel Charles, den er zusammen mit einem Objekt von Bauduin, als Buch "Auf der Salzstraße" unter dem Signum meiner Brunidor Edition wie schon erwähnt, herausgegeben hatte, erschien später in der Revue "Esthétique", und Bauduin nahm seine Idee wieder auf, als er im November 1994 in Japan war und im Museum von Yokohama eine Salzstraße einrichtete im Rahmen einer Performance mit einer japanischen Tänzerin.

Aus den Postkarten mit poetischen Texten, die Bauduin mir zusandte, sehe ich deutlich eine Weiterentwicklung des Problems der Natur- und Landschafts-Wahrnehmung, wo immer Begriffe wie "déposer", vorkommen. Die Dominante "Déposer la Forme" ist aber eigentlich auch im Sinne von John Cage so etwas wie ein Leitmotiv.

Auf einem ganz anderen Gebiet der Natur- und Landschaftserfassung bewegt sich Raymond Roussel in seinem Buch "Locus Solus". Meine Lektüre von Octavio Paz über Marcel Duchamp weist mich auf eine innere Beziehung zwischen Duchamps mechanischen Konstruktionen und der Welt Roussels hin. Beide schaffen in ihrem Werk eine ähnliche Atmosphäre: Ihre fantastischen Maschinen funktionieren, wenn auch in jeweils anderer Dimension und nach jeweils anderen Gesetzen. Bei Duchamp überschneidet sich die Welt der Phantasmagorien ständig mit der Welt der logischen Konstrukte. Sie können sogar zur Deckung gelangen. Das sind ähnliche Gebilde des Denkens wie sie sich bei Fernando Pessoa finden. Octavio Paz weist darauf hin, daß diese Künstler auf die Zeit des Barock zurückgreifen beim Erfinden von Apparaten und Maschinen, von Konstruktionen, die sie in der Natur wahrzunehmen glauben oder die sie mit der Dynamik derselben identifizieren.

Georges Henein – Edmond Jabès

Als ich Ende der vierziger Jahre oft mit Nicolas Calas in Verbindung war, habe ich durch ihn von dem französischsprachigen ägyptisch-koptischen Dichter Henein gehört, einem Freund von Calas, mit dem er ständig korrespondierte. Ich traf Henein dann in Paris, als er die kleine Zeitschrift "La part du sable" gründete, zusammen mit dem Maler Younan, der damals in Paris lebte und der mir ebenfalls gut bekannt war. Wenn ich nicht irre, sind von dieser Zeitschrift drei Nummern erschienen. Diese habe ich aufbewahrt, und ich denke heute, daß sie von großer Bedeutung waren. Einer der prominentesten Mitbegründer war wohl der Dichter Edmond Jabès, dessen späteres Werk, bei Gallimard veröffentlicht, ich dank einer seiner letzten Mitarbeiterinnen, Lucie Ducel, verfolgen konnte. Lucie Ducel hat die Veröffentlichung "Pour Edmond Jabès" im Jahr 1989, die Nummer 1 der Zeitschrift "Instants" geleitet. Hier waren außer einigen Texten von Edmond Jabès Arbeiten von Jacques Dupin, Louis-René des Forêts, André Velter, Frank André Jamme und Maurice Blanchot erschienen. Die Welt von Edmond Jabès, nicht weit entfernt von der eines Paul Celan, eines Levinas oder Blanchot, ist die um uns herum wahrnehmbare Welt mit einem wunderbaren, geheimnisvollen Glanz. Dies wurde mir erst richtig bewußt in vielen Gesprächen mit Lucie Ducel, die es auf sich genommen hatte, Ordnung in die Papiere von Jabès zu bringen, als der Dichter schon schwer erkrankt war. Die Werke von Jabès zeugen in seltsamer Weise von einer Weiterführung, einer Neuentwicklung durch andere Stimmen. So finden sich auch im Erinnerungsheft viele solche Stimmen, die uns im Inneren ansprechen und uns neue Wege weisen. – Edmond Jabès war mir, ähnlich wie Klossowski, irgendwie vertraut geworden. Es war dies die Zeit meiner intensiven Lektüre von Maurice Blanchot.

Landschaft

Vielleicht liegt in der Vielzahl von poetischen Wegen eine Einheit, welche stets das Ursprüngliche des Naturgeschehens umschreibt. Ich habe selbst vor Jahren Versuche unternommen, aus der Betrachtung einer Landschaft zu einer neuartigen Erfassung der Natur zu finden. Als ich vor Jahren in der Provence lebte, dort viel malte und auf den Spuren der Impressionisten die Landschaft und ihre Behandlung im Bild des Malers in mich aufnahm, habe ich mir oft die Frage gestellt, wie eine zweifache Wahrnehmung der Landschaft möglich sei, einmal die des Außenstehenden, dann aber die im Bild verkörperte, ob letztere wirklich das "Wahrhafte" sein könnte, ob nicht eine illusorisch vorgetäuschte "Technik" uns dasjenige verstecken könnte, was sich in Wirklichkeit zuträgt und was die Natur uns offen darbietet.

Daß zwischen Landschaft und Mensch, zwischen dem Gesehenen, das zur Kunst auffordert und dem, der sich zur Kunst aufgefordert fühlt, ein Dialog entstehen könnte, hatte ich damals formuliert. Ich nahm einfach an, das Subjekt sei die Landschaft, welche zu uns spräche, daß man ihr nur zuhören müsse, um zu wissen, wie sie reagiere, wie sie auf unsere Fragen antworte. Man stelle der Natur als Ganzem, deren Teil die Landschaft ist, seine Fragen, und sie wird als neu zu entdeckendes Subjekt antworten.

Ich hatte dann in einem späteren Holzschnittbüchlein diese These weiterentwickelt, indem ich Bilder mit Sprüchen begleitete, die wie in der Emblematik rätselhaft erscheinen, die aber immer eine Umkehrung des Verhältnisses von Subjekt und Objekt, von Betrachter und Betrachtetem voraussetzen. So stand da der Satz: "Schreie die Natur an, und sie antwortet dir." Die Ekstase im Schreien verursacht also die Entstehung eines solchen Dialogs, worin die Umwelt als Natur den vormals zentral fungierenden Menschen oder Künstler zu einem Objekt, einer transitiven Existenz verwandelt. Wenigstens geschieht dies intermittierend; eine hin und her laufende Dialektik verursacht ein neues Wirken, bringt ein ergründendes Kunstwerk zustande.

Hier ist aber Kunst nicht nur ein ästhetischer Begriff, sie ist vielmehr die leitende Kraft für eine Umstellung beim Erfassen der Landschaft. Sie beschreibt nicht, sie ist existent innerhalb dessen, was gesehen wird, sie ästhetisiert dasselbe. Wie manche Künstler sagen, sie, die Kunst, macht aus der Natur ein Kunst-Objekt, welches fähig ist, von sich selbst zurückzuweisen, diesem Antwort zu geben auf eine eventuelle Frage, auf einen Ruf. Die zerbrochenen Landschaften von Jiri Kolár sagen deutlich, daß kein Sehen privilegiert wird, sondern daß sich ein Hin und Her zwischen dem Sehenden und dem Gesehenen entwickelt. Dies sind Schritte, welche die Künstler nun mehr oder weniger bewußt zu neuer Kunstauffassung führen. Aus der Landschafts-Intervention, aus den im Liechtensteiner Almanach skizzierten neuen Perspektiven habe ich mit meinen Editionen in ihrer letzten Phase neue Wege begehen wollen, auf die mich lange Überlegung, eigenes Kunstschaffen und die Herausgabe von Büchern und Schriften führten.

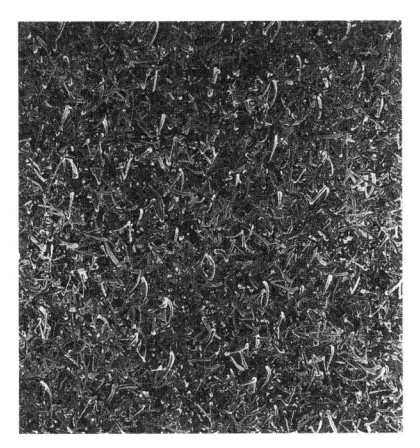

Brion Gysin, Öl auf Leinwand, 98 × 98 cm, 1960, Sammlung Claudine Hélion

Situationismus und Gil J. Wolman

Von einem ganz anderen Denkprozeß ging man in den fünfziger Jahren aus, als es noch Avantgarde-Bewegungen gab und philosophische Betrachtungen die Künstler zu führen trachteten, wie z.B. der "Situationismus".

Einer der wichtigsten Verfechter des "Situationismus", einer Bewegung, die in den fünfziger Jahren dem Lettrismus nahe stand und dann während der Studentenunruhen 1968 ausschlaggebend wurde, war der vor kurzem verstorbene Guy Debord. Man erinnere sich an die ersten Versammlungen dieser Gruppe auf einem leeren Bauplatz hinter dem Austerlitz-Bahnhof, dort wo sich bald einmal die Gerüste für die neue Bibliothek erhoben haben. Debord wurde recht bekannt durch die Zeitschrift "Internationale du Situationisme". Zu ihm als der führenden Persönlichkeit gesellten sich die Lettristen Maurice Lemaître und Wolman. Roberto half nach den Theorien von Isou, für Debord in annehmbarer Form diese Zeitschrift zu redigieren. Wolman, den ich durch meinen Sohn Roberto kennen und schätzen lernte, war ein unermüdlicher Erfinder auf dem Gebiet der Buchstaben und der Worte. Er publizierte die merkwürdigsten buchähnlichen, aber kaum lesbaren Werke und konstruierte Bilder mit Schriften, die sich auflösten oder mit Klebepapier abgetrennt wurden. Er nannte das "Scotch-Art". Einige seiner Bilder habe ich erworben. Das waren Collagen, die abgetrennt waren, also sogenannte Decollagen, zuweilen übermalt, ähnlich wie es die "Affichistes" machten, die Plakate von den Straßenrändern abrissen und neu auf eine Leinwand klebten, wie Hains, Dufrêne und de la Villeglé.

Wolman war ganz am Anfang wie gesagt mit den Situationisten in Verbindung und war einer der frühen Lettristen in den fünfziger und sechziger Jahren. Zu dieser Zeit war Bauduin, der später ein enger Freund von Villeglé und Wolman wurde, noch mit den Neorealisten und der Gruppe von Nizza liiert, von denen er sich dann trennte. Auch Wolman trennte sich nicht nur von Isidore Isous Lettrismus, sondern entfernte sich von allen Gruppen. Doch fuhr er fort auf seiner Linie der Wort-Überdeckung oder Wort-Zerreißung. Ich sah ihn in seiner letzten Ausstellung bei Pierre Weiller im Herbst 1993, wo er ein Flugblatt verteilen ließ mit dem Titel seiner Ausstellung: "Des mots rayés nuls" (= Durchgestrichenes ist ungültig). Auf dieser Ausstellung konstruierte er mittels seiner Decollage die merkwürdigsten Wörter und Sätze wie: "Objekt des wirklichen Dialogs schlägt die Verschiedenheit vor" oder "Um den Grenzen des Rahmens zu entfliehen, der Rahmen" etc. Es ist also immer das Bildliche dargestellt wie ein Gemälde, aber es bleibt lesbar-unlesbar, wobei Worte oder Wortreste eine Deutung ermöglichen. Das Zerfallen eines Sinnes, eines Wortinhalts hat bei diesem Künstler eine besondere Tiefe, und das jahrelange Suchen und Wirken auf dem Gebiet des Unsagbaren machen Wolman in seinen Experimenten zu einer Figur der extremen Unnachgiebigkeit und Härte. Fast unbekannt beim großen Publikum, wird sein Schaffensprozeß nur von seinen engsten Freunden anerkannt und geschätzt. Wolman ist der Herausgeber eines kleinen Galerien-Führers, was ihm seinen Lebensunterhalt ermöglicht. Dadurch konnte er auch einmal bei der FIAC, der internationalen Kunstmesse, ausstellen, und ich erinnere mich dort an seinen Stand – es war wohl 1979 -, wo er einige seiner Klebe-Bilder zeigte, was ihn in der Pariser Kunstszene etwas bekannt machte. Seine Erscheinung dort inmitten der großen internationalen Galerien hatte etwas Rührendes an sich. Die für Erneuerung der Begriffe wirkenden Denker und Künstler werden immer als kleine Outsider von der Masse übersehen und von den Insidern bestenfalls bedauert.

Brion Gysin, "Permutations", vier Aquarelle collagiert, 1959

Galerie Weiller mit Wolman, Gysin, Harloff, Gette

Das Programm der Galerie Weiller hatte noch einige andere, fern vom Strom der Tendenzen und Moden wirkende Künstler vorzustellen. Brion Gysin, von dem ich schon berichtet habe, war öfter dort ausgestellt. Mit Roberto hatte er Text-Illustrationen für die Zeitschrift "Apeiros" gemacht. Für "Ou" von Henri Chopin lieferte er gleichfalls Arbeiten, deren Erstdrucke ich bekam. Einen anderen Künstler namens Guy Harloff, der in der rue Gît-le-Coeur verkehrte und früher Verbindungen zu den Amerikanern und dem in Tanger residierenden William Burroughs hatte, lernte ich durch Weiller kennen. Von ihm habe ich für das Portfolio Brunidor Nr. III eine schöne Lithographie drucken lassen. Regelmäßig wurden dort auch interessante

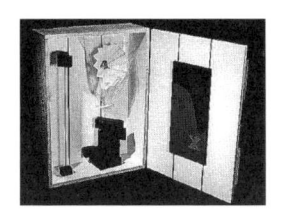

Objekt von Paul Armand Gette und Constantin Xenakis

Werke von Mohr, dem deutschen Computer-Künstler, gezeigt.

Von den Lettristen der ersten Generation stellte auch Dufrêne in der rue Gît-le-Coeur aus, Pierre Weiller liebte seine überklebten Plakatreste. Er war wie Hains und Villeglé einer der ersten "Affichisten", wie man sie nannte, und ich berichtete schon über seine Kunst des Rezitierens seiner eigenen, sehr humorvollen Dichtungen. Er starb recht jung, und von den anderen Lettristen verließ uns auch Spacagna, der bedeutende Graphiker und Maler, der oft bei Weiller war und der mit Roberto viele Publikationen realisierte.

Die Freundschaft Pierre Weillers mit Olga Picabia, wie er aus der Schweiz stammend, gab ihm Gelegenheit, von Zeit zu Zeit gewisse Werke des in den sechziger Jahren noch kaum gesuchten Picabia in seiner Galerie zu zeigen. Auch hatte er regelmäßig Besuch von Jean Hélion oder dessen Sohn David. Bilder von Jean stellte er oft aus.

Von den jüngeren Künstlern organisierte Weiller für Bauduin wichtige Ausstellungen von Plastiken und Installationen. Paul Armand Gette kam zu Weiller wahrscheinlich durch seine Annäherung an die Lettristen in den sechziger Jahren. An vielen seiner Bücher und Editionen hat auch Roberto Altmann mitgearbeitet. Nicht zuletzt durch seine Konzept-Photomontagen, Schriftbilder und Skulpturen, die er regelmäßig ausstellte, bleibt er eine wichtige Figur auf dem Gebiet, das Künstler und Naturwissenschaftler gemeinsam zu entwickeln suchen, war er doch selbst ursprünglich Naturwissenschaftler. Als Autor eines der ersten "Apeiro-Hefte", die Roberto in Liechtenstein herausgab, hat Paul Armand Gette auch späterhin sehr viel für bibliophile Publikationen getan, da ihn die Buchkunst ungemein interessierte. Er gab ein aus Resten von Zeitschriften und ausgeschnittenen Modebildern zusammengeflicktes, unregelmäßig erscheinendes Heftchen mit dem Titel "Eter" heraus, und in seinen Arbeiten benutzte er zunehmend die Photographie als Ausdrucksmittel. Da seine Frau Schwedin war, arbeitete er oft an den Stränden der Ostsee. Eine großformatige Mappe mit Buchstabenbildern, Handdrucken und Collagen erschien unter dem Titel "Suède bleue" wovon ich die Nummer 1 der 20 Exemplare besitze. Diese ließ ich mir vom Atelier Miguet in einen Einband aus Plexiglas und blauem Leder im Format von 28 x 51 cm einfassen.

Ein anderes bemerkenswertes Buch, dieses allerdings in ganz kleinem Format, nannte sich "Gettes Cristals" und wurde in Zusammenarbeit mit William Burroughs und Bernard Heidsieck gestaltet. Um 1966 erschienen Bücher von ihm im Verlag der Lettristen-Gruppe. Ein größeres Buch enthielt auf der Vorderseite eine seiner Bronze-Plastiken, ebenfalls in den Einband eingearbeitet von dem Buchbinder Miguet. Diese zeigte einen Käfer, damals ein Leitmotiv von Gette. Mit Roberto publizierte er ein vielbeachtetes Werk in 5 Exemplaren mit einer Reihe Radierungen von Roberto Altmann und mit Holzdrucken, die Gette von Insekten und Buchstaben machte. Die Zusammenarbeit mit namhaften Künstlern der "Fluxus"-Bewegung, der "Neo-Realisten", einer Gruppe aus Nizza, mit Vertretern der konkreten Dichtung und ihr nahestehenden Künstlern wie Heidsieck, Brecht, Ben Vautier, Degottex, Chopin und Jean-Claude Moineau zeigen die Rolle, die Paul Armand Gette in der Edition von Avantgarde-Büchern und bibliophilen Werken gespielt hat. In letzter Zeit widmete er sich dann vermehrt der Landschaftskunst, immer in einem konzeptuellen Rahmen. Seine Anregungen holte er sich in den Bergen der Provence und in der Vaucluse, wo er auch Messungen und Beobachtungen mit Texten, Zeichnungen und Photographien in Hefte zusammenfaßte, zum Beispiel für "Crestet Centre d'Art" sowie "Actes Sud" 1994. Auch Video- und Filmkassetten bespielte er.

Joaquín Ferrer, Zeichnung, Porträt von Robert Altmann mit Bildersammlung 1963

Die Kubaner in Paris

Unser ständiger Kontakt mit Kuba hat mir in all den Jahren nach unserer Umsiedlung immer Gelegenheit gegeben, die neuesten künstlerischen Entwicklungen, sei es in Kuba selbst oder in der kubanischen Emigration, zu verfolgen. Von der ersten Auswanderungswelle nach der Castro-Revolution sind in Paris einige namhafte Maler und Bildhauer ansässig geworden. Der Maler Joaquin Ferrer hat durch eine Galerie und durch den Schriftsteller Alain Bosquet einen beachtlichen Platz in der Pariser Kunstszene einnehmen können, nachdem er mit Bosquet einen bibliophilen Gedichtband veröffentlicht hatte, den Roberto herausgab. Auch im Portfolio Brunidor III ist er mit einer schönen Lithographie vertreten. Seine jetzt geschiedene Frau, Gina Pellon, arbeitet für eine größere dänische Galerie. Jorge Castaño, durch den wir mit Sonia Delaunay in ihren letzten Lebensjahren häufig zusammenkamen, komponierte mit leuchtenden Lackfarben großformatige Leinwände, von denen ich auch einige in meiner Sammlung habe. Der Bildhauer Agustín Cárdenas gilt als einer der bedeutendsten Plastiker heute und ist ständig in wichtigen Ausstellungen vertreten. Ebenso hat der Maler und Buchkünstler Ramón Alejandro in Paris und in den Vereinigten Staaten ein Sammlerpublikum und Galerien, die ihn fördern. Der vom Surrealismus herkommende Jorge Camacho nimmt seine Themen aus der Welt von Raymond Roussel und dem Marquis de Sade. Mit seinen der Alchemie und Esoterik nahen

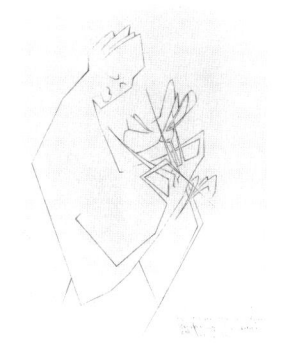

Joaquín Ferrer, Zeichnung, Porträt von Hortensia Acosta Altmann, 1963

Joaquín Ferrer, Farblithographie, Brunidor Portfolio III, Paris, 1961-1962

Antonia Eiris, großformatige Tintenzeichnung

Serien, die er auch mit Editionen von Graphik-Büchern und Folios verbindet, hat er gute Erfolge.

Ich hatte schon erwähnt, daß ich mit dem in Paris lebenden Guido Llinás mehrere Bücher herausgegeben habe, die er mit Holzschnitten illustrierte. Einige Texte darin waren von Michel Butor, ein kleiner Gedichtband von dem kubanischen Dichter Lezama Lima, ein Text von dem Argentinier Julio Cortázar. Von Guido Llinás besitze ich mehrere Ölbilder, viele Zeichnungen und Holzschnitte. Er gehörte in Havanna zu der "Gruppe der Elf", die dort um 1951-1952 als Vertreter der "Neuen Abstraktion" wirkte. Zu ihr gehörte auch der Bildhauer Agustín Cárdenas. Die Malerin Antonia Eiris trat etwas später im kubanischen Kunstleben in Erscheinung. Sie wurde bekannt durch die großformatigen Zeichnungen, die gewöhnlich ganz in schwarz gehalten sind, manchmal durchsetzt mit roten und blauen Tinten. Es sind angedeutete Menschenköpfe oder -Körper. Eine gewisse tragische Atmosphäre umgibt diese mit großen Pinselstrichen hingeworfenen, gespenstischen Figuren. Wohl einzigartig in der kubanischen Kunst und durchaus am Rande der lateinamerikanischen Ausdrucksformen ist der an Goya erinnernde expressionistische Zug. Vermutlich hat nur Guido Llinás mit seinen "Schwarzen Bildern" diese Tendenz aufgegriffen und in abstrakten Formen weiterentwickelt. Wie er, ist auch Antonia Eiris in der graphischen Kunst und besonders im Holzschnitt bewandert. Ich komme noch im Zusammenhang mit der Kunststiftung in Clairegoutte über die Holzschnittkunst Antonia Eiris und Guido Llinás zu sprechen. Antonia Eiris habe ich bei meinen Besuchen in Kuba 1966 mehrfach aufgesucht. Sie hatte jahrelang das Malen aufgegeben und produzierte mit Frauen aus der Nachbarschaft aus Papier zusammengeklebte Püppchen, die an Touristen verkauft wurden. Da sie den neuen Machthabern in Kuba sehr kritisch gegenüber stand, ist sie vor längerer Zeit schon nach Miami ausgewandert, wo sie auch ihr schweres Leiden, ein gelähmtes Bein, besser behandeln lassen konnte. Der heute sehr berühmt gewordene Maler Thomas Sánchez, der jetzt auch in Florida lebt, hat sich bemüht, für Antonia eine Ausstellung zu organisieren und Sammler für sie zu interessieren. Ich hatte gehört, daß ihr ein Stipendium der Guggenheim-Stiftung zuerkannt wurde. Kurz darauf, 1995, ist sie durch einen Herzinfarkt hingerafft worden.

Insgesamt vermittelt die Entwicklung der kubanischen Kunst ein Bild von erstaunlicher Vielfalt der Wege, welche die Malerei dort gegangen ist, um sich von den Vorbildern der vierziger Jahre zu lösen, die sie aber dennoch nicht ganz verleugnet. Jorge Camacho bekennt sich noch immer als Nachfolger von Cundo Bermúdez, und Agustín Cárdenas zum Beispiel benutzt die aggressiven Formen von Lam. Die neue Richtung, die ein Thomas Sánchez einleitet, die Behandlung der Landschaft in einem surrealen Sinn, der manchmal an Magritte erinnert, geht tatsächlich auf die Naturdarstellung der mexikanischen Landschaften des vorigen Jahrhunderts und deren kubanische Imitatoren zurück. Sánchez entwickelt aber ein ganz neues Konzept im Verhältnis Beschauer – Naturbild, auch wenn er oft auf menschliche Figuren verzichtet. Ganz in die psychische Sphäre getaucht ist die Malerei von Servando Cabrera geblieben, obgleich auch er in seinen letzten Lebensjahren eine Monumentalität erreicht, die neuartig für solche Thematik ist. In dem Film von Thomas Alea "Erdbeereis und Schokolade" sind einige seiner Bilder im Hintergrund des Raumes zu sehen, wo sich die Dialoge abspielen. Der Schriftsteller Alejo Carpentier und seine Frau Eva waren sehr befreundet mit Servando Cabrera und unterstützten ihn. Nach seinem Tod wurde die größte Kunstgalerie im Bezirk Marianao von Havanna nach ihm benannt.

Guido Llinàs, Öl auf Leinwand, «jusqu'ici», 1967, Sammlung Robert Altmann Clairegoutte

Samuel Feijóo und seine Sammlung

Von der Zeitschrift "Signos" meines Freundes Samuel Feijóo, die man nach seinem Tod vergeblich wieder aufleben lassen wollte, ist noch einer der gelegentlichen Mitarbeiter an diesem außergewöhnlichen Editions-Unternehmen der

Servando Cabrera Moreno,
"Pareja" (Das Paar),
Öl auf Leinwand, 1967

sechziger und siebziger Jahre zu nennen: der Maler Leonel López Nussa. Auch ihn habe ich auf meinen Kuba-Reisen oft besucht, so wie er auch zu mir kam, wenn es ihm gelang, nach Paris zu reisen. Er ist ein eigenartiger, ganz in seinen Visionen lebender Mensch, der immer noch Verbindung hat mit einigen Malern der "Art Brut", die Samuel Feijóo entdeckt hatte und die Jean Dubuffet so sehr faszinierten. Er brachte mir, als wir uns das letzte Mal in Paris trafen, Zeichnungen und Gouachen eines gebrechlichen auf dem Land lebenden Künstlers mit. Dieser heißt Pedro Osés und stammt aus der Gegend von Santa Clara. Ein Versuch, das Interesse einer Galerie in Paris hierfür zu wecken, schlug vollkommen fehl. Ich finde es sehr bedauerlich, daß von dem Kreis um Samuel Feijòo, von seinen Publikationen, Romanen, Filmen, Photographien und Gedichten im Rahmen seiner großen malerischen Produktion wie auch von seiner außergewöhnlichen Sammlung "primitiver" kubanischer

Benjamin Duarte, Zeichnung, 1953

Bauernkunst in Frankreich nichts bekannt ist. Wenn der Reichtum dieser Kunst einmal entdeckt ist, wird man sich fragen, wie ein solcher Schatz solange verborgen bleiben konnte.

Unter den kubanischen Malern und Bildhauern, für die ich 1960 in den Galerien "Pierre Weiller" und "du Dragon" Ausstellungen organisierte, war ein wichtiger Beitrag der Feijóo-Gruppe und weist auf Werke des Malers Benjamín Duarte, dessen Kunst jetzt allmählich in Kuba bekannt wird. Ich nehme an, daß die wichtigsten Bilder der Künstler des "Art-Brut" noch in Cienfuegos im Nachlaß von Samuel Feijóo sind. Die Tochter Feijóos, Adamelia Feijóo, die in Havanna lebt, hat anscheinend noch nicht die Möglichkeit gehabt, den Nachlaß ihres Vaters durchzusehen und zu katalogisieren. Es müssen sich darin viele der Zeichnungen und Malereien befinden, die teils in "Signos" abgebildet und mit Kommentaren Feijóos veröffentlicht waren.

Ich habe während der Jahre, die ich in Kuba verbrachte, viel photographiert und auf den Ausflügen, die ich mit Feijóo zusammen in der Umgebung von Cienfuegos unternahm, und mit der 8mm-Filmkamera, die ich mir in New York gekauft hatte, kleine Filme gemacht. Feijóo, dem ich meine Apparate lieh, hat, wie schon berichtet, sehr eindrucksvolle Dokumente von der Landschaft, den Flüssen, Palmen und der Meeresküste aufgenommen. Das sind wichtige Ergänzungen zu Feijóos in Zeichnungen und gemalten Bildern ausgedrückten Visionen, die auf der Vielheit der Linienführung, auf Vernetzungen und delikaten Tönungen beruhen. Es ist wirklich zutiefst bedauerlich, daß die gegebenen Zustände in Kuba gute Reproduktionen im Druckverfahren unmöglich gemacht haben, sodaß dieser nun fünfzig Jahre alte Bilderschatz unbekannt geblieben ist.

Kubanische "naive" Kunst, Isabel Castellanos, Zeichnung, 1965

Roberto Altmann und Samuel Feijóo in Prag, November 1971

War ich nun durch meine kubanischen Freunde auf die Spur von "Art-Brut"-Künstlern gekommen, so traf ich durch einen Zufall, eine erneute Verbindung zu Dubuffet und seiner Kunstauffassung.

Ein Antiquariat in Versailles

Auf einer staubigen Durchgangsstraße in Versailles gegenüber dem Chantier-Bahnhof entdeckte ich einmal ein winziges Antiquariat, in dessen Schaufenster alte Stiche und zerrissene Zeitschriften der zwanziger Jahre durcheinander lagen oder an Drähten aufgehängt waren. Dazwischen sah ich ein etwas verwahrlostes Exemplar der Zeitschrift "Biffur". Hinter der schwer zu öffnenden Glastür saß vor einem Bücherberg der Inhaber dieses Ladens. Ich sah mich etwas um und fand in einer Vitrine drei kleine, etikettenartige, schon etwas verblaßte Zettel. Nach näherem Hinsehen konnte ich diese als sogenannte "Papillons" identifizieren, Zettel, welche die Surrealisten 1928-1929 mit humorvollen Texten beschrieben und auf Hausmauern oder Holzplanken klebten. Der Ladeninhaber bestätigte meinen Befund, und so kaufte ich sie ihm für ein paar hundert Franken ab. Bei meinem nächsten Besuch hatte er einige weitere "Papillons". Er erzählte mir dann von seiner Freundschaft mit dem Sohn des Anwalts von André Breton, Bomsel, einem der großen Sammler der Surrealisten, der vor kurzem starb. Unter den von ihm gesammelten Malern ist besonders Hantaï zu nennen, dessen Bild auch in der Breton-Ausstellung im Centre Georges Pompidou hing. Die kleine Buchhandlung (es gibt sie schon seit ein paar Jahren nicht mehr), sie trug den kuriosen Namen "Petit infini", wurde nun regelmäßig Ziel meiner nachmittäglichen Spaziergänge. Da unterhielten wir uns über Surrealisten, über Lettristen und über Dubuffet, denn Bomsel sammelte auch dessen Werke und kannte den früheren Sekretär und Organisator der "Art-Brut"-Sammlung, die dann später in das von Michel Thévoz in Lausanne gegründete Museum überführt wurde. Das war Slavko Kopac, über den ich schon schrieb, und der, selbst auf der Linie des "Art Brut", ein regelrechter Erfinder war und außer einem graphischen Werk (besonders Lithographien, aber auch Zeichnungen mit Collagen), eine Reihe größerer in Öl ausgeführter oder collagierter Werke schuf, die in einer wichtigen Ausstellung in Zagreb gezeigt werden sollen. Leider ist Kopac kürzlich schwer erkrankt, sodaß an eine Fortsetzung seines künstlerischen Schaffens nicht mehr zu denken ist. Ich hatte gehofft, mit Kopac meine Brunidor Editionen weiterführen zu können, da er viele Ideen für die Buchkunst hat und selbst eine Druckerpresse in seinem Atelier in Montmartre besaß. Das Unglück seiner Krankheit nach vielen Enttäuschungen, als er sich von Dubuffet trennen mußte und in große materielle Schwierigkeiten geriet, hat unsere Pläne immer illusorischer und nun zuletzt ganz unausführbar gemacht. Das Bild, das ich einmal von ihm gekauft habe, "Les escaliers de la mémoire", ist ein Meisterwerk in seiner rauhen Ausarbeitung und geht instinktiv in eine phantastische Figurenlandschaft über, die man erst langsam innerhalb eigenwillig überschichteter Formen gewahr wird. Ein neues Buch, illustriert mit Lithographien, ist jetzt beim Verleger Chave in Vence erschienen, wo schon früher ein bibliophiles Werk von Kopac ediert wurde. Chave ist zugleich Herausgeber mehrerer Bücher von Jean Dubuffet und hat auch den von diesem entdeckten Philippe Dereux veröffentlicht. Dieser Künstler gehörte damals zu der Gruppe des "Art Brut". Seine Bilder bestehen aus zusammengeklebten Obst- und Gemüseschalen, Baumrinden, Kernen und Holzresten mit Übermalungen, welche der Autor in einem Buch ausführlich beschreibt. Von diesem Buch gibt es eine kleine Vorzugsauflage, die eine echte Collage enthält. Mein Freund Pierre Weiller hat diesen inzwischen einigermaßen berühmt gewordenen Künstler oft in seiner Galerie ausgestellt. Dort habe ich häufig mit ihm gesprochen, und wir sind seither, da ich ein Sammler seiner Werke geworden bin, immer in brieflicher Verbindung geblieben.

Gherasim Luca, 1968, anläßlich der Brunidor-Ausstellung "Das Buch als Kunst", 1968 (Photo: Walter Wachter)

Gherasim Luca und Micheline Catti

In einer anderen Galerie in Vence stellte kürzlich (Ende 1995) auch Micheline Catti aus zusammen mit Gherasim Luca, von dem sogenannte "Cubomanies"-Collagen zu sehen waren. Luca hatte sich im Jahr zuvor das Leben genommen. Das tragische Ende dieses Dichters und Collagekünstlers gab der Ausstellung einen bedrückenden Charakter. Unter den Werken, an denen Gherasim Luca zuletzt noch gearbeitet hatte, befand sich die französische Übersetzung eines 1945 in Bukarest erschienenen Gedichtbuches, welches der Dichter als eines seiner Hauptwerke ansah. Sie erschien 1995 unter dem Titel "L'inventeur de

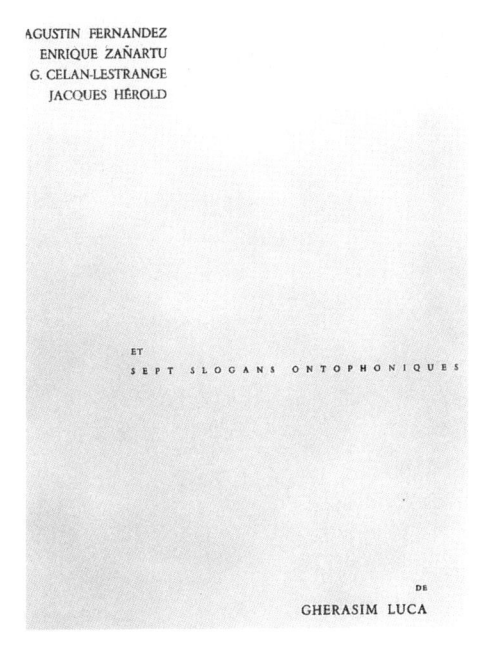

Gherasim Luca,
Gedicht aus "Sept Slogans
Ontophoniques",
Brunidor Portfolio IV,
Paris, 1963-1964

l'amour". Das ist ein finsteres, hartes Werk von großer dichterischer Qualität. Luca war ein wichtiger Vertreter der Gegenwartskunst, obwohl man ihn in Frankreich wenig kannte. Er stand dem Surrealismus nahe, wie ich schon berichtet habe. Die Gruppe "Fluxus" hatte sich für ihn eingesetzt, und der Philosoph Gilles Deleuze hat über ihn geschrieben. Einer der wenigen aus der rumänischen Surrealistengruppe der vierziger Jahre, mit dem er noch korrespondiert hatte, war Dolfi Trost. Ab und zu traf er den Maler Paun, wenn dieser nach Paris kam. Luca und Micheline Catti konnten ihm eine Ausstellung in der Galerie "L'Usine" ermöglichen. Paun ist kurz nach seinem Freund Luca in Israel gestorben. Von Lucas Bukarester Veröffentlichungen hatte ich durch D.Trost ein Manifest bekommen sowie einige Werke von Trost selbst, die sein kleiner Verlag auf Französisch herausgebracht hatte. Darunter befand sich das Buch "Le vampire passif", worin eine kleine Skulptur abgebildet war, ein Männerkopf, in dem man bei genauerem Hinsehen mehrere nackte Frauenkörper entdeckt.

Durch einen Zufall fand ich bei einem Altwarenhändler am Bodensee ein anderes Exemplar dieser merkwürdigen Figur, die ich dann in einem von meinem Buchbinder Daniel Mercher angefertigten Einband zusammen mit Lucas "Le vampire passif" einfassen ließ. Dieses Buch ist eine Erinnerung an den Freund und seine Suche nach dem Geheimnis des darin enthaltenen Objektes.

Die Zeitschrift "Supérieur inconnu" hat in ihrer Nummer vom Oktober 1996 einen Teil ihrer Ausgabe Gherasim Luca gewidmet. Die Beiträge stammten teils von der Frau des Malers Perahim, welcher zu den Surrealisten in Bukarest zählte und die nun in Paris lebt, teils von Sarane Alexandrian, der als Mitglied der Surrealistengruppe in Paris den Dichter gut kannte und auch gleichzeitig wie dieser ein naher Freund des Malers Victor Brauner war. Dann enthielt die Veröffentlichung Texte aus den vierziger Jahren von Gherasim Luca in französischer Übersetzung. Diese Texte, wie sich nach Studien der Werke des Dichters von Dominique Carlat herausstellt, sind von großer Wichtigkeit für die spätere Entwicklung der Dichtkunst von Luca. Dieser hatte in Paris mit nur noch wenigen seiner damaligen Freunde und Mitarbeiter Kontakt. Nur der Schriftsteller Trost hatte die Verbindung aufrecht erhalten und kam öfters nach Paris, auch der Maler Paun besuchte seinen alten Freund noch. Luca hatte ihm in Paris in der Galerie "l'Usine" zu einer Ausstellung seiner Zeichnungen verholfen. Unter seinen Pariser Freunden waren Gisèle und Paul Celan. Als ich in Vaduz 1968 beide Dichter zu Lesungen während der Vaduzer Buchausstellung einlud, war Pauls Haltung zu Luca sehr distant und mich wunderte, daß Paul nach seiner eigenen Lesung, bei der Luca zugegen war, von Vaduz abreiste, ohne die von Luca angekündigte Lesung abzuwarten. Nach dem Tod von Paul hielt aber seine Witwe sehr an der Weiterführung der Freundschaft mit Gherasim Luca und Micheline Catti fest.

Diese Freundschaftsbeziehung dauert noch an nach dem Tod von Gisèle, durch die Freundschaft zu deren Sohn Eric. Luca war auch ein Bewunderer der Architektur von Ricardo Porro, doch trübte sich diese Beziehung, als beim Bau des Gebäudes Centrum für Kunst und Kommunikation in Vaduz das Projekt von Luca, auf der Treppe ein Mosaik mit dem Text eines seiner Gedichte einzufügen, mit der Bezeichnung des Gebäudes als "Maison d'yeux", nicht ausgeführt worden ist. Die Beziehungen brachen schließlich ganz ab, als im Museum Georges Pompidou Ricardo Porro einen Vortrag hielt über den Dichter, welchen dieser als eine falsche Darstellung seiner Dichtkunst betrachtete. Diese Mißstimmung ist bis zuletzt geblieben. Gherasim Luca hatte ständig materielle Sorgen und konnte seine Veröffentlichungen nur unter Mitwirkung seiner Maler-Freunde zustande bringen, denn seine Verleger Di Dio und Corti gaben nur ganz selten Werke von ihm heraus, und zudem in kleinen bibliophilen Ausgaben. Außer seinen rumänischen Freunden Jacques Hérold und Victor Brauner konnte er für die Buchillustrationen seine surrealistischen Freunde gewinnen, so insbesondere Wifredo Lam, der ihm einige sehr schöne Buchausgaben bei seinem italienischen Graphikatelier Upiglio in Mailand ermöglichte. Durch Lam kam auch die Einladung zu einem Kongreß in Havanna anläßlich des "Salon de Mai", der in Kuba stattfand und dem Dichter einen längeren Aufenthalt auf der Karibischen Insel gestattete. Luca war sehr begeistert von der revolutionären Stimmung unter Castros neuer Herrschaft. Der Philosoph Kostas Axelos, der gleichzeitig zu diesem "Salon de Mai" eingeladen war, erkannte zwar, wie er mir nach seiner Rückkehr erzählte, die schon sichtbare sektär-stalinistische Linie dieser Phase der Revolution, die viele nicht bemerkt hatten und die dann mit dem in Ungnade gefallenen Organisatoren dieses "Salon de Mai", dem früheren Freund Fidel Castros, Carlos Franquí, ganz klar zu Tage trat. Eben dieser sich immer mehr durchsetzende Zug zu einem Polizeistaat ab Mitte der sechziger Jahre hatte zur Folge die Inhaftierung der Homosexuellen sowie noch andere unliebsame Erscheinungen wie die Beschimpfung von ins Exil flüchtenden Kubanern als Gusanos, also Würmern.

Lucas Haltung gegenüber den nach Frankreich emigrierten Rumänen, falls dieselben in der Zeit des Stalinismus mehr oder weniger Mitläufer waren oder opportunistische Nutznießer, hielt sich dann möglichst neutral, da er sagte, daß den unter diesem Regime lebenden Menschen nicht eine zu strenge Zensur auferlegt werden darf, er selbst habe das Glück gehabt, rechtzeitig ins Ausland zu gehen. In Wirklichkeit lebte Gherasim Luca recht vereinsamt und hatte nur sporadisch Kontakt, meist mit Freunden der Surrealisten-Kreise wie Elisa Breton, Victor Brauner und Jacques Hérold, dem Photographen Gilles Ehrmann und dem Herausgeber seiner Bücher Di Dio sowie dem Bildhauer Kowalsky. Die Orte seiner dichterischen Eingebung fand der Dichter in Italien, im Garten von Bomarzo, dessen geisterhafte Skulpturen und unbewohnbaren Gebäude oft in seinen Dichtungen vorkommen und ein wiederholtes Thema bilden, worin er das Ungerade, das im Ungleichgewicht kaum Haltbare hervorhob, – und damit wurde er vielleicht zum Vorläufer der Plastiken eines Serra. Auch zog ihn mächtig das Schicksal der Albigenser in Montségur an. Er reiste fast jeden Sommer in diese Gebirgstätte und schrieb auch öfters über die im Feuer sich selbst opfernden Widersacher der dominierenden Kirche des Mittelalters.

Ganz in der Nähe von Montségur wohnte auch ein sehr guter Freund von Gherasim Luca, Jacques Dumons, den ich schon erwähnte als den unersetzlichen Mitarbeiter des Dichters beim Aufbau des Druckes seiner Bücher. Alle bei mir veröffentlichten Gedichtbände hatte Dumons überwacht, was Typographie und Umbruch betraf, und seine Einfühlung in den dichterischen Text war großartig und brachte die Originalität der Inspiration des Autors voll und ganz zum Ausdruck. Die Satzgestaltung, die Anordnung der Leerstellen, die Gruppierung der Verslinien sind nämlich von äußerster Wichtigkeit für diesen Dichter, und die Architektur seiner Schriften sind vergleichsweise zur mündlichen Ausarbeitung seiner Dichtungen zu betrachten, denn auch darin war das Rezitieren durch den Autor bis aufs feinste Detail ausgearbeitet und Worte und Sätze gruppierten sich in derselben Form wie in den Büchern. Man vergißt eigentlich nie einen Vortragsabend von diesem Dichter, so tief bleibt der Eindruck der Tragik seiner Stimme, des Stolpern und des Stotterns mit den überraschenden Wort-und-Buchstaben-Kombinationen.

Über Gherasim Luca: das Buch von Dominique Carlat

In seiner meisterhaften Studie: "Gherasim Luca, l'intempestif" schreibt Dominique Carlat, wie der Dichter das Thema des Nicht-Ödipus in seinen Bukarester Schriften behandelt hat. Der französische Philosoph Gilles Deleuze hat in seinem Buch "L'Anti-Œdipe" daran angeknüpft. Gherasim Luca lehnt darin die geradlinige Entwicklung ein für alle Mal ab und stellt sich damit in Opposition zu der Freud'schen Lehre, ist also näher einem Otto Rank, der in der Psyche den übermächtigen Einfluß der Geburt und deren Trauma sieht, als dem steten Wunsch, wieder in den Körper der Mutter zu dringen, in den eben verlassenen Uterus als wohlgeschützten Raum zurückzukehren. Der Nicht-Ödipus verneint die Vater-Mutter-Analyse und findet im Tod, wie Empedokles sich in den Krater des Ätnas stürzt, das ersehnte Ende, was einen ewigen Anfang darstellt. Carlat meint, es ist die Sprache und nicht der Ausdruck, worauf es dem Dichter ankommt, womit er sich darin den Autoren wie Raymond Roussel und Jarry nähert. In dem kurz vor seinem Tod von ihm selbst übersetzten Text "La mort morte" (Der tote Tod) bringt er diese Schlußfolgerungen des Nicht-Ödipus zu Ende und behandelt die analytische Ideologie als illusorische Darbietung des Wunsch-Dranges. Das Dasein sei nicht begründet auf dem "Cogito", dem Denkprozess, von Descartes, sondern auf dem Affekt, und dies, um die deduktive Denkweise zu desorientieren. Was von Carlat besonders genau untersucht wird, ist das von Gherasim Luca oft behandelt gefundene Objekt des Zufalls, "l'objet offert objectivement", eine Form dieser Diskontinuität also, die in allen seinen Wortzusammenstellungen und zerrissenen Satzbauten erscheinen. Gherasim

Luca erfand das Stottern als Dichtung. Sein Theater des Mundes, "théâtre de bouche", ist eben diese schauspielerische Oralität, die so sehr bei seinen Lesungen erstaunt und überrascht. Die zwischen den Wortresten aufscheinenden Paradoxe unterstreichen den Humor gemischt mit erschütternden Metaphern. So gilt die Leere als eigentliche Fülle und die Fülle als Leere, in Umdrehung der logischen Sequenzen und Zertrümmerung von Bildern in apokalyptische Wahnvorstellungen. Wie sein Freund, der Maler Victor Brauner, lehnt sich Gherasim Luca an die jüdische Esoterik, an die Kabbala und den Zohar. So erscheint z.B. das Pferd des Schachspiels, das Pferd des Odysseus in Troja, das erotische Pferd, das Kabbala-Pferd (cabale, cavalcade), Wortspiele in französischer Sprache, wo ein Dialog sich wandelt in einen Dämonolog. Derartige Collagen von Wörtern erarbeitete der Dichter auch in seinen als Quadrat ausgeschnittenen Reproduktionen klassischer Bilder, seinen "Kubomanien", die er in sehr beachteten Ausstellungen mehrfach in Pariser Galerien gezeigt hat. Eine handschriftliche Abschrift seiner beiden Gedichte: "Prendre corps" (Körpergestalt annehmen) sind in meiner Sammlung; die Gedichte sind das beste Beispiel der "Theorie" über die "Ökonomie" des Erotischen, wo sich ein Gegensatz zeigt zu der "Theorie der Verausgabung", die der Schriftsteller Georges Bataille vorgestellt hatte. Da bei Gherasim Luca immer das Zirkulieren, die kreisförmige Bewegung der Begierde vorangeht, wird die Sprache über alle Kategorien hinweggesetzt und die Regeln der Grammatik natürlich übergangen. Der Autor, Dominique Carlat, beschreibt die von Luca angewandte Methode der Dialektik und erwähnt das von Hegel, vordem von Goethe, übernommene Bild der Pflanze, die umgedreht mit den Wurzeln nach oben gepflanzt wird, worauf die Äste sich in Wurzeln verwandeln und die Wurzeln in Äste mit Blättern und Blumen. Folglich, so schließt der Dichter, ist hier durch eine menschliche Handlung ein Kurzschluß in einem natürlichen Prozeß provoziert. Luca in seiner Utopie des Nicht-Ödipus glaubt, ein Gärtner eines solchen Pflanzengartens zu sein, weil der Tod dann keine Bedrohung mehr sei und die Geburt sich wiederhole, sich selbst überholend. Der Anfang projiziert sich somit in die Höhe, wo jetzt die Wurzeln Blumen bringen. Um die Faszination des Todes zu überschreiten, muß der eigene Tod den symbolischen Mord am Vater ersetzen und es wird sich gleichzeitig die humorvolle Satire, d.h. die Parodie, einschalten. Die Verneinung der Verneinung, "la négation de la négation", fand die tragische Lösung in dem Selbstmord des Dichters.

Die Liebe zur Typographie und zur Zerstückelung der

Sprache brachte ihn auf eine merkwürdige zeichnerische Tätigkeit: er zeichnete auf großen Blättern mit genauestens angeordneten winzigen Punkten Buchstaben und Figuren, die sich wie Gestirne in Spiralen und Kreisen von der Mitte der Blätter ausgehend auf die ganze Seite verbreiteten und wie eine geheime Zeichenschrift wirken. Dieselben Punktzeichnungen erschienen in seinen am Flohmarkt erworbenen Photoalben, wo er entweder auf die alten, vergilbten Familienporträts zeichnete, oder auf die im Album leerstehenden Plätze. Später illustrierte er mit handschriftlichen Gedichtreihen und unter Mitwirkung seiner Frau Micheline Catti, der hochinteressanten Malerin und Graphikerin, weitere Alben, von denen ich einige besitze. In seinen letzten Lebensjahren hat sich der Dichter oft bitter beschwert über die Interesselosigkeit, die Zeitgenossen der Poesie gegenüber zeigten. Er sprach also ähnlich wie einstmals Arthur Rimbaud, in seiner Korrespondenz aus Afrika, oder wie Hölderlin in seinem Ausruf: "Wozu Dichter in dürftiger Zeit", worauf Paul Celan auch des öfteren in seinen Schriften zurückgreift. Gherasim Luca wurde aus seiner Behausung in Montmartre ausquartiert, das vollkommen veraltete Gebäude, er wohnte im sechsten Stock, der letzte noch dort wohnende Mieter, wurde abgerissen und Gherasim Luca mit Micheline zogen in die Gegend des Père-Lachaise-Friedhofes. Der Dichter hat sich nie in der neuen Wohnung wohlgefühlt. Er erkrankte und verbrachte Wochen im Krankenhaus. Da seine neue Wohnung sehr weit vom Stadtzentrum entfernt war, befand er sich von allen Pariser Freunden praktisch getrennt. Wenn ich ihn anrief, blieb er oft minutenlang vollständig stumm, und wenn er dann wieder zu sprechen anfing, war er wie früher, herzlich doch fast wie abwesend. Seine Witwe hat sich seit seinem Tod nicht mehr ihrer Maltätigkeit zugewandt. Sie hat die Archive und Manuskripte geordnet und diese der berühmten Stiftung Doucet (der Bibliothèque Littéraire Jacques Doucet, Place du Panthéon) vermacht, wo ab und zu Ausstellungen und Versammlungen stattfinden und wo die meisten Dokumente der Surrealisten aufbewahrt werden.

Sammlung von Dichter-Briefen

Andere Dichter haben mir gleichfalls einzigartige Zeugnisse ihres Wirkens überlassen, so Jean Tardieu, von dem ich im Austausch ein Manuskript seiner Gedichte von 1938/39 erwerben konnte. Es enthält eine längere Ars Poetica in Manifestform, in der die damals ganz neue Ausdrucksweise des Dichters vorgezeichnet ist.

Mit dem Dichter, Sammler und Buchgestalter Georges

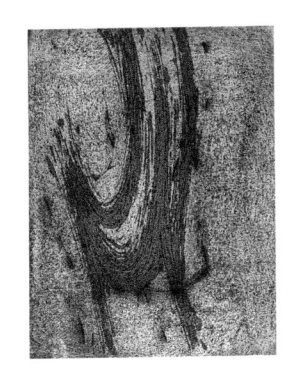

Enríque Zañartu, Radierung, Brunidor-Éditions, 1951

Hugnet hatte ich einen regen Briefwechsel. Er zog das Schreiben dem Telephonieren vor und illustrierte oft seine Briefe mit Collagen oder kleinen Zeichnungen. Hierzu kommt eine Reihe seiner Bücher mit Widmungen an mich, sodaß ich inzwischen eine beträchtliche Sammlung von Manuskripten und Schriften dieses Freundes besitze. Besonders wertvoll sind seine handgeschriebenen Gedichte, die er in seine gedruckten Bücher eingefügt hat. Es gibt sogar ein vollständig handgeschriebenes Buch, wo der Text zum Kommentar der eigenen Photographien oder Photomontagen wird.

Aus Kuba stammt eine größere Sammlung von Briefen des Dichters José Lezama Lima, mit dem mich seit meiner Zeit in Havanna eine Freundschaft verband. Aus Havanna erhielt ich laufend auch Nachrichten von einem Freund aus der Zeit der Emigration mit Namen Sandu Darié, der ursprünglich aus Rumänien stammte. Er hatte in Paris gelebt und war nach Kriegsausbruch nach Kuba ausgewandert, wo er sich als Künstler einen Namen machte. Von der abstrakten Kunst der vierziger Jahre war er von einem "Hard-Edge"-Stil allmählich zur "OP-Art" übergegangen. Er erfand Apparate mit kinetischen Lichteffekten und galt dann als einer der Hauptverfechter der "Madi-Gruppe", deren Mitglieder in Buenos Aires lebten. In der langen Korrespondenz mit Sandu Darié wird das ganze literarische und künstlerische Leben in Havanna zwischen 1950 und 1989 dokumentiert. Er war nämlich ein Kenner der verschiedenen Kunstrichtungen. Außerdem war er mit Samuel Feijóo und dessen Gruppe von Schriftstellern und Malern sowie den Dichtern der Zeitschrift "Orígenes" freundschaftlich verbunden.

Von Samuel Feijóo, dem unvergeßlichen Initiator und Herausgeber der Zeitschriften "Islas" und "Signos", mit dem ich jene zahlreichen Wanderungen in die Berge des Escambray unternommen hatte, wo wir filmten und photographierten, besitze ich ein großes Paket mit noch nicht sortierten Schriften, Briefen, Zeichnungen und Manuskripten, Zeugnisse seiner unermüdlichen Tätigkeit und Originalität, verbunden mit einem außerordentlichen künstlerischen Talent. Darin erscheint Kuba vor und nach der Revolution, Kuba, das Land der Bauern und Zuckerrohrarbeiter, der Autobus-chauffeure, der einfachen Dichter und Sänger. Auch hier in seinen Handschriften ist die ganze Wirkungskraft des Dichters und Zeichners sichtbar, sein graphisches Können und seine erstaunliche Beobachtungsgabe.

Mit Sandu Darié eng befreundet war der chilenische Maler und Graphiker Enrique Zañartu, der wie erwähnt in den vierziger Jahren in Havanna lebte. Ihn traf ich später in New York, wo er im Atelier von Stanley William Hayter arbeitete und die Radierungen von Max Ernst und Yves Tanguy für den Druck vorbereitete. Er schuf eine Farbradierung für meine Brunidor Edition. Auch Gedichtbände Pablo Nerudas und Michel Butors illustrierte er, als er sich 1950 in Paris etablierte. Er war dann verheiratet mit der bekannten Schöpferin dekorativer Kunst, Sheila Hicks. Seit der Trennung von ihr lebt er mit Nicole Marchand, einer guten Bekannten von uns, die zuvor mit dem griechischen Philosophen Kostas Axelos liiert gewesen war. Kostas lehrte an Pariser Universitäten und publizierte wichtige Werke über die Vorsokratiker, insbesondere über Heraklit. Grundthema seiner Werke ist das "Weltspiel", eine metaphysische Betrachtung des Menschen im Universum. Dieses Thema behandelte er einmal auf meine Anregung hin in einem viel beachteten Vortrag vor der Liechtensteinischen Studentenvereinigung in Vaduz.

Rea und Claude Simon

Die frühere Frau von Kostas Axelos, eine Griechin mit Namen Rea, heiratete den Schriftsteller Claude Simon. Mit diesem Ehepaar sind wir gleichfalls befreundet geblieben. Ich besuchte die beiden oft in ihrer Wohnung am Place Monge, wo wir über die Projekte und Veröffentlichungen von Claude sprachen. Nicht selten gab es dazu eine gute Mahlzeit, zu der Claude gern mit besonderen Käsen, darunter dem vielgepriesenen Boulette d'Avesne aufwartete. Die Gastgeber erzählten dann auch von ihrem Ferienhaus und Familiensitz in Salses unweit der spanischen Grenze, wo eine alte Burg die Gegend beherrscht, und wo Claudes Familie Grundstücke und einige Weinberge besitzt. Es war in dem dortigen Haus, wo Claude in einer zugemauerten Nische eines Tages handgeschriebene, alte Familienpapiere entdeckte, in denen die Taten und das bewegte Leben jenes Generals zur Zeit der Französischen Revolution beschrieben waren, die dem Roman "Les Géorgiques" als Stoff und Vorlage gedient haben. Die Figur dieses Urahnen sollte in ihrer ganzen Größe und Eigenart während der stürmischen Jahre am Ausgang des 18. Jahrhunderts wiederaufleben. Wie oft beschrieb uns Claude beim Mittagessen die ereignisreichen Zeiten, in denen dieser Mensch gelebt und gewirkt, Feldzüge geleitet, Missionen ausgeführt hat und zugleich die größte Sorgfalt für seine landwirtschaftlichen Betriebe hat obwalten lassen. Seine Instruktionen zum Pflanzen eines Baumes, zur Bestellung eines Feldes gab er parallel zu seinen militärischen Befehlen und politischen Kommentaren. Claude hat intensiv geforscht und lange gezögert, bis das erstaunliche Buch geschrieben war. Einige Jahre nach seinem Erscheinen wurde Claude der Nobel-

Preis zuerkannt. Er gab mir das Büchlein, in dem seine Ansprache zur Preisverleihung gedruckt war. Aufgrund des Preises reiste nun das Ehepaar Simon in der ganzen Welt umher und wurde ständig zu Vorträgen und Seminaren eingeladen. Daß Claude, der früher zur Malerei tendierte, sich später sehr eingehend mit Photographie befaßte, habe ich bereits geschildert. Eine hübsche Ausstellung seiner Photographien hatte in der Galerie Maeght, rue du Bac, stattgefunden. Anlaß war das Erscheinen eines Photo-Albums, das seine schönsten Bilder enthält und die enge Verbindung zwischen schriftstellerischem Werk und präziser photographischer Wiedergabe aufzeigt.

Wenn wir zusammen waren, sprachen wir immer über die gemeinsamen Freunde: die Malerin Gina Pellon, den Maler Joaquín Ferrer, Enríque Zañartu und den Philosophen Kostas Axelos. Oder man unterhielt sich über die Weinernte in Salses, die Reparaturen im alten Gebäude. Das Putzen von altem Holz oder das Polieren der gekachelten Böden liebte Claude; er nannte es den "Spinoza-Komplex", weil dieser ständig seine Gläser polierte. Ein Hauptthema war auch die Bedrohung der Landschaft und der Burg durch den Bau einer Autobahn, die heutzutage das ganze Tal durchzieht. Claudes Verleger Lindon vom Verlag "Minuit" war eine bekannte Erscheinung in der Literaturszene. Etliche seiner Autoren wurden später berühmt. Er stand dem Surrealismus nahe und hatte unter anderem das Hauptwerk von Pierre Mabille, "Der Spiegel des Wunderbaren" mit Illustrationen von Viktor Brauner, Max Ernst, Matta, Wifredo Lam und Jacques Hérold neu verlegt.

Situationisten

Zurückblickend auf die sechziger Jahre denke ich oft noch an die Lettristen und Isidore Isou, den ich 1961 kennenlernte. Wie mir Roberto jetzt wieder bestätigte, waren die "Situationisten" um Guy Debord damals ständig mit Isou in Verbindung und übernahmen von ihm die meisten ihrer Ideen. Roberto, der Debord nicht selbst kennengelernt hat, fungierte als Herausgeber von vielen Schriften Isous, die er für die interessierten Kreise wie die "Situationisten" in leichter lesbarer Form herausgab. Es war also nicht so sehr Maurice Lemaître, der seine eigenen theoretischen Bücher erst viel später schrieb, als vielmehr Isou, welcher diese Avantgarde-Bewegungen inspiriert hatte. Ihre Arbeiten wurden in der Zeitschrift "L'Internationale situationiste" veröffentlicht, die sich vom Beginn des Jahrzehnts über die Ereignissen von 1968 hinaus halten konnte und diese sogar noch inspirierte. 1970 hörte die Zeitschrift auf zu bestehen. Die Situationisten als Gegenbewegung zum Surrealismus, deren erste Mitglieder, z.B. Jorn, die Gruppe "Cobra" gründeten, waren bahnbrechend in dieser Zeit, verschwanden aber bald wieder von der Bildfläche.

Hôtel du Vieux Paris

Besuche in der Galerie meines Freundes Pierre Weiller frischen manche Erinnerungen auf. Ein anderes Denkmal der sechziger Jahre ist das neben der Galerie liegende "Hôtel du Vieux Paris". Das war früher ein altmodisches, primitives Passantenhotel. Vor zwei Jahren wurde es nun ganz modernisiert. Im Empfangsbüro hängen aber noch die Photographien der Amerikaner und anderer Pensionäre des Hotels, die zur Beat-Generation gehörten: Burroughs, Corso, Gysin, Ginsberg, Harloff und Kerouac. Diese Maler und Schriftsteller wohnten ab 1950 dort, bis dann die meisten mit Brion Gysin und William Burroughs nach Tanger zogen. Das war um 1960. Über diese Zeit ist ein Buch von Waxmann erschienen. Ich wußte von all diesen Bewohnern des benachbarten Hotels durch Weiller, der ab und zu diese Künstler, von denen die meisten Maler waren, in seiner Galerie ausstellte und mir Werke von ihnen verkaufte. Die Galerie spielte wirklich eine wichtige Rolle, wenn man an diese Aufbruchzeit denkt, wo kaum jemand Bilder dieser Art erwarb. Nicht nur die Beat-Generation, auch andere Künstler und Gruppen fanden bei Weiller die einzige Möglichkeit auszustellen und zu verkaufen. Zu nennen sind neben Hélion, Wolman, Dufrèsne auch die "Nuagisten" mit dem "Wolkenmaler" Laubiès, der u.a. durch seine häufigen Reisen nach Indien, wo er in buddhistischen Klöstern viele Monate zubringt, bekannt geworden ist. Auch Abstrakte wie Domela, Mohr, auch Dereux, die Lettristen stellten bei Weiller regelmäßig aus und überließen der Galerie Bilder und Objekte zum Verkauf. In seinen vor einem Jahr durch Maeght veröffentlichten "Carnets" schreibt Jean Hélion sehr freundschaftlich über Pierre Weiller und seine kleine Galerie.

Nicht weit davon unterhielt der Restaurateur Rostain in einem Hinterhof einige Atelier-Räume auf zwei Etagen in einem der 300 Jahre alten Häuser, bestückt mit einer unglaublichen Zahl von Gemälden, die ihm zum Restaurieren überlassen waren. An einem bei mir beschädigten, großen Ölbild von Hélion haben er und seine Restauratoren drei oder vier Jahre gearbeitet. Es mußte eine fast um die Hälfte verlorengegangene Leinwand anhand von Farbresten und Photographien wieder neu gemalt werden, und zwar in der Technik des Künstlers, der leider nicht mit beigezogen werden konnte, weil er schon erblindet war. Wir wollten ihn auch gar nicht über den Unfall informieren, ihm in seinem Alter die betrübliche Mitteilung ersparen. Er liebte das Bild sehr, das einen Tisch mit einem aufgeschnittenen Kürbis vor einem Spiegel darstellt. Es war ein Stück aus der Serie der "Vanitas"-Bilder, von dem es in dieser Größe nur noch eine ähnliche Fassung gibt. Rostain war dann sehr stolz über das Resultat seiner Arbeit, und Jacqueline Hélion fand die Restaurierung auch vorzüglich ausgeführt. Bei Rostain hatte ich auch einen Magritte säubern lassen, der dadurch seine frühere Frische wieder erlangte, ebenso ein Gemälde von Lam, das neu aufgespannt werden mußte. Lam benutzte als Untergrund die Jute-Stoffe, aus denen in Kuba die Zuckersäcke hergestellt werden. Diese Stoffe lockern sich mit der Zeit, und die untere Malschicht droht dann zu brechen. Glücklicherweise malte Lam in seiner kubanischen Zeit, also bis 1949/1950, mit sehr verdünnten, wahrscheinlich mit Terpentin vermischten Farben, die darum sehr gut auf dem Grund hafteten und so das Bild relativ haltbar machten. Das Gemälde war mir von Kuba nach Paris gebracht worden, und zwar aufgerollt. Es war Lolo de Soldevilla, die mir das Bild transportierte, das als ein Hauptstück 1953 in der Ausstellung kubanischer Kunst im Museum für moderne Kunst in Paris gezeigt werden sollte, in der Ausstellung, die Lolo de Soldevilla als Beauftragte der kubanischen Regierung organisierte. Sie wurde auch Verfechterin der damals aufkommenden "OP-Art" und der venezolanischen Abstrakten der Galerie Denise René. In diese Zeit, also kurz vor dem Sieg der Castro-Revolution in Kuba, fiel auch der Aufenthalt des Dichters José Álvarez Baragaño in Paris, der ebenfalls von Lam unterstützt wurde und der sogar ein Buch mit Illustrationen von Lam herausgegeben hat. Er wurde selbst von den Surrealisten akzeptiert und publizierte in französischer Sprache einen Gedichtband, der zum Besten gehört, was die jungen kubanischen Lyriker damals hervorbrachten. Als wegweisend galt damals unter den neuen kubanischen Künstlern auch der abstrakte Maler und Dichter Pedro de Oráa, der heute in Havanna lebt. Die Bekanntschaft mit Severo Sarduy machte ich erst später, wohl um 1961. Ich hatte damals während der Amtszeit von Roberto Fernández Retamar, dem Kulturattaché der kubanischen Botschaft in Paris, einen Vortragsabend über kubanische Kunst in der Cité Universitaire vorbereitet, auf dem auch Sarduy einen Vortrag halten sollte. Die Serie dieser Veranstaltungen wurde aber gekürzt, und es kam nie dazu, daß Sarduy seinen Vortrag halten konnte. Vielleicht hatte Retamar aus irgendeinem politischen Grund die Kürzung der Vortragsreihe angeordnet. Einige Monate später wurde der politische Druck von Kuba auf die in Paris lebenden Intellektuellen stärker, und viele entschieden sich, nicht mehr nach Kuba zurückzukehren. In der

Cité Universitaire entstanden zwei richtig antagonistische Parteien, die sich gegenseitig bespitzelten und denunzierten. Sarduy wurde in Paris ein recht bekannter Autor in der Gruppe von dem Philosophen Jean Wahl und der Zeitschrift "Tel Quel".

Kubanische Künstler in Paris

Nach Paris kam gegen Ende der sechziger Jahre einmal ein Kubaner, den man mit großen Hoffnungen entsandt hatte, und der tatsächlich in der Pariser Kunstszene ein gewisses Interesse fand: Acosta León.

Er hatte früher in "Signos", der Zeitschrift von Samuel Feijóo, Artikel und Abbildungen veröffentlicht. Schematische Darstellungen eines metallenen Bettgestells mit symbolgeladenen Verzierungen waren das Hauptthema dieses eigenartigen Künstlers. Als er einmal bei uns zum Essen eingeladen war und Hortensia ein typisch kubanisches Gericht auftischte, brach er vor Begeisterung in Tränen aus. Die Galerie Dragon hatte Bilder von ihm ausgestellt, und in Belgien wie in Holland gab es Sammler, die seine Werke regelmäßig aufkauften. Als er nach Havanna zurückkehren mußte (es gab nur zeitlich begrenzte Ausreisegenehmigungen), sprang er kurz vor der Ankunft des Schiffes ins Meer. Er war Chauffeur in einer kleinen Provinzstadt gewesen und hatte eine Autobusstation mit surrealistisch anmutenden Malereien dekoriert. So gehörte er zu den naiven Künstlern, welche die Aufmerksamkeit gewisser Intellektueller erregten. Dieser Art Malereien konnte man früher in vielen Bodegas und Cafés entdecken. Das waren meist romantische Naturdarstellungen und komisch anmutende Figuren. In den vierziger Jahren war einer der bekanntesten dieser Maler ein gewisser Rafael, den die Bilderhändler Pierre Loeb und Frau Perls entdeckt hatten, dessen Produktion sie alsbald kontrollierten und in New Yorker Galerien vermittelten. Später sind im Zuge der Modernisierung der Bodegas und Cafés diese bemalten Wände übertüncht worden, sodaß seither kaum noch Reste dieser Volkskunst zu finden sind.

Blättert man heute in den Schriften von Samuel Feijóo, sei es in seinen Zeitschriften-Serien "Islas" oder "Signos" oder in seinen Büchern, so findet man hie und da Hinweise auf unsere Freundschaft und Zusammenarbeit, die uns zu manchen Unternehmen führten wie zum Beispiel die Herausgabe der Werke des "Cucalambé" Da finden wir einen Kommentar von Cintio Vitier über die Illustration, die ich für den Buchdeckel in Lithographie anfertigte, und die den fast mythischen Poeten mit Lilien in den Augen und einem Vulkan auf dem Kopf darstellt. Die aus den Augen sprießenden Blumen sind eine dichterische

Reprint von Orígenes 1944 anläßlich des "Coloquio Internacional Cincuentenario de Orígenes", La Habana 1994

Interpretation eines Irrtums im Text, wo es heißen sollte: "Leuchtkerzen sind seine Augen" (cirios statt lirios), und diese Interpretation weist auf Feijóo selbst hin und seine eigentümlich inspirierte Persönlichkeit, wodurch dieser Illustration eine doppelte Bedeutung zugewachsen ist.

Samuel Feijóo und "Signos"

An anderen Stellen finden sich Landschaftsaufnahmen, Wanderungen und Beschreibungen unserer Gespräche mit Guajiros und Naturkünstlern über Malerei und Photographie. Feijóo hat auch meinem Sohn Roberto oft Platz in seinen Publikationen gegeben, so für einen langen Artikel über die Hypergraphie und die Entwicklung einer neuen Plastik und Ästhetik aus Buchstaben und Zeichen, womit der Lettrismus in Kuba eingeführt wurde. Ferner hat Feijóo öfter auch sogenannte "Comics" von Roberto reproduziert, die in Kuba ein gewisses Echo hatten und dann von jungen Künstlern imitiert wurden.

Unter den bekanntesten Künstlern, die in der Zeitschrift von Feijóo mitwirkten durch Zeichnungen oder Abbildungen ihrer Gemälde, sind zu nennen: Wifredo Lam, Matta, Asger Jorn, Jean Dubuffet. Letzterer hat auch einmal die Illustration des Deckblattes geliefert, wie auch Lam mehrfach Zeichnungen zum Titelblatt beisteuerte.

Cleva Solis, die die letzten Jahre mit Samuel Feijóo teilte und die später mit Samuels Tochter Adamelia und deren Söhnchen im Stadtviertel Vedado von Havanna zusammenlebte (sie verstarb Ende 1996), war selbst eine bedeutende Zeichnerin und Dichterin, die manches vom Geist und der Poesie Feijóos in ihre eigene persönliche Kunstauffassung eingebracht hatte.

Cintio Vitier, einer der ältesten Mitarbeiter der Zeitschrift "Orígenes", hatte ein Buch über die kubanische Dichtung geschrieben, das grundlegend geblieben ist. Was er über Lezama geschrieben hat, gehört zum Besten, was man über diesen Dichter lesen kann, und seine literarische Tätigkeit umfaßt eine ganze Epoche seit dem Beginn der vierziger Jahre. Ich habe ihn gut gekannt, wie auch seine Frau, die Dichterin Fina García Maruz, die ihre schönsten Gedichte in "Orígenes" veröffentlicht hat. Cintio Vitier, ein überzeugter Katholik, wurde in gewisser Weise von den Intellektuellen der Fidel-Castro-Revolution ausgenützt und nahm oft eine Stellung ein, die viel kritisiert wurde. Trotzdem ist sein rein literarisches Verdienst nicht zu bestreiten, und er ist nicht wegzudenken aus der von Lezama eingeleiteten Bewegung. Viel diskreter ist der im Februar 1995 verstorbene Eliseo Diego, der auch ein Vorkämpfer für die Zeitschrift "Orígenes" war und ein bedeutender Dichter. Cintio, Eliseo und Fina waren zusammen mit Cleva Solis in seinen letzten Lebensjahren um Samuel Feijóo bemüht. Bei ihnen habe ich Feijóo 1987 zum letzten Mal gesehen. Er war noch voller Humor, und sein Temperament schien ungebrochen. Von da ab wurde er aber stiller, wie man mir später berichtete, und sein Geist vergrub sich in einen inneren Wahn, aus dem er bis zu seinem Tod nicht mehr herausfand.

Im Museo Nacional von Havanna konnte ich im Januar 1993 bei meinem Besuch in Kuba ein Dutzend Ölbilder von Samuel Feijóo entdecken, Bilder, die früher nie im Museum zu sehen waren. Als ich mit dem Direktor sprach, erfuhr ich, daß das Museum sogar eine Tintenzeichnung von mir verwahrt, die ich 1947 einmal für die Zeitschrift "Orígenes" gemacht hatte. Nach dem Tod von Lezama war diese Zeichnung mit seinem Nachlaß wohl in das staatliche Museum gelangt. Als ich dort durch die Säle ging, fiel mir eine Marmorbüste auf, ein verschleierter Frauenkopf, der eine Virtuosität von hohem Niveau offenbarte, da die Gesichtszüge durch den feinen Schleier hindurch in aller Schönheit erkennbar blieben. Abgesehen von der technischen Leistung war ich von dem ungemeinen Charme dieses Werkes angetan. Ich denke, es war die Arbeit eines bedeutenden italienischen Bildhauers aus dem 19. Jahrhundert. An den Wänden sah ich ein großes Bild einer Märtyrerszene von Monsú Desiderio, wohl eines der geheimnisvollsten Werke dieses Manieristen. Ferner hingen da sehr schöne Porträts von Clairin, der bekannt wurde durch seine Darstellungen der Schauspielerin Sarah Bernhardt. Auch einen hübschen Corot und zwei sehenswerte Bilder von Zurbarán sowie Serien von englischen Porträtisten, insbesondere Reynolds von beachtlicher Qualität, gab es da zu sehen.

Samuel Feijóo, Tintenzeichnung mit Aquarell, 1966, während eines Aufenthaltes in Paris gemalt

Für mich war natürlich die kubanische Malerei von besonderem Interesse mit einigen schönen Landschaften des 19. Jahrhunderts, Vorläufer der späteren Tendenzen und Schulen, die dann mit Lam und Amelia Pelaez in die Moderne führten, nachdem der Maler Victor Manuel den Bruch mit der Akademie in den dreißiger Jahren herbeiführte und mit Mariano, Marcelo Pogolotti und Carlos Enríquez die sogenannten "Freien Ateliers" gründete als Gegenbewegung zur Akademie. In einem Land wie Kuba mit seinem komplexen multikulturellen Hintergrund und der Dynamik der relativ neuen lateinamerikanischen Nationen ist es nicht verwunderlich, daß sich widersprüchliche Kunsttendenzen entwickeln. Das wird deutlich am Beispiel der sogenannten "Modernen" der vierziger Jahre, wobei Wifredo

Lam eine Ausnahme ist, aber auch in der "Art-Brut" wird das deutlich, einer volksnahen primitiven Darstellung, die Samuel Fejóo repräsentierte. Fejóo hob dabei die Graffiti und Kritzeleien von Kinderzeichnungen hervor als neuentdecktes Kulturerbe, auch näherte er sich des öfteren der Schriftkunst und dem "Lettrismus". Als Visionär hielt er Verbindung zu den bildnerischen Hervorbringungen der niedrigen Volksklassen, die ganz außerhalb kultureller Traditionen standen. So glaubte er Uranfänge der Bildersprache und des Schreibens aufdecken zukönnen und führte diese Theorie in seinen Abhandlungen und ethnologischen Untersuchungen wie auch in seiner Malerei und Zeichenkunst aus.

Anfänge der Bildersprache
Auf dieses Ursprüngliche in Verbindung mit dem direkten Ausdruck der Graffiti habe ich öfter hingewiesen, nachdem ich um 1996/97 eine hochinteressante Ausstellung über den Beginn der chinesischen Kultur am Ende des Neolithikums im Musée Guimet in Paris besucht hatte. Mich faszinieren besonders die Zeugnisse von der ersten Schrift, Orakel auf Knochenplatten, die 2000 Jahre vor Christus datieren. Das sind auf breite Knochenflächen oder auf Schildkrötenpanzer eingeritzte Schriftzeichen, Anfang der Bildsprache, die man heute als Basis der chinesischen Schrift enträtseln kann. Diese Knochenplatten wurden ins Feuer gelegt, und die Spalten und Risse ergaben neue Zeichen, welche als Antwort der Götter auf die eingeritzten Schriftzeichen gedeutet wurden. Das war also eine Frage-Schrift mit Orakel-Antworten, Auslegung oder Übersetzungen sinngebender Zufallsphänomene, Resultate mythischen Denkens.

Wie wir, Alexander Frick, Manfred Wanger und ich in dem Buch "Zeichen und Inschriften. Epigraphisches aus Alphütten" (Landesmuseum Vaduz 1976), ausgeführt haben, sind von den eben erwähnten frühesten Schriftdenkmälern und Hirten-Inschriften auf den Liechtensteiner Berghütten durchaus Parallelen festzustellen. Diese Schriften datieren vom Ende des vorigen und Anfang des 20. Jahrhunderts. Schrift sollte man sehen im Zusammenhang mit natürlichen Einkerbungen auf Bäumen, Holzgittern, Planken mit zeichenartigen Spuren von Holzkäfern und Würmern auf faulen Baumstämmen und dergleichen. Das Eingravieren von Buchstaben wäre demnach nicht nur die Bekanntgabe, ein Anruf an einen unbekannten Leser, mit dem dann eine Verbindung hergestellt wird, sondern es ist damit auch ein Verhältnis zum Unter- und Hintergrund entstanden. Diese durch Zufall und unbekannte Gründe entstandenen Zeichen stehen in einem Frage- und Antwortverhältnis mit der eingekerbten Botschaft wie einstmals die Orakel und die Fragen des Priesters. Die Botschaft der Hirten in den Liechtensteiner Alpen mag die eines künstlerisch gestalteten Buchstabens, eines Datums, eines Namens oder einer wie immer gearteten Information sein. Das Einkerben auf rauhem Holz, meist ungeschützt vor Witterungseinflüssen, ist einer Art Monolog in winterlicher Einsamkeit vergleichbar. Es ist eine Schrift und Sprache von besonderem Gehalt, die Dauer haben soll wie ein Werk, dem man Wichtigkeit zuerkennt. Dem liegt ein rätselhafter Drang zugrunde, der allen Phänomenen der Graphik eigen ist, wo die Motivation im Unterbewußtsein ruht, weshalb auch so oft das kunstvoll Geschriebene viel späteren Zufallsfunden anheimgegeben ist.

Sonia Sekula

Daß die moderne Kunst sehr bewußt ihre Wurzeln bei den Anfängen der Menschheit gesucht hat, ist bekannt. Die inspirierten Schriftsteller und Maler, vor allem diejenigen, die dem Surrealismus nahestanden, beriefen sich gern auf diese frühgeschichtlichen Zusammenhänge und suchten die Nähe zum Sagenhaften. Vielleicht ist die Malerin und Dichterin Sonia Sekula von daher zu verstehen. Sie war ein rätselhaftes Wesen mit einem unausgeglichenen schöpferischen Talent und hatte einen traurigen Tod. Ich hatte sie in New York getroffen, wo sie mit Nicolas Calas befreundet war und in der Künstlerkolonie von Long Island lebte, wo auch Helena und Wifredo Lam öfter verkehrten. Pollock, Motherwell und der Architekt Matter wohnten dort oder kamen wie Max Ernst auf Besuch. Die Beziehungen zwischen Lam und Sonia waren erheblich gestört durch das auffallend lesbische Verhalten Sonias gegenüber Helena Lam, die dafür keine Sympathie aufbrachte. Wifredo sah Sonia 1960 in Zürich wieder. Durch Zufall erfuhr ich, daß die Eltern von Evi Kliemand, der liechtensteinischen Malerin und Dichterin, Alfons Kliemand und seine Frau, Lina Küffer, sich Ende der zwanziger Jahre im Briefmarkengeschäft des Bruders von Sonias Vater Béla, in Luzern, kennengelernt hatten, wo beide eine Zeit tätig waren. Sonia Sekulas Vater Béla wie dessen Bruder Géza waren Briefmarkenhändler. In New York erzählte man, die Eltern von Sonia seien sehr wohlhabend, aber in Zürich 1960, wo ich Sonia aufsuchte, war ihre finanzielle Situation längst prekär geworden. Als ich sie besuchte, machte sie einen sehr kranken Eindruck, und die mit ihr wohnende Dame, wahrscheinlich Frau Mosimann, sagte mir, daß Sonia schwer depressiv sei. Sonia machte damals kleine Objekte, z.B. Streichholzschachteln, die sie dekorierte. Ich habe zwei Exemplare davon. An ihre Bilder habe ich keine Erinnerung. Vielleicht waren in Zürich auch keine Bilder mehr von ihr. In der Schweiz wird jetzt aber eine größere Ausstellung ihrer Werke vorbereitet (Katalog Ausstellung Sonia Sekula. Kunstmuseum Winterthur 1996). Die Zeitschrift "Die Affenschaukel" gab eine Extra-Nummer heraus, die ganz Sonia Sekula, ihren Schriftbildern und ihren Geschichten und Aphorismen gewidmet war. Darin wird auch die eigenartige Persönlichkeit dieser in steter dramatischer Spannung lebenden Künstlerin erkennbar. Ihre Wanderung von einer psychiatrischen Klinik zur anderen endete mit dem Freitod, der einen erschreckenden Schatten auf ihr fragmentarisch gebliebenes Werk wirft.

Malcolm de Chazal

Malcolm de Chazals Buch "Sens plastique" war 1945-1946 das große literarische Ereignis, das auch die Surrealisten hoch priesen. Ich war in den Jahren 1946-1948 mit der Herausgabe meiner Folios beschäftigt und beabsichtigte, auch eine Ausgabe dieses dichterischen Sehers in der Brunidor Reihe zu bewerkstelligen. Es ergab sich eine längere Korrespondenz zwischen uns beiden, und Malcolm de Chazal sandte mir auch die Photographie eines gemalten Selbstporträts. Es erschienen noch weitere seiner Werke, doch meine Edition kam leider nicht zustande.

Dieser Schriftsteller besaß eine eigentümliche Gabe, indem er gleichsam instinktiv die großen Kraftfelder erspürte und in planetarischen Visionen lebte. Das verband ihn mit der bedeutenden esoterischen Literatur der Vergangenheit. Meine Freunde Gherasim Luca und Victor Brauner bewunderten ihn sehr. Später hörte man wenig von ihm, aber in den achtziger Jahren wurden neue Veröffentlichungen seiner Werke in Frankreich herausgegeben. Er gab den Nachkriegsjahren einen charakteristischen geistigen Akzent.

Anton Prinner

Ähnlich tonangebend in den Jahren nach dem Krieg war der Bildhauer und Graphiker Prinner, dessen Werk von Jean Paulhan stark unterstützt wurde. Ich sah Prinner um 1946 in seiner Ausstellung in der Galerie Pierre, rue de Seine, einer der ersten wichtigen Ausstellungen, die Pierre Loeb nach dem Krieg organisierte. Das war wohl 1946-1947. Prinner war klein wie ein Zwerg. Er war weiß gepudert und gestikulierte vor einer Menge von Zuschauern. Man sagte, er sei eine Frau oder eher ein Zwitterwesen. Seine symbolischen Zeichnungen und Skulpturen waren manchmal, außer einer ans Abstrakte grenzenden Ausdrucksform, figurativ und hatten Köpfe, die an Victor Brauners oder Michel Herz' surrealistische Ausdrucksweise erinnerten. Sein anfänglich großer Erfolg dauerte nicht lange. Nur wenige, wie zum Beispiel Bauduin, der später einen Video-Film von seinem Werk gedreht hat, haben geholfen, daß er nicht ganz in Vergessenheit geriet. Prinner soll die Freundin des Malers Szenes, des späteren Mannes von Vieira da Silva, gewesen sein, der gleichfalls ungarischer Herkunft war.

Alex Katz
Einmal lernte ich durch Calas einen jungen Amerikaner in New York kennen, Alex Katz, der dort in der Galerie Fischbach ausstellte. Er war einer der ersten Verfechter eines neuen realistischen Stils in der Linie der Pop-Künstler. Als großen Bewunderer von Jean Hélion traf ich ihn kurz darauf in Paris wieder, wo er auch mit Hélion zusammenkam. Wir behielten noch eine zeitlang brieflichen Kontakt. Er wurde bekannt durch seine in Naturgröße ausgeschnittenen Personen-Figuren, die er in Gruppen aufstellte als eine Art Installation.

Fabrice Hélion
Unsere Tochter Claudine heiratete wie gesagt Fabrice, den ältesten Sohn von Jean Hélion. Die Hochzeit fand in Vaduz statt. Jean und Jacqueline waren zugegen und auch David, einer der Brüder von Fabrice. Aus der Ehe stammen unsere Enkel Matthias und Alvina. Fabrice starb 1988. Er hinterließ ein Werk von großer Originalität, insbesondere Bilder, die ihn nach dem Vorbild seines Vaters auf die Bahn der darstellenden Kunst, vielleicht in Richtung eines neuartigen Pop brachten. Sein literarisches Oeuvre ist größtenteils noch nicht bearbeitet worden. Einen Gedichtband hat er einmal herausgeben lassen. Als Übersetzer aus dem Amerikanischen durch ein Buch über Henry Miller ist er bekannt geworden sowie durch die Übertragungen von Werken von Kay Boyle und dem Buch "Je m'appelle Asher Lev" des Schriftstellers Chaim Potok. Fabrice erhielt seinen Vornamen zur Erinnerung an Stendhal, den sein Vater sehr liebte. Er behielt diese Vorliebe seines Vaters und studierte den Stil seines geistigen Ahnen in vielen seiner Schriften. Mit unserer Tochter reiste er auf den Spuren Stendhals durch Norditalien, wo er die Kartause von Parma suchte, die es bekanntlich in Parma nicht gibt. Als großer Kenner von Venedig erzählte Fabrice die spannendsten Geschichten über die Gondolieri, eine besondere Art von Menschen mit eigenen sprachlichen Ausdrücken und Gebräuchen. Als ganz junger Mensch liebte er es, mit ihnen die Zeit zu verbringen. Durch seine Großmutter, die berühmte Peggy Guggenheim, sah er viel der künstlerischen

und literarischen Größen dieser Epoche. Später war er am französischen Gymnasium in Rom. Er kam dann nach Paris und war 1968 im Studentenaufstand sehr aktiv und hatte mit allen Avantgarde-Gruppen guten Kontakt. Sein Vater malte damals viele Szenen auf den Straßen und Versammlungsorten der Aufständischen. Auf manchen seiner Bilder erscheinen seine Söhne, besonders Fabrice.

Zeitschriften: ein Inventar
Dieser war eine zeitlang Mitglied der Zeitschrift "Chorus", deren erste Nummer 1968, mit einer Original-Serigraphie von Peter Klasen und einem Artikel von Stockhausen und Vasarely, erschien. Die Zeitschrift wurde vom Dichter Pierre Tilman und dem Maler Leboul'ch geführt. In der zweiten Nummer war eine Serigraphie von Jean-Pierre Raynaud, in der dritten Nummer von Monory. Die vierte Nummer erschien 1970 mit Illustrationen von Louis Pons und Fred Deux, in der fünften und sechsten Nummer erschien eine Original-Serigraphie von Arman unter Mitarbeit von Boltanski und Fabrice Hélion. Dann erschien in der siebten Nummer eine Tafel mit einer Inschrift von Ben Vautier. Im Ganzen erschienen 12 Nummern, die alle bedeutende Dichter und Illustratoren aufwiesen, aber die Zeitschrift war nicht mehr weiter existenzfähig.

Eine andere sehr interessante, aber nur in kleiner Auflage erscheinende Zeitschrift war die Anfang der siebziger Jahre gestartete "Stereo Headphones" von Nicholas Zurbrugg, die konkrete Dichtung promovierte. Henri Chopin und viele seiner Freunde wirkten in dieser sehr hübsch aufgemachten Publikation mit, so Raoul Hausmann mit einem im Original gedruckten Gedicht, Dom Houédard mit einem Buchstabengedicht, dann Hans Richter, Jochen Gerz, Bob Cobbing, Ben Vautier. Ich habe nur die Ausgaben von 1976 bis zur siebten Nummer verfolgt und gesammelt und weiß nicht, ob die Publikation weiter existiert. Sie kam in England, Suffolk, in Kersey near Ipswich, heraus.

Eine sehr merkwürdige Zeitschrift, die der Künstler Paul Armand Gette 1966 herausgab, nannte sich "Eter" und bestand aus ausgeschnittenen Seiten von Mode-Revuen. Ab und zu war ein Original eines Künstlers dabei, so von Ben Vautier in der ersten Nummer. Manchmal waren es Arbeiten von Lettristen wie Satier und Sabatier, dann ein Original von Rotella in der Nummer 3, Abbildungen von Arthur Aeschbacher, von Anders Osterlin. Nach 1967 erschien eine neue Serie: "New Eter", unter den Mitarbeitern waren Arman, Moineau, Xenakis, Gilli, in der zweiten Nummer waren Abbildungen der "Gruppe Fluxus-Art", Bilder von Boltanski und Le Gac, unter Mitarbeit von Gette selbst. Nach der dritten Nummer hört diese Serie auf.

Eine kleine Zeitschrift aus der zweiten Hälfte der siebziger Jahre: "Clivage", war ausschlaggebend geführt von Jean Pascal Léger, und einige befreundete Künstler und Dichter wirkten mit: die Maler Cordesse und Debré, die Graphikerin Gisèle Celan-Lestrange, die Dichter Alain Veinstein, Michel Deguy, André du Bouchet, Paul Celan (in der fünften und sechsten Nummer von 1978), und Abbildungen von Werken von Tal-Coat.

Zu Beginn der "Cobra"-Bewegung konnte ich einige Nummern der deutschen Ausgabe erwerben und aufbewahren: die deutsche Ausgabe unter der Leitung von Karl Otto Götz datiert von 1950. 1960 erschien "Boa" in Buenos-Aires unter der Leitung von Julio Llinás mit einer Deckelzeichnung von Karl Otto Götz.

Von "Cobra", herausgegeben von Dotremont, besitze ich nur die Nummern 5 bis 7. Ich habe versucht, von den berühmteren Zeitschriften der dreißiger Jahre vollständige Serien zu sammeln. So gelang es mir, von "Transition" die vollständige Ausgabe durch Hans Bolliger, Zürich, zu erwerben. Durch meine Bekanntschaft mit der Witwe des Gründers von "Orbes", dem Freund von Picabia und Cendrars, Angèle Lévesques, konnte ich mit Hilfe von Bauduin die selten vollständig erhaltene Nummernfolge von "Orbes" mit den Sonder-Ausgaben über Picabia und Duchamp kaufen. Die Nummer 1 erschien 1928 mit Artikeln von Blaise Cendrars, Soupault, Georges Hugnet, Picabia und Jacques H.-Lévesques. Bis 1935 erschienen verschiedene Nummern. Was die Veröffentlichung von Pierre Albert-Birot betrifft unter dem Namen "Sic" konnte ich nur die Nummern 13 bis 24 in der Schweiz erwerben. Die Nummer 13 datiert von 1917, die vorherigen, sehr seltenen Nummern, sind also aus der dadaistischen Zeit. Von den rein surrealistischen Zeitschriften habe ich drei Nummern von "Néon", einige wenige Nummern von "Dyn", welche Paalen leitete, dann die Zeitschriften "Siècle à mains" unvollständig und von "Archibras" nur einige Nummern. Dagegen gelang es mir, einen Großteil der lettristischen Publikationen zu erwerben und, wie schon erwähnt, die vollständige Serie der Zeitschrift "OU" von Henri Chopin, und zwar die Vorzugsausgaben Nummer A mit Originalen und Manuskripten. Die in Kuba herausgegebene Zeitschrift "Orígenes" besitze ich bis auf drei Nummern vollständig, so auch die Publikationen von Samuel Feijóo "Islas" und "Signos". Es gab noch die um 1950 erschienenen Blätter "Estudios" und "Inventario", welche Dulzaides in Havanna herausgab. In New York erschien 1947 "Instead", welche der Maler Matta führte und wovon ich nur zwei Nummern erhalten konnte. Eine sehr seltene Veröffentlichung war "Signo", die eine von Samuel Feijóo inspirierte Gruppe in Cienfuegos, Kuba, herausgab und worin ich öfters Artikel publiziert habe. Mitglieder dieser Zeitschrift waren der Maler Benjamín Duarte, die Dichter Aldo Menéndez, Iznaga, Feijóo selbst und öfters auch Lezama Lima. Später folgte auf diese Zeitschrift diejenige, die Samuel Feijóo unter dem Namen "Signos" veröffentlichte und die recht berühmt wurde.

Kultzeremonien in Kuba

Ich habe in meinen Notizen bis jetzt noch nicht erwähnt, wie ich während meines Aufenthaltes in Kuba die Gelegenheit wahrnahm, den Kult-Zeremonien der vornehmlich schwarzen Bevölkerung beizuwohnen und sogenannte Toques de Santo (mit Trommelmusik begleitete Initiationsfeiern) zu erleben. Es war die älteste Schwester meiner Frau Hortensia, Clara-Inès genannt "Cuca", die mich einmal zu einer solchen Veranstaltung in das Städtchen Guines, etwa eine Stunde von Havanna entfernt, mitnahm. Diese Feiern waren zur Batista-Zeit in Havanna offiziell verboten, wurden in den Vororten aber manchmal toleriert. Sie dauerten nicht selten mehrere Tage und hatten besonders in den Nächten ihren Höhepunkt. Die Trommeln hörte man schon von weitem. Es waren wohl mehr als dreihundert Leute anwesend, viele Frauen in Weiß gekleidet und mit weißen Kopfhauben, die das Haar bedeckten. Die Feier war im Freien, wo ein kleiner, freigelassener Platz für die Tänzer reserviert war. Eine imposante Frau schien die Zeremonie zu regeln. Man konnte annehmen, daß sie eine "Santera", also eine Priesterin war. Man stand herum, wenn man nicht tanzte, und in der Dunkelheit waren nur wenige Lichter angezündet. Die Trommeln dröhnten ohne Unterlaß. Plötzlich war eine Bewegung in der Menge. Man sagte, man habe eine Ziege rituell getötet. Und wirklich, die "Santera" erschien und zeigte in beiden hoch erhobenen Händen ein großes Stück Haut, das Zwerchfell der Ziege, das nun einige der Assistenten berührten und küßten. Die Trommeln wurden immer stärker geschlagen, die Menge stimmte den Gesang des Heiligen an, dem das Fest gewidmet war, ein Gesang mit vielen monotonen Wiederholungen, der mit dem Solo der "Santera" korrespondierte. Es war wohl Obatalá der angerufene Heilige. Dem Paroxismus der Trommeln folgten nun ein oder zwei wilde Tänzer, Personen, in die der Geist der Heiligen gefahren war. Diesem Geist folgten auch die Bewegungen der in Trance geratenen Beteiligten, die sich, wenn es zum Beispiel der heilige Lazarus war, auf dem Boden in einer Art Verzückung wälzten und den Körper verdrehten wie die Kranken, die im Lazarett auf einer Anhöhe in Havanna gepflegt wurden. Oder es waren andere Formen von Trance, immer entsprechend der Trommelmusik oder der Anweisungen der "Santera". Die Atmosphäre der äußersten Spannung, der dramatischen Verzückungen und Tänze begleiteten monotone Gesänge und das tolle Schlagen der Trommeln. In der schwülen Hitze der Sommernacht fühlten auch Außenstehende, Nichteingeweihte wie ich, eine eigenartige Stimmung, da unsichtbare Mächte der Nacht diese Menschen zu höchstem Enthusiasmus und gleichzeitig zu ergebenster Demütigung treiben konnten.

Ein anderes Mal war die Feier in einem geschlossenen Raum. Da die hohen, vergitterten Fenster zur Straßenseite ebenerdig lagen, hatten sich viele Menschen an die Gitter geklammert, um mitzusehen, was sich im Zimmer tat. Auch hier trieb der wahnsinnige Taumel der Trommeln und des Gesangs verschiedentlich Tanzende zum Empfang des Geistes, "El Santo", der in sie geheimnisvoll eindrang und sie zu unterschiedlichsten Bewegungen veranlaßte, bis die "Santera", welche die Feier dirigierte und die Gesänge anstimmte, die vollständig Erschöpften in einen anderen Raum geleitete. Der Altar war dort aufgebaut, mit vielen Figuren, künstlichen Blumen, Deckchen und bemalten hölzernen Untersätzen und mit metallenen Glocken geschmückt.

Einen unwahrscheinlich imposanten Eindruck hinterließ mir eine Prozession vor der Kirche von Regla. Dies ist ein Städtchen gegenüber der Stadt Havanna an der mit dem Meer durch eine schmale Einfahrt verbundenen Hafenbucht. Man gelangte dorthin mit gemieteten Ruderbooten oder mit einer kleinen Fähre, die alle halbe oder Viertelstunde hinüberfuhr. Die in der Kirche verehrte Mutter Gottes mit dem Kind ist schwarz, wogegen das Jesuskind weiß ist. Sie spielt in der afrokubanischen Mythologie eine große Rolle, wohl die zweitwichtigste nach der "Caridad", der Beschützerin Kubas, deren Wallfahrtskirche in Santiago de Cuba liegt. Am Tag der Feier der "Virgen de Regla" sammelt sich immer eine große Menge Gläubiger in dieser direkt am Hafenufer gelegenen Kirche. Damals wurde die Figur der Heiligen von Trägern in Prozession unter Gesang und rhythmischem Trommeln herausgebracht, ohne daß diese der katholische Klerus begleitete. Die Menschenmenge fing an zu tanzen, und die Heilige auf ihrem Holzgestell über den Köpfen der Menge schien in rhythmischer Bewegung mit den singenden Menschen zu tanzen, als schwebte sie in der Luft, vollkommen integriert in den Kult der afrokubanischen Vorfahren.

Nicht weit von Regla liegt das Städtchen Guanabacoa. Es war damals die Hochburg der "Santería", des Heiligenkults. An einem kleinen Platz inmitten des Ortes lagen die Häuser der hohen Priester. Als ich in einen dieser "Tempel" eingeführt wurde, zeigte mir der bärtige, überaus freundliche Santero in den hinteren Räumen, die ein Korridor, ausgehend vom größeren Wohnraum, nach der Eingangstür miteinander verband, und die – wie die meisten kubanischen Häuser – keine oder nur kleine Fenster hatten und deren Beleuchtung durch die Tür des gewöhnlich dachlosen Korridors kam, eine Reihe von Altären der Heiligen. Sie waren mit künstlichen Blumen und Illustrationen in Chrom dekoriert. Diese kamen alle aus Deutschland und stellten katholische Heilige oder Christus mit dem blutenden Herzen dar. Auch gab es da alle möglichen Metallgeräte und gefüllte Wassergläser. Die sogenannten Töpfe und Geschirre wurden in niedrigen Schränken verwahrt und unter Verschluß gehalten. Auf einigen Altären war der Gott der Wege, "El Leguá", in Form eines runden Steins mit zwei eingekerbten Augen verkörpert.

In Guanabacoa war auch "El Cabildo" (der Platz des Kapitels) noch zu sehen, wo die Zeremonien der Sekte der "Nañigu" stattfanden. Diese Sekte war eine Art Brüderschaft, der Weiße wie Schwarze angehörten und die auf der ganzen Insel verbreitet war und auch einen gewissen politischen Einfluß ausübte. Mit den "Abakuas" waren die "Nañigus" die wichtigste, aber auch verrufenste Brüderschaft. Man sagte ihnen nach, sie hätten in früheren Zeiten Ritualmorde an weißen Kindern verübt, was wahrscheinlich nicht stimmte. Die Zeremonien, nur in gewissen Orten erlaubt, hatten als Zentralfigur den "Diablito", den in rot gekleideten kleinen Teufel mit langen Strohbüscheln als Kopfbedeckung, der in der Mitte der Menge seinen Tanz vorführte. Ich konnte nie einer solchen Feier beiwohnen, weil die Familienmitglieder Hortensias mich nicht begleiten wollten. Heute sind diese Tänze und Kostümierungen in den Veranstaltungen für Touristen laufend zu sehen und ganz dem Folkloregeschäft einverleibt. Nicht so die Zusammenkünfte der "Abakuas", die in den Slums von Havanna ihre besondere volkstümliche Basis haben, wo es oft zu Streitereien und Schlägereien kommt.

Im Vorort El Cotorro war ich auch mit Hortensias Schwester bei einem eindrucksvollen "Toque de Santo", wo das Trommelspiel auf den rituellen Instrumenten unaufhörlich viele Stunden dauerte. Es war wieder einmal im Freien und in einer Stimmung von Erwartung und Spannung, die sich dem Höhepunkt näherte, wo einer der Umstehenden plötzlich den Geist, den Santo, in sich fühlte und in wilde Verzückung ausbrach.

Hortensia nahm mich einmal zu einer ganz anderen Art von Session mit, die in einem der schönsten alten Häuser mit Patio im Viertel der Vibora stattfand. Diese Veranstaltung stand im Zeichen eines alten, bärtigen Schwarzen, der vor Jahren schon verstorben war, dessen Person in einem primitiv gemalten Bild weiterlebte, das hoch im Zimmer hing und vor dem ein Teppich prachtvoller Blumen und Früchte ausgebreitet war. Vor diesem Bild ging die Menge bewundernd vorüber. Jeder sprach seine Wünsche aus, bat um Genesung oder Erlösung von allerhand Übel. "Negro-Congo's" Geist war in die Frau Locadia übergegangen, die die Versammlung leitete und die drängenden Besucher vor das blumengeschmückte Porträt führte. Sie wahrsagte den Menschen oder half ihnen mit ihrem Rat aus mancherlei Problemen. In den anderen Räumen und im Patio waren noch viele Menschen, die alle warteten und von Zeit zu Zeit in stiller religiöser Andacht aufs Bild zuschritten. Diese Stätte, zu der hunderte von Gläubigen pilgerten, blieb noch Jahre bestehen und war einer der beliebtesten und berühmtesten Andachtsorte, wobei sicher auch das merkwürdige Bild mit dem sitzenden Guru eine wichtige Rolle spielte, das von dem Douanier Rousseau hätte gemalt sein können. Ein anderer Wallfahrtsort dieser Art war der des Vicente El del Banquito, wo man auf kleinen Bänken saß, und Vicente jedem Ankommenden seine Krankheit nannte, Heilmittel verschrieb oder auch abwesende Familienmitglieder in seine Wahrsagung einbezog.

In Kuba war Übersinnliches wie die Gegenwart von Geistern und Gottheiten im täglichen Leben und in gewöhnlichen Umständen schon immer vorhanden gewesen und gehörten zum Alltag. So drang es auch in die Welt der Dichtung und Malerei ein. Labrador Ruiz war einer seiner bekanntesten Autoren, und der Dichter Lezama Lima hat das Übersinnliche in meisterlicher Weise in seine Visionen des Stadtbildes von Havanna eingefügt.

Die Schriftstellerin Lydia Cabrera war mit Fernando Ortiz die bekannteste unter den Wissenschaftlern auf dem Gebiet der Geschichte und der Kultur der schwarzen Bevölkerung Kubas. Sie hatte persönliche Beziehungen zu vielen "Santeros" und war sehr bewandert in deren Sprache, die viele afrikanische Wörter enthält. Auch kannte sie die verschiedenen Sekten und deren Vertreter. Ihre Bücher berichten von ihren zahlreichen Treffen mit befreundeten alten Leuten, die in den traditionellen Gebräuchen und Bekenntnissen beruhen, die alle noch auf die Sklavenzeit des 19. Jahrhunderts zurückgehen. Ihre Schriften sind zugleich Kunstwerke, verfaßt in einem prachtvollen und sehr anschaulichen Stil.

Wifredo Lam,
Farblithographie,
Brunidor Portfolio III,
Paris 1961-1962

Der Arzt und Philosoph Pierre Mabille, von dem hier schon berichtet wurde, war auch darin ein ausgezeichneter Kenner, besonders aber hatte er seine Aufmerksamkeit den haitianischen Vaudou-Bräuchen geschenkt. Nachdem ich ihn auf meiner Reise nach Haiti gut kennengelernt hatte, gab es nach unserer Rückkehr in Paris viele Gelegenheiten, den Kontakt mit ihm zu pflegen. Er war unser Arzt und zugleich der Arzt von Victor und Jacqueline Brauner, er besaß eine wichtige Sammlung surrealistischer Bilder. Ich erinnere mich an einen herrlichen Lam aus den vierziger Jahren und einen sehr schönen, großformatigen Max Ernst. Mabille starb sehr früh. Seine Bücher sind heute wieder gesucht. So sind einige in Neuausgabe erschienen. Mabille hat eine wesentliche Rolle im Surrealismus gespielt. Er verstand das Visionäre, das Phantastische, welches das Ereignis des gewöhnlichen Lebens umgibt und ihm etwas eröffnet, was der dichterischen Inspiration gleichkommt. Die Kenntnis der magischen Umwelt der Vaudous und Afrokubaner kann also gleichgesetzt werden mit der Eingebung eines inspirierten Malers oder Poeten.

Eine sehr vollkommene Ergründung dieser zauberischen Umwelt gelang dem kubanischen Maler Wifredo Lam. Viele von seinen Bildern erhielten ihren thematischen Hintergrund aus den Studien von Lydia Cabrera, Pierre Mabille oder seiner damaligen Ehefrau Helena Holzer de Lam, wobei der Maler aus direkten Erlebnissen in Kuba und Haiti schöpfen konnte. Helena war auch diejenige, die den meisten Bildern ihres Mannes die Titel gab, Autoren wie Frobenius las und mit ihrem Mann kommentierte.

Die Welt der Vaudou (Wodu) und der Geister ist eine ständige Präsenz auf diesen tropischen Inseln. Sie gehört zum Alltäglichen und begleitet jeden Menschen in seinem Schaffen. Man mag da an Novalis' Ausspruch denken: "Kein Wunder ohne Naturbegebenheit". Und umgekehrt heißt es bei André Breton und Pierre Mabille: das Wunderbare, das "merveilleux" stecke in jedem Fragment der Natur, nur muß die Natur aufgedeckt und erforscht werden. Dies gelang meisterhaft dem Dich-

Robert Altmann,
"Musiker in Haiti",
Aquatintaradierung, 1945

ter Malcolm de Chazal auf seiner Insel Mauritius. Er schuf eine große Synthese, verband Philosophie und Naturbeobachtung, blieb aber immer der Landschaft treu, der er entstammte.

Haiti

Während mir in Kuba vor allem das Dröhnen der Trommeln und die repetitiven Gesänge als das Typische dieser Menschen und ihrer tiefen Religiosität erschien, so blieben mir von meiner Reise nach Haiti von den Zeremonien der schwarzen Bevölkerung vor allem die Vielheit der Instrumente, besonders der Blasinstrumente in Erinnerung, die mit dem Rhythmus der Trommeln aufs beste zusammengingen. Bemerkenswert fand ich vor allem, wie eng die Musiker mit ihren oft ganz primitiv konstruierten Instrumenten verbunden waren. Man glaubte, unter den großen Bäumen im Halbdunkel eine Vielzahl von phantastischen, Röhren und Hörner tragenden Wesen zu entdecken, Rieseninsekten gleich, deren Bewegung die kuriosen Töne und Melodien rhythmisch begleitete. Dies alles schien der urwaldähnlichen Natur in so direkter Weise zu entspringen, daß ich diese Vision gerne bewahrt hätte. Eine Reihe kleiner Skizzen, auch graphischer Blätter mit Themen dieser eigenartigen "Orchester-Gruppen" hatte ich auszuführen begonnen. Mit den Riesentrommeln hatte ich eine Komposition erdacht, wo die Höhe derselben den Musikanten zwang, auf ei-

Robert Altmann,
"Haitianischer Trommler",
Aquatintaradierung, 1947

Hector Hyppolite,
"La Reine Congo",
Sapolin auf Karton, 1946

nen Baum zu steigen, um von da aus sein Trommelschlagen zu bewerkstelligen, eine kleine Übertreibung von dem, was mich so sehr beeindruckte.

Hier war die Musik nicht unbedingt religiös motiviert; sie war frei und ungebunden, doch von großer melodischer Kraft und auf Rhythmen aufgebaut, die wohl alten Traditionen entsprachen. Die eigentlich religiösen afrikanischen Feierlichkeiten verlangten ja hier wie auch in Kuba eine gewisse Ordnung im Zeremoniellen. Allein die Trommeln mußten je nach dem gefeierten oder angerufenen Heiligen bestimmten Formen entsprechen. Größe, Volumen und Art der Dekoration (mit eingekerbten Figuren etc.) waren dafür vorgeschrieben, und die Art der Tänze entsprach in gleicher Weise diesen Riten.

Eine Zeichnung des haitianischen Malers Hector Hyppolite zeigt Einzelheiten dieses Vaudou-Kultes: den Priester sowie die Utensilien, die Gestik, die Zeichen auf der Kleidung usw. Zur gleichen Zeit, als André Breton diesen Maler als Beispiel der surnaturalen Ausdrucksweise in die surrealistische Malerei einreihte, sah ich im Centre d'Art von Port-au-Prince etwa 1945 eine kleine Ausstellung dieser Kunst. Ich nannte früher schon Dewitt Peters, der dieses Kunstzentrum leitete und der unter anderen Malern Hector Hyppolite ausfindig gemacht hatte. Seither ist dieser zur Berühmtheit geworden. Noch lange nach seinem Tod (1946) figurierten seine Werke in jeder Ausstellung haitianischer Kunst und in jeder Surrealistenausstellung als Beispiele für unsere heutige Auffassung von magischer Kunst.

Die Quelle des Kreativen

Unter den Künstlern und Dichtern, die ich im Laufe der Jahre traf, war mir immer aufgefallen, wie viele in einer Art von Wahn leben, das heißt, daß sie wie von uralten Ideen getrieben oder mit Intuitionen wildfremder Kulturen begabt weiter in dieser Atmosphäre bleiben, die ihnen die Kraft zum Kreativen, zum Außerordentlichen gibt und sie gegen das Geläufige und Banale schützt. Künstler, die aus anderen, und ganz fremden Kulturkreisen stammen, können unter Umständen, wie man es mit den afrikanischen Kunstwerken zur Zeit des Kubismus erlebte, große Wirkung ausüben, weil sie auf das Wahnhafte der künstlerischen Vorstellungskraft direkten Einfluß haben können. Vielleicht lassen sich in diese Kategorie auch surrealistische Künstler stellen wie Victor Brauner, Jacques Hérold und der Dichter Gherasim Luca und auch solche, die innerhalb der einfachen Formkategorien schaffen wie Cesar Domela oder der frühe Jean Hélion. Ganz anders sehen wir Künstler mit dadaistischer Vergangenheit wie Man Ray, der seinen Erfindungen immer einen gewissen Grad von Komik verleiht, oder Duchamp und Picabia mit ihren Wortspielen, manchmal auch Max Ernst, dem es darauf ankommt, das Kunstspiel lustig und freudig zu tätigen. Oft aber ist diese Abgrenzung arbiträr und künstlich, da sich häufig Überschneidungen dieser beiden Arten von Inspiration finden. Sie machen das Rätselhafte der großen Kunstwerke aus. Oft mutet ein Magritte wie ein ernstes philosophisches Werk an, bevor man eine Spur Ironie und Lachen darin entdeckt.

Benjamin Péret war wohl ein ausgesprochener Humorist. Sein großes Talent zur Komik ließ ihn als Person oft etwas zwiespältig erscheinen. Dabei engagierte er sich ernsthaft politisch und war ein überzeugter Trotzkist. Sein spöttisches Lächeln erinnerte sofort an die äußerst amüsanten Gedichte, in denen er eine ganz eigene Atmosphäre schuf. Die Malerin Toyen, die viele seiner Gedicht- und Geschichtenbände illustrierte oder vielmehr mit Zeichnungen begleitete, hat treffend das wiedergegeben, was in Pérets Sprache und Schreibkunst so einzigartig bleibt. Von seinem langen Aufenthalt in Mexiko hatte er eine genaue, einfühlsame Kenntnis der Mythen dieses Landes mitgebracht, und mit Übersetzungen von Büchern zur indianischen Überlieferung hat er zu deren Kenntnis als Dichter und Ethnologe seinen Beitrag geleistet. Zugleich war er immer darauf bedacht, sein schöpferisches Vorhaben mit einem spielerisch-humorvollen Geist zu verbinden. So entstand ein starkes, tiefgründiges und poetisches Werk, das von großer Intelligenz und Feinfühligkeit zeugt. Für André Breton war er vielleicht derjenige, der ihm am nächsten stand, nicht zuletzt wegen seiner anti-stalinistischen Haltung, die Breton in seinem Konflikt mit früheren Surrealisten bestärkte, die ins kommunistische Lager übergegangen waren.

Eigenes Kunstschaffen
Hier möchte ich einiges einfügen, was mein eigenes Kunstschaffen betrifft, denn dadurch habe ich die Kenntnisse an den

Werken der zeitgenössischen Künstler erhalten. Ich hatte schon angedeutet, daß ich mich viel mit Graphik beschäftigt habe, und daß ich mir dadurch die technischen Kenntnisse erworben habe, die mir beim Sammeln und Beurteilen der Werke anderer Künstler sehr wertvoll waren und die mir tiefe Einsicht in dieses Gebiet des Kunstschaffens gaben. Auch das Verständnis des Buchwesens wurde mir durch meine Tätigkeit als Graphiker und Drucker erst richtig erschlossen. Ich hatte nämlich nicht nur den Holzschnitt, sondern auch die Radierkunst und die Lithographie genauestens studiert und die Drucke immer selbst verfertigt, auf kleinen Handpressen oder als Handdruck direkt vom Holzstock. Besonders interessante Hinweise erhielt ich vom Bildhauer und Graphiker Bernard Reder, zum Beispiel wie die grauen Tönungen im Holzschnitt erreicht werden, nämlich durch das Aufrauhen des Holzes, durch Bearbeitung der Holzfaserung und durch sehr sachtes Aufpressen des aufgelegten Japanpapiers. Eine Einführung in die Lithographie erhielt ich in Havanna in einem für die Zigarrenfabriken arbeitenden Litho-Atelier, wo die farbigen Bauchbinden für die Zigarren und die Bilder für die Zigarrenkisten hergestellt wurden. In diesem Atelier druckte ich die beiden farbigen Lithographien für das Buch "El Cucalambé". Die Lehre für die Radierkunst absolvierte ich bei einem kubanischen Akademiker, der mir seine Handpresse zur Verfügung stellte.

Hayter spricht von William Blake

Der damals in New York ansässige Graphiker und Maler Stanley William Hayter, mit dem ich die Ausgabe des Brunidor Portfolios unternommen hatte, erklärte mir einmal anhand einer Kupferplatte, einem Bruchstück von William Blake, das er zufällig gefunden hatte, wie dieser große Künstler auf ein und derselben Platte einen Text in Form von Reliefbuchstaben drucken konnte und gleichzeitig seine Zeichnungen im Tiefdruck eingravierte. Diese rätselhaft scheinende Prozedur konnte nur mit dieser fragmentarischen Kupferplatte erklärt werden. Hayter schenkte mir einen Abzug der Platte, und ich habe dann selbst Versuche in dieser Richtung unternommen. In späteren Editionen, die ich veröffentlichte, ist diese Technik mehrfach angewendet worden. Es war also eine besonders wertvolle Belehrung, die ich Hayter zu verdanken habe. Ich beschäftigte mich eigentlich ständig mit Graphik, und jedesmal, wenn ich mich ins Lesen großer Literatur vertiefte, hatte ich meinen Zeichenblock dabei, um meine Kommentare skizzenweise in Bildern auszudrücken, die dann in Holz geschnitzt oder in Metall graviert wurden. So entstanden einige Serien über den "Siebenkäs" und die "Flegeljahre" von Jean Paul Richter, dann über Rilkes "Duineser Elegien", über Dantes "Inferno" und schließlich nach der Lektüre der Hauptwerke von Pierre de Nolhac und Pierre Breillat über Versailles und den Schloßpark.

Über Versailles
Das Illustrieren war manchmal auch ganz ungebunden, und ich dachte an den österreichischen Zeichner Alfred Kubin, der eine seiner Zeichnungsmappen "Abenteuer einer Zeichenfeder" nannte. Es entstanden Themen, die manchmal unerwartet auftauchten, an die man sich anlehnte, wo das Bild sich formte, an das sich sogar neue Vorstellungen reihen konnten. Mit dem Schloßpark von Versailles ging es mir ähnlich. Das Wandern in den Alleen und den Bosquets war gewiß ein Abenteuer, wo die barocken Figuren und die emblematischen Dekorationen zu Dutzenden auftauchten und mir jedesmal erstaunliche Motive für meine graphischen Blätter lieferten. Das Geheimnis des Parks wurde aber noch erhöht, durch eine große Anzahl von Zeichen, Lettern und Inschriften, die längs den Mauern und Brüstungen eingekerbt sind und die sich an manchen Stellen so häufen, daß sie durch Überlagerungen mittelalterlichen Palimpsesten ähnlich sind. Hier fand ich neuen Ansporn zu meinen Bildkompositionen, um so mehr, als meine Schnitztätigkeit mir eng verwandt mit der Einkerbungskunst unerfahrener Amateure zu sein schien. Das Holz und seine Unregelmäßigkeiten, seine Faserungen und seine Holperigkeit erzeugte beim Druck jener Parkdarstellungen eine Qualität, die sie mit den Graffitis vergleichbar machten, sodaß sich, man könnte sagen, eine "Art Brut" unwillkürlich in den Naturdarstellungen einfand, was den Maler Dubuffet einmal zu einem Lob eines meiner Holzschnitte, den ich ihm auf einer Neujahrskarte schickte, veranlaßt hat.

Alles, was Landschaftskunst ist, hat mich immer angezogen. Die Möglichkeit, eine philosophische Betrachtung mit der Art und Weise einer Landschaftsaufnahme zu verbinden, und diese Möglichkeit zu verallgemeinern, wurde für mich zu einer Idée fixe, die mich dazu veranlaßte, im Fürstentum Liechtenstein den damaligen Kulturbeirat zu mobilisieren, eine größere Manifestation mit dem Thema der Landschaft des Rheintals zu organisieren. Wie ich schon schrieb, geschah dies nun im Jahr

Robert Altmann, "Boot auf dem großen Kanal", (Trianon, Park von Versailles), Holzschnitt, 1975

1989. Einige Zeit zuvor schon hatte ich mich mit diesem Themenkreis befaßt und viele Holzschnitte und Zeichnungen in kleinem Format ausgearbeitet. Ich versuchte dabei eine alte japanische Technik des Farbdruckes, indem ich vor jedem Handabzug den Holzblock mit dem Pinsel färbte, mit Tinten oder mit Gouache-Farben. So entstand etwa ein Dutzend Bilder, die auch als Postkarten fungieren konnten, um der Propagierung der geplanten Landschaftsausstellung zu dienen.

Erinnerung an Hölderlin

Die Landschaft des oberen Rheintales weckt Erinnerungen an die Dichtungen Hölderlins. So hat der liechtensteinische Künstler Hans Jörg Quaderer seine Landschaftsaufnahme "Dichtung und Malerei im Hölderlin-Turm" in einer sehr eindrucksvollen Ausstellung mit musikalischen Darbietungen im Jahr 1995 gezeigt. Er sandte mir sieben Kieselsteine, auf den Sandbänken inmitten des Stromes aufgelesen, die mir im Sinne Hölderlins den Rhein und seine Umgebung vor Augen führten. So wurde die Idee der Naturbetrachtung und des Naturerlebens zum wichtigen Bestandteil des liechtensteinischen Gedankengutes, ganz im Sinne der von mir in die Wege geleiteten Ausstellung.

Landschaftszeichnen und -malen sind eine Stellungnahme zu einem Gegenüber, eine Erforschung des Gegenstandes, der gleichzeitig das Erlebte reflektiert. Das erinnert an gewisse Bemerkungen im "Stern der Erlösung" von Franz Rosenzweig, an seine Entdeckung des "Du", d.h., des Dialogs, wo das "Ich" sich im "Du" auflöst und einen neuen Weg aufzeigt. Das Angesprochenwerden vom "Du" macht das "Ich bin" aus. So ist Dialog auch mit der Natur, pantheistisch gesehen, Entdeckung des "Ich".

Sammler und Bibliotheken

Seit langem fühle ich mich zu Bibliothekaren und Sammlern hingezogen, zu Menschen, die in einer eigenen Welt leben und die ich als Figuren in meine Bilder einzufügen gedachte. Wie schon früher erwähnt, kannte ich die Direktoren der Bibliothek von Versailles, Pierre Breillat und von der Bibliothèque de l'Arsenal, André Guignard, persönlich und schätzte alle beide als vorzügliche Fachleute und freundliche Menschen. Besonders nahe fühlte ich mich André Guignard, dem ich immer meine neuen Ausgaben der Brunidor Edition mitbrachte, da er den Ehrgeiz hatte, eine bedeutende Sammlung moderner bibliophiler Werke aufzubauen. Wir führten oft unsere Gespräche in den monumentalen Räumen seiner Bibliothek, wo sich unschätzbare Wertobjekte aus dem 17. und 18. Jahrhundert befinden. Zu jedem Jahresende schickte ich Pierre Breillat und Guignard einen Holzschnitt von mir, meistens mit bibliothekarischem Thema. Da Breillat ein gewandter Dichter und geistreicher Mensch war, schickte er mir ein zu jeder Graphik passendes Gedicht, sodaß ich davon eine ganze Reihe habe aufbewahren können.

Mich selbst stellte ich oft als Graphiksammler dar, der die Nächte verwendet, um sich mit Bildern und Mappen zu umgeben und träumend davor zu sitzen. Schon in Kuba, wo ich gern die verstaubte Nationalbibliothek und das verkommene Museum besuchte, hatte ich Holzschnitte und Radierungen mit ähnlichen Sujets hergestellt und drucken lassen, von denen ein Entwurf, wie ich schon schrieb, in der Zeitschrift "Orígenes" im Jahr 1948 publiziert wurde. Meine eigene Bildersammlung mit Werken von Hélion, Victor Brauner, Wifredo Lam und Toyen war in diesen Holzschnitten angedeutet. Das war der Versuch, Bilder innerhalb anderer Bilder darzustellen, d.h. zwei Welten zusammenzubringen, die ursprünglich als Sammelobjekte erscheinenden Kunstwerke und die des Raumes, in dem der Sammler und der Bibliothekar sich aufhalten, worauf dann der Betrachter meines Holzschnittes wieder eine neue oder dritte Stufe der Wirklichkeit darstellen würde. Ich beziehe mich damit auf meine kurze Abhandlung über den italienischen Manieristen Pannini, dessen Bilder mir im Louvre-Museum besonders auffielen.

Tournier und die Dreikönige

Der Schriftsteller Michel Tournier war mit Jean Hélion befreundet, bei dem ich ihn einmal getroffen hatte. Vor Jahren erschien sein Buch über die Dreikönige, eine originelle Interpretation der biblischen Texte. Ich war von diesen drei magischen Figuren, die in ihrer Dreiheit und als Einheit zugleich große Differenzen aufwiesen, so angezogen, daß ich eine Reihe Zeichnungen entwarf, die dann zum Holzschnitt ausgearbeitet wurden. Die Drei gerieten zu einer Einheit, einem Block im Holz. Ihre Bewegung bestand im Wandern und dann dem Zusammentreffen unter dem Sternzeichen in der nächtlichen Stille.

Nachtbilder

Nachtbilder hatte ich auch bei der Illustration von Jean Pauls Geschichten ausgearbeitet. Die Erscheinungen des Sammlers und Bücherlesers waren meist in eine Nachtstimmung gestellt, wobei die Figuren je nach Haltung und Bewegung beleuchtet wurden.

Einige meiner vor vielen Jahren erdachten Bilder lehnen sich an Legenden und Sagen an, zum Beispiel eine Darstellung der Tiere unter der Herrschaft des Löwen nach Goethes "Reinecke Fuchs", desgleichen zwei Bilder nach der Legende des Fabelerzählers Aesop, in unregelmäßig gefasertes Holz geschnitten. Dabei entstand die Häßlichkeit der Figuren, Krümmung und Stückelung von Körper und Gesicht, eben durch diese Unregelmäßigkeit und beim Schneiden des Materials.

Tom Phillips und Dante

Der englische Maler Tom Phillips hatte ein großes Werk in Angriff genommen, und zwar eine Illustration von Dantes Inferno. Vor der Vollendung des Werkes hatte ich von ihm viele Probedrucke erhalten, teils in Siebdruck, teils in Lithographie. Zur gleichen Zeit besorgte ich mir die Ausgabe der "Pléiade" und las die drei Bücher Dantes in der französischen Nachschrift. Die Lektüre begleitete ich mit meinen Interpretationen. Dazu hatte ich mir verschiedene Holzkistchen besorgt und schnitt meine Bilder in die sechs Seiten dieser Schachteln. Wurde dabei ein Verschluß oder Scharnier einbezogen, konnte an dieser Stelle das Papier nicht zum Abdruck aufgelegt werden, was Fehlstellen erzeugte, die in die Komposition eingebracht wurden. So entstanden etwa ein Dutzend Bilder in sehr kleiner Auflage von etwa zehn Exemplaren. Ich erinnere mich an die Darstellung der Beatrix in ihrem Triumphwagen, die in vielen Verschnörkelungen und mit zahlreichen Personen auf dem Blatt erscheinen mußte. Von den Wanderungen in die Hölle waren besonders die Darstellungen der Brücken und des Höllenwassers mit darin schwimmenden Gestalten und grotesken Teufelsfiguren bemerkenswert, desgleichen die Höllentiere, die angeketteten Riesen, an denen ich mehrfach die Darstellung variierte.

Eigene Holzschnitte

Das von mir verfaßte und illustrierte Buch "Die sieben Naturereignisse" ist ein Kommentar über ganz zufällige Beobachtungen, die, zum Ereignis erhoben, eine allegorische Bedeutung erhalten. Sie sind dargestellt wie die Emblembilder des 16. Jahrhunderts mit Rahmen in Floralmotiven und einigen Randbeschriftungen über den Inhalt der zentralen Zeichnung. Es sind Beobachtungen während Spaziergängen, Reisen, Natur- und Tierbetrachtungen. Das Titelblatt ist eingefaßt in einen Holzschnitt mit Blattmotiven, welche die Stimmung der Naturnähe vermitteln. Die kurzen Titel sind auch der alten Emblematik entnommen, nur haben sie keine Nebenbedeutung. Sie sind in der Form rätselhaft gleich den Bildern, die auf etwas hinweisen, ohne es zu erklären oder in einen logischen Zusammenhang zu stellen. Vielleicht könnte man als Thema den Widerschein, das Echo, das Beantworten annehmen, wodurch ich in vielen meiner Bilder die Wirklichkeit der Umgebung, die

Landschaft als "äußeres Ich" dargestellt habe.

Drei meiner größeren Illustrationen stellen die Ruinen eines Kohlenbergwerks in der Nähe von Ronchamp dar. Man gelangt dorthin zu Fuß durch dichten Wald. Auf einer großen Lichtung sieht man riesige Mauerreste von Fabrikgebäuden aus dem vorigen Jahrhundert. Nach der Stillegung der Minen mit ihren tausend Meter tiefen Schächten wurden sie gesprengt. Diese jetzt teilweise schon von Wald überwucherten Industrie-Reste habe ich in drei Graphiken wiedergegeben. Die ersten Handabzüge schenkte ich dem Musée de la Mine, das mein Freund Dr. Maulini gegründet hatte und bis zu seinem Tod leitete.

Ein Zyklus, den ich in den achtziger Jahren schuf, hatte das Warenhaus zum Thema, also die Bewegung der Menschen auf den Rolltreppen, die Beleuchtungseffekte, die Beschilderung etc. Diese Bilder habe ich gleichfalls auf Holzkästen graviert, wodurch der Handabdruck sehr schwierig wurde. Ich näherte mich in meinen Arbeiten mehr und mehr einer Vereinfachung, einer absichtlichen "Verundeutlichung" der Konturen, denn eine zu starke und präzise Darstellung wollte ich vermeiden, um so dem Holz einen Spielraum zu belassen. Zum extremsten Experiment auf diesem Gebiet wurden dann die farbigen Holzschnitte, die eher Monotypien waren. In ähnlicher Technik entstand meine letzte "Illustration", zwei Farbholzschnitte zu dem Gedichtband "Verschiedene Örter" meines Freundes Hans Jörg Rheinberger. Die beiden Holzplatten in kleinem Format sind mit einigen abstrakten Formen graviert, und die Farben wurden bei jedem Druck neu mit Pinseln aufgetragen, Gouache-Farben, die sich ganz zufällig vermischten, sodaß beim Druck im Handabzug jedesmal neue Kombinationen entstanden. Das Relief des angekerbten Holzes kam ganz leicht zum Vorschein unter den dicken Farbschichten. Es war also die Technik der Monotypie, kombiniert mit der des Holzschnittes. Auf diese Weise entstand keine eigentlich figürliche Illustration, sondern nur eine Andeutung von Form unter den dominierenden Farbeffekten. Dies war auch der Sinn von Rheinbergers Gedichten: kurze Szenerien, die eine summarische Beschreibung unter den Wort- und Buchstabenzeichen verschwinden lassen.

Das Rätsel der Form

Was ist nun das Kunstwerk, wenn es die Form zum Verschwinden bringt und die Farbe, nur dem Zufall überlassen, mit zur Verschleierung des Ganzen beiträgt? Vielleicht ist das Bildnerische auf den Rahmen angewiesen. Als Richtlinien finden wir dann das Rechteck, die äußeren, nur durch den Holzblock markierten vier Linien als Abgrenzung gegen das weiße Papier, gegen die unbegrenzt als Grund dienende Fläche, gegen das also, was außerhalb ist. Das, was das Innere ausmacht, orientiert sich an diesen vier Linien. Sonst besteht nichts mehr als nur die schwach durchblickenden Reliefformen, die zaghaft noch auf etwas Formales hinweisen.

Der Maler und Buchillustrator Abdallah Benanteur, von dem ich einige Ausgaben besitze, hat in ähnlicher Art seine farbigen Schieferdrucke selbst abgezogen und für die begleitenden poetischen Texte damit informelle bildliche Kommentare geschaffen. Wenn die Graphik zum Gedicht geht und mit ihr verbunden bleibt, entsteht ein Zusammenwirken in einem neuen, weder plastischen noch sprachlichen Bereich, wo sich beide komplettieren, sich miteinander verbinden und etwas gestalten, was nichts mehr mit der herkömmlichen Form zu tun hat. Oder aber, es sind Hinweise darin, wie sich das Unaussprechliche in dem Unbegrenzten der Grundfläche, wie sich die hingeworfene Farbschicht ausweitet auf dem weißen Papier, ebenso wie die typographischen Zeichen und die Wortreste zusammenstreben, um die Reinheit eines Gedichtes zu vollenden.

Dubuffet hat in seiner letzten Schaffensperiode ähnliche Gedanken geäußert: Das Grenzgebiet zwischen Darstellung und nicht mehr Darstellbarem sei immer noch Malerei. Seine an die gestuellen Strichführungen der fünfziger Jahre erinnernden Bilder und Zeichnungen, die erst noch eingeklebte kleine Figuren enthielten, wo dann aber auf diese verzichtet wurde, sind ein neues Manifest gegen die geläufigen Darstellungsmethoden. Sie führen uns wieder einmal das Verhältnis zwischen realem Objekt und Kunstwerk vor Augen. Sein Wirken für die Kunst des "Art-Brut", für diejenigen Künstler also, die zur Gestaltung der Außenwelt kompromißlos ihre Innenwelt beiziehen, gewinnt am Ende seines Lebens eine neue Dimension. In der Erinnerung seiner Zeit gilt er seit der Ausstellung bei René Drouin und den Aufrufen seines Freundes Michel Tapié de Celeyran als Vorkämpfer der vierziger und fünfziger Jahre.

Kollektive Kunstwerke

Beim Durchblättern der Zeitschriften des Kubaners Samuel Feijóo, "Islas" und "Signos", fand ich eine Serie Abbildungen von Zeichnungen Wifredo Lams, welche er meistens bei seinen Besuchen in Havanna und während des Zusammenseins mit Feijóo ausgeführt hatte. Diese skizzenhaften Zeichnungen sind zum Teil humoristische Nachbildungen seiner plastischen Themen "Diablitos" oder "Leguá", sind also Vaudou-Motive, gemischt mit Pflanzenmotiven, darunter kleine Sätze, mit eigenen Zeichnungen kombiniert, die Feijóo kommentierte. Solche Kollektiv-

Werke, die Gelegenheitskunst sind, also Erinnerungsstücke von einem Treffen oder einer Unterhaltung, sind sehr aufschlußreich für das Entstehen von Werken verschiedener Künstler, die in einem Austausch solcher Skizzen ihre Formenwelt vergleichen. Solche Vermischung läßt eine spontane, einzigartige Synthese der Stile zu. Bei Fejóo ist hinzuzufügen, daß er leidenschaftlich gern eigenen Zeichnungen an Reproduktionen oder Photos anderer Künstler wie auch an Reklame und Karikaturen anheftete, was seinen illustrierten Zeitschriften eine ungemeine Lebendigkeit verlieh. Wifredo Lam zeichnete oft am Rand seiner Briefe und sogar auf Briefumschläge kleine Bilder mit wiederkehrenden Themen wie die Palme, das kubanische Bauernhaus, Castro mit seinem Bart, die Fahne oder das Wappen Kubas etc. Ich habe auch graffiti-artige Auslassungen Lams auf Ausstellungskatalogen und ähnlichem aufbewahren können.

Jacques Spacagna, Zeichnung, farbige Tinte, 1962

Gibt es nun einen Zusammenhang mit dem eigentlichen Werk der Künstler und diesen aus kollektivem Schaffen entstandenen Skizzen und ausgeführten Werken?

Ein interessantes Beispiel lieferte der Lettrist Jacques Spacagna, der mit meinem Sohn Roberto zusammen mehrere Bilder malte, in denen beide Künstler ihren eigenen Inspirationen nachgingen, und wo doch ein als Synthese wirkendes Gemälde zustande kam. Ich erwähnte schon ähnliche Experimente von Asger Jorn und Dubuffet. Vielleicht sollte man hier auch die surrealistischen Experimente, besonders die Kollektiv-Zeichnungen zu den "Cadavres Exquis" erwähnen, Zeichnungen, die auf mehrfach gefalteten Bögen von verschiedenen Künstlern ohne Kenntnis der Zeichnungen anderer Mitwirkender über ein Grundthema verfaßt und nach Aufschlagen der Bögen als eine einzige, in verschiedensten Auffassungen fragmentierte Gesamtzeichnung erscheinen.

Dieses Zusammenwirken in einer Art Gesellschaftsspiel ist voller Überraschungen, gibt doch die Dialektik gegenseitiger Beeinflussung die erstaunlichsten Eindrücke von den aus dem individuellen Schöpfungsprozeß hervorkommenden Erfindungen, die sich in hybrider Gestalt zu einem Gesamtbild vereinigen, in dem sich die einzelnen Autoren dann kaum wiedererkennen.

Barock in Versailles

Ich schrieb bereits ausführlich über meine Vorliebe für den Park von Versailles und möchte noch einige Linien hinzufügen. Die barocke Vision der Gärten und Bauten vermochte immer, die angeregte Phantasie ins Unermeßliche auszuweiten. So schien mir zum Beispiel die Länge des Kanals durch seine Flachheit einen Parallelismus der Linien aufzuweisen, der mit den am gegenüberliegenden Ufer sich entlangziehenden Baumreihen eine Dominante abgibt, die als Trennungslinie zwischen Himmel und Wasser verläuft. Diese Trennung von atmosphärischen Bereichen bildet eine Konstante, wogegen sich dann die überschwenglichen Windungen von Pflanzen und Wegen aufzulehnen scheinen. Dieses in Aquarellen und Zeichnungen wiederzugeben hatte ich mir vorgenommen. Dazu wollte ich die Zahl der bestehenden Schlösser und schloßähnlichen Bauten noch vermehren und gedachte, kleine oder größere Lustschlösser hinzuzufügen, die wohl auch als Projekte im ursprünglichen Plan des Parkes bestanden hatten wie der lustige Kuppelbau, der in meiner Phantasie auf einer Anhöhe das Kanalende dominieren sollte, und zwar als Gegenstück zu dem Grand Trianon, dessen aufsteigende Treppen am anderen Ende des Kanals diese Perspektive abschließen.

Zu solchen Phantasiegebilden regten mich auch die in den Park eingebetteten Kolonnaden an oder gewisse Figuren und Mauervasen, die ich nach Lust vergrößerte, verkleinerte oder zu neuartigen Gruppierungen ordnete. Auch das nicht mehr vorhandene, aber in der Erinnerung weiterlebende Porzellanschlößchen war für mich ein bildnerisches Objekt. Die Göttergestalten und emblematischen Figuren in feierlichen Haltungen zeichnete ich gleichfalls und wandelte sie dabei im Detail um. So ergaben sich die merkwürdigsten "Collagen" und Kombinationen mit drolligen Wirkungen. Alles, auch was im Original latent erotische Anspielung war, habe ich so durch meine "Bearbeitungen" zu neuer Wirkung gebracht.

Die Ungeheuer, die Monstren, die in Bassins und unter Brüstungen hausten, schienen mir dafür die gegebenen Objekte zu sein... und mit dem Resultat meiner Photographien konnte ich einen Teil dieser "Natur-Kunst" als Dokumentation aufbewahren.

Viele Photos zeugen davon, wie ich schon andernorts davon berichtet habe: Eingeritzte Daten und Namen, geschwungene Linien in versteckten Winkeln – wie der Mauer des Musikpavillons, den Fensternischen unterhalb der Stützmauern, der großen Treppe, an einigen Sockeln der Drachenfiguren, auch im Hinterhof des großen Trianon -, schufen aus diesen monumentalen Überresten intime Plätze für die banalsten Erinnerungen, die konventionellsten Inschriften, mit denen sich flüchtig vorübergehende Touristen oder Ausflügler seit vielen Dezennien verewigt hatten.

Die zur Hälfte in Marmor eingefaßten Statuen, deren Unterkörper in dem Dekor des Sockels verschwindet, erinnerten mich immer an Meulis Schriften über den gefangenen Gott. Mit einigem Mitleid betrachtete ich diese Figuren, die zur Fortbewegung unfähig geworden waren, obgleich der Oberkörper volle Lebenslust ausstrahlte. Diese noch nicht ganz Säule gewordenen Wesen mochten wohl in ihrer steinernen Existenz froh sein, daß die Verwandlung sie nicht ganz im Sockel hatte versinken lassen. Ihre verstümmelte Statur gab immerhin noch Zeichen von turbulentem Leben, während die frei stehenden Götter und Helden trotz marmorner Kälte ihr Wesen im großen Mythenensemble von Versailles unversehrt zur Schau stellen konnten.

Rue Saint-Benoît – Rue du Dragon

In der Geschichte sind häufig Straßenzüge in Städten genannt, in denen Besonderes passiert ist, oder wo sich das Leben eine gewisse Zeit lang in besonderer Fülle und Vielfalt verdichtet hat. Ich habe solche lokalen Charaktere selbst wahrnehmen können, Straßen, so begrenzt sie auch waren, die dem Leben seine Eigenart gaben, sodaß es bleibend in der Erinnerung haftet. In den Nachkriegsjahren 1945 bis 1946 gehörten zu solchen Straßen in Paris die rue Saint-Benoît und die rue du Dragon, Orte, wo vieles, was sich in Saint-Germain-des-Prés abspielte, in ganz eigener Konzentration zutage trat. In der Rue Saint-Benoît erinnere ich mich an das Hotel "Cristal" wo man statt durch den Eingang durch das große Fenster im Erdgeschoß direkt in die Wohnung der Collados einstieg und alle Familienmitglieder der unermeßlich zahlreich scheinenden Sippe von Django Reinhart antreffen konnte. Luis-Felipe Collado und dessen Frau sah man regelmäßig im Café des Deux Magots mit Tzara und anderen Surrealisten zusammen, er war selbst eine Art Dadaist und stand in Verbindung mit Gómez de la Serna.

In der rue du Dragon waren vor den Galerien von Pick, von Max Clarac und von Zervos immer zahlreiche Fußgänger, die da auf und ab promenierten, ihre Rendezvous hatten und sich für den Galerie- und Buchladenbetrieb interessierten. Zu den häufigsten Passanten gehörte Camille Bryen, der seinen eigenartigen, humorvollen Betrachtungen nachging und ein unerschöpflicher Erzähler und Kommentator war. Zu den regelmäßig dort auftauchenden Personen zählte auch Michel Butor, der dann später gelegentlich mit Bryen an meinen Editions-Experimenten zusammenarbeitete und der die außerordentlichen Bücher unter der Ägide von Brunidor kreierte. Das Straßenbild spielte dabei eine bedeutende Rolle. Die Atmosphäre dieser Straßen wurde in den Visionen des Malers sichtbar, und auch der Dichter Butor konnte vielfältige Anregungen aus den

Michel Butor, mit Bleistift handgeschriebenes Gedicht aus "Le Bucheron subtil" zu einer Holzschnittserie von Gregory Masurovsky, ediert in 10 Ex., 1998

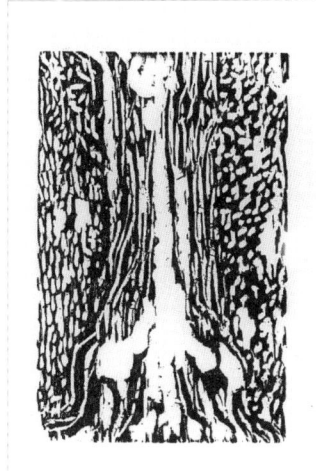

Straßenbildern schöpfen. Ferner waren Henri Michaux und Matta ständig dort zu sehen, ebenso John Rewald und manchmal auch Wifredo Lam und Nicole, später Riopelle und Dolly Perutz. Als letzte Offenbarung einer mythenträchtigen Straße gab es dann noch das Atelier Visat, wo sich die bekanntesten surrealistischen Künstler von Camacho bis Bellmer der damals hochaktuellen graphischen Edition hingaben. Aus der bekannten Überproduktion graphischer Blätter, besonders Radierungen, entwickelte sich dann ungeahnt und schnell eine Krise. Ich wurde damals als Vorreiter der graphischen Edition angesehen. Doch hielt ich mich mit der Zahl der Ausgaben zurück. Die Kunstbücher und Mappen meiner Edition, an denen zum Beispiel außer Bryen die Künstler Enrique Zañartu, Jacques Hérold, Guido Llinás und andere mitarbeiteten, erschienen nur in sehr limitierter Auflage, selten in mehr als 50 Exemplaren.

Altstadt Calle Obispo

In Havanna war in den Jahren 1943 bis 1945 die Obispo-Straße die einzige, wo kuriose Leute anzutreffen waren. Sie führte von der Buchhandlung "Moderna Poesia" zum Hafen und wurde gekreuzt von Straßen des Viertels "Havanna Vieja", wo es einige Antiquariatsbuchhandlungen gab. Die waren das Ziel von Stadtwanderern wie Lezama oder Victor Manuel. Letzterer, eine Bohème-Figur, die aus der Pariser Montparnasse-Zeit hätte stammen können, stand oft unter Alkohol und ging gern in diesen mit Menschen, Autos und Lastwagen unglaublich überfüllten Straßen spazieren. Wenn ich ihn traf, erzählte er mir in seiner humorvollen, durch Unterbrechungen oft etwas verstümmelten Diktion Geschichten, die er von seinem gesprächigen

Friseur gehört hatte obgleich er zu erkennen glaubte, daß mich das gar nicht interessierte. Er malte in einem kleinen Kämmerchen. Seine Werke sind heutzutage als wichtigster Ausdruck der dreißiger Jahre anzusehen. Er gilt als d e r Avantgardist der Moderne in Kuba. In den vierziger Jahren schon wurde er mit seinem nicht sehr umfangreichen Gesamtwerk als Altmeister verehrt. Er lebte in großer Armut, war aber, als er starb, als Repräsentant der Neuen Kubanischen Kunst anerkannt. Seine Werke befinden sich heute im Museum und sind in den Mythos der Moderne eingegangen.

In diesen Straßen traf ich Jahre später, schon in der Castro-Zeit, wohl 1966, bei einem der wenigen Antiquare, die überlebt hatten, Roberto Fernández Retamar auf der Suche nach alten kubanischen Schriften. Bald war auch auf diesem Gebiet der Handel nicht mehr erlaubt. Alle Antiquare verschwanden. Die Straßen verloren ihr Leben und ihre Seele, und nie mehr sah man in Läden alte Guarachenbücher, Werke über die Santos-Kulte, Musikheftchen mit Schlagern der zwanziger Jahre, Verse der Poeten des vorigen Jahrhunderts. All dies ist aus der Calle Obispo verschwunden. Immer noch erinnere ich mich auch an das dortige Postamt. Da traf ich an einem Schalter stets den Maler Felipe Orlando, der bei der Post angestellt war. Und obwohl hinter mir die Schlange der Kunden ständig wuchs, ließen wir uns nicht stören in unserem Gespräch über Malerei, Ausstellungsprojekte und unsere Malerfreunde. Zu diesen gehörten Portocarrero, Mariano und Arche. Letzterer war ein an beiden Beinen gelähmter Porträtmaler, der das damals berühmt gewordene Bild des Politikers Jorge Mañach gemalt hatte. Jeden Mittwochabend versammelten wir uns bei Correa, wo außer Portocarrero auch Arche mit seiner schönen Frau erschien, ferner Milián und mein Freund Colby, ein großer Musikkenner, denn Correa hatte eine große Sammlung Grammophonplatten, wovon wir an diesen Abenden immer eine reiche Auswahl genießen konnten. Die kleine Wohnung dieses Musikliebhabers lag im historischen Viertel de la Loma del Angel, wo die Altstadt mit ihren Gassen auf die repräsentative Avenida del Prado stößt. Correa war homosexuell und hatte immer einige Knaben um sich, die er irgendwo auf der Straße aufgelesen hatte. Seine Bilder- und Büchersammlung war beachtlich. Wenn ich mich recht erinnere, hatte er Werke des Vorläufers der Modernen, Aristides Fernández, der ganz jung in den dreißiger Jahren starb und von dem das Hauptwerk bei Lezama hing. Correa selbst hatte keinerlei künstlerische Begabung, doch war er ein Kenner von allem, was sich im Kreis von Lezama tat, und hatte viele Erinnerungen an die dreißiger Jahre und

*Agustín Fernández,
Radierung zum Brunidor
Portfolio IV, Paris 1963*

die Anfänge der literarischen Bewegungen um die revolutionären Studentenbewegungen. Er hatte eine kleine Skulptur von Bernard Reder gekauft, als dieser bereits in New York war. Die Plastik wurde ihm in einer Holzkiste geschickt. Als er sie auspackte, war der Kopf der Figur abgebrochen. Darum weigerte er sich, trotz Reparatur, die Plastik anzunehmen. Denn in Kuba galt ein zerbrochen ankommendes Objekt als unheilbringend.

Eva Fréjaville, Tochter eines Pariser Theater-Dekorateurs und Autors, war in Kuba wegen ihrer sprühenden Intelligenz und renoiresken Schönheit eine bekannte Persönlichkeit. Sie war die Frau des Malers Carlos Enríquez gewesen und erscheint auf vielen seiner Bilder. Sie trennte sich aber von Carlos und lebte dann mit dem Schriftsteller Alejo Carpentier zusammen, zu dessen Ruhm sie viel beitrug. Alejo und Eva verkehrten oft bei Lam und gehörten zu dem Kreise der linksgerichteten Intellektuellen, die in gewissem Konflikt standen mit Jorge Mañach von der Zeitung "Diario de la Marina" und anfangs auch mit Lezama und der Gruppe um "Orígenes". Als die Zeitschrift "Nadie parecía" erschien, machte Correa die hübsche Bemerkung, anspielend auf die homosexuelle Veranlagung der meisten Mitarbeiter dieser Zeitschrift: "Nadie lo parecía pero todos lo eran" ("niemand schien es zu sein, aber alle waren es"). Nach der Zeitschrift "Espuela de Plata" kam dann die eigentliche Serie der bekanntesten aller lateinamerikanischen Zeitschriften dieser Zeit, "Orígenes", heraus.

Über Anaïs Nin

Anaïs Nin schreibt in ihren Tagebüchern einen Absatz über ihr Treffen mit Lam, den sie aber abweisend behandelt und ganz falsch einschätzt. Ihren Vater hatte ich einmal in einem Klavierkonzert in Havanna gehört. Ihn beschreibt sie genauso, wie er auch mir auf der Konzertbühne erschien: aristokratisch, kühl, hochintelligent in seinem Spiel, beeindruckend mit seinem silbergrauen Kopf und den hellen Augen. Anaïs hatte Beziehungen zu dem kubanischen Maler Agustín Fernández, als dieser in Paris lebte, aber in ihren Tagebüchern ist nichts darüber zu lesen. In ihren vielen Notizen von Havanna fand ich keine Hinweise auf mir bekannte Maler und Literaten mit Ausnahme von Mary Low und Brea, über die ich schon schrieb, da ich Mary gut gekannt habe.

Helena Lam erzählte, daß sie Anaïs öfter bei Jeanne Raynal im Greenwich Village getroffen habe, wo auch die Empfänge der Surrealistengruppe stattfanden. Sie bestätigte, daß Anaïs nicht viel für Wifredos Malerei übrig hatte. Das Urteil über Kunst in ihren Tagebüchern ist immer oberflächlich. Sie hatte wohl überhaupt wenig Verständnis und Gefühl für Malerei. Der Maler, den sie in ihren New Yorker Erinnerungen am häufigsten nennt und den wir alle gut kannten, ist Esteban Francés, ein Künstler zweiten Ranges und heute ganz vergessen. Wenn sie über Enrique Zañartu schreibt, dann geht es mehr um sein gutes Aussehen und seine elegante Haltung als um seine Malerei, die sie kaum erwähnt. Zañartu war von etwas rätselhaft zurückhaltender Natur, war sehr wenig gesprächig, aber in seinem Urteil immer ausgewogen und klug, was wohl die Frauen anzog. "Ein Velasquez mit schwarzsamtenen Augen", schreibt Anaïs. Charles Duits, ein Dichter, der in New York in den vierziger Jahren recht bekannt war, gehörte auch zum Bekanntenkreis von Anaïs. Ich kann mich aber nicht an ihn erinnern.

Jahrmärkte der Kindheit

In meinen Kindheitserinnerungen leben immer noch die Bilder der Jahrmärkte besonders des Hamburger Doms mit seinen Buden und Kuriositäten auf, die bei Raymond Roussel wieder in Erscheinung treten.

Über Raymond Roussel hat Annie Lebrun ein Buch geschrieben, in dem sie den gegenwärtigen Stand der Wissenschaft und Forschung über ihn festhält. Das beginnt mit der Beeinflussung des jungen Roussel durch den Karneval in Nizza, dann die Rolle seiner Mutter und die Erinnerung an die Versteigerung des Haushalts der Familie in Neuilly. Interessant schließlich, was sie an großangelegten Gedichten und über die Art seiner Kompositionen und seltsamen szenischen Erfindungen aus den neuentdeckten Manuskripten zutage förderte. Es gibt Stellen in Roussels Werk, die mich also an meine eigene Kindheit erinnern, so in den "Impressions d'Afrique", wo er von der Welt des Jahrmarkts, von Schaubuden, Zauberern, vom Wanderzirkus und der Vorführung menschlicher und tierischer Anomalitäten schreibt, wie ich sie auf dem Hamburger Dom und bei ähnlichen Gelegenheiten erlebt hatte, szenische Effekte und illusionistische Kunststücke, die mich wie Roussel einst tief beeindruckt haben. Dazu gehörten auch die Vorstellungen von exotischen Völkerstämmen im Tierpark von Hagenbeck bei Hamburg, wo uns die Eltern hinführten, und wo man wohl die deutsche Nostalgie für das durch den Weltkrieg verlorene Kolonialreich lebendig erhalten wollte.

Merkwürdig ist, wie Kindheitserinnerungen oft mitspielen, Interesse an Lektüre wecken und auf die Beurteilung von Kunstwerken Einfluß haben. Auf diese Weise erhalten Roussels erzählte Begebenheiten aus der Kindheit tiefere Bedeutung und wecken Bilder aus längst entschwundener Zeit. Die Faszination dieser Zauberwelt, die Roussel uns auf hunderten von Seiten vorstellt, hat nichts mit kalter Logik zu tun. Man muß nur das Wunder als solches sehen, wie man als Kind auf dem Jahrmarkt an die Frau mit dem Bart und das Kind mit den zwei Köpfen glauben konnte. Zu den Wundern und Rätseln der Natur, die Roussel auf seine Weise erklärt, will er neue Rätsel hinzufügen, so wie im Traum nicht die Lösung eines Problems mit dem Erwachen kommt, sondern vielleicht in einem erneuten, noch tieferen Traumzustand schlummert.

Michel Leiris und dann auch Marcel Duchamp haben dieses seherische Vermögen weiter entwickeln können zu bedeutender Vollkommenheit. Als nach dem Fund seiner Manuskripte Roussel plötzlich wiederentdeckt wurde, war sein poetisches Werk weitgehend vervollständigt. Duchamp hat mit seinen Maschinen die Theater- und Jahrmarktsatmosphäre seines Vorgängers fortgesetzt und das plastische Denken von Bildhauern und Malern befruchtet. Er war wie ein Zauberer, der aus seinem Köfferchen, das in Miniatur sein ganzes Werk enthielt, eine Welt von Dingen herausholte, die vorher unvorstellbar gewesen waren. Jedes erhielt seine eigene Erklärung wie ein natürliches Phänomen einer nicht natürlichen Realität. Damit war mein Eindruck von der Person des Urhebers kein ungewöhnlicher, überraschender, so wie dieser dastand im täglichen Leben und sich höchstens selbst amüsierte über den Überraschungseffekt seiner Kunststücke.

Dieser Zug zum Humor, den ich schon bei Man Ray bemerkt hatte, der dann bei einigen Künstlern, die ich traf, das Wesen ihres Schaffens auszumachen schien, war vielleicht weniger sichtbar bei Roussel. Bei ihm war er verbunden mit der Tragik seines konfliktreichen Lebens. Duchamp hat die Unebenheiten in seiner eigenen Existenz ein wenig durch das Schachspiel glätten können, das bei Roussel erst am Ende seines Lebens eine Rolle zu spielen schien.

Auf surreale, dadaistische oder einfach humoreske Effekte kann man schon in frühem Alter mit einigem Verständnis reagieren lernen. Als Kind hörte ich oft Bemerkungen von Bekannten oder meinen Eltern, die auf Reminiszenzen von Kabarettprogrammen aus dem Berlin der zwanziger Jahre anspielten. Sogar Verse aus einer Jahrmarktsbude blieben mir im Gedächtnis, z.B.:

"Die Dame ohne Unterleib, O Weh!
Die kann nicht sitzen auf dem Kanapee."

Wir wurden nicht nur mit den Bildgeschichten von Wilhelm Busch, vor allem natürlich mit "Max und Moritz" bekannt gemacht, sondern wir bekamen auch Verse von Christian Morgenstern zu lesen und zu hören, in denen sich schon Surrealismus und Dadaismus ansagten.

Bei Morgenstern zeigt sich wie bei Raymond Roussel der Übergang von der Komik abstruser Darstellungen zur tragischen Auffassung des Daseins, war doch Morgenstern gegen Ende seines Lebens der Philosophie Rudolf Steiners sehr nahe gekommen. Die Urne mit seiner Asche befindet sich in der anthroposophischen Gruft im Goetheanum zu Dornach, wo sein clowneskes Leben in dem übersinnlichen Idealismus seinen Ausgang nahm. Ringelnatz, der Dichter und Chansonnier, den ich als den Stimmungsmacher bei "Zinnober", dem Hamburger Künstlerfest, geschildert habe, gehört auch in diesen poetischen Zusammenhang, in den sich manchmal ein nachgefühlter Vers von Heinrich Heine einschlich. Auch Erich Kästner ist hier zu nennen und der Dadaist Raoul Hausmann. Dann begann aber für uns in Deutschland eine stillere, eine krisengeladene Zeit, in der das politische Unheil allmählich die spielerischen Tendenzen in der Kunst zum Erliegen brachte.

Während sich in dieser Zeit die Möglichkeit unserer Auswanderung schon abzeichnete, reisten meine Eltern ein- oder zweimal im Jahr nach Paris, wobei ich sie mehrmals begleitete. Sie liebten dort die sogenannten Kabarette, kleine Bühnen, wo Chansonniers auftraten und manchmal auch Theater aufgeführt wurde, eine Art kleines Schauspiel, das nach dem Krieg in dieser Art verschwunden ist. Einer der Schauspieler in Roussels "Impressions d'Afrique", Dorival, wurde ein bekannter Chansonnier, den wir im "ABC" oder den "Deux Ânes" oft sahen und sehr schätzten. Vielleicht war es gar nicht einmal derselbe Dorival, aber ich sehe in meiner Erinnerung an diese Jahre, daß da ein gewisser Zusammenhang bestand, daß der heutige Rückblick bei mir diese Verbindungen schafft und mir erklärt, wieso der ungemein intensive Eindruck der "Impressions d'Afrique" für mich damit zu tun hat, daß sich von jeher die Sprache, die Bilder, die Art der Kombinatorik irgendwo wiederholen, um schließlich in die jetzige Lektüre dieses Schriftstellers zu münden, wo alles nur der Vorstellung und nicht der historischen Realität entspricht.

Die Beschreibungskunst eines Raymond Roussel erweckt auch Visionen von Gebäuden und Landschaften, die man nicht vergißt, hat man sich einmal in diese Lektüre eingelebt. Die Frage, die ich in Zusammenhang mit einem Landschaftserkennen schon vorgebracht habe, ist die eines Frage- und Antwortspiels und könnte auf die Auseinandersetzungen eines Roussel hin gestellt werden und weiterführen zur Problematik des "Ich" und "Du", was ich in einem früheren Passus schon kurz behandelt habe, indem ich mich auf den Philosophen Franz Rosenzweig bezog.

Franz Rosenzweig

Daß sich mit diesem hervorragenden Geist eine Familienverbindung herauskristallisiert hat, ist mir erst kürzlich bewußt geworden. Als wir nämlich in Hamburg wohnten, lag die Stadt Kassel ganz außerhalb unserer Reiserouten, aber wir hörten ab und zu diesen Ort nennen, der für uns tiefe Provinz war.

Die Cousine unseres Vaters, Schwester des Associé der Tillmann-Bank, war dort verheiratet mit Paul Ehrenberg, der in Kassel ein kleines Industrie-Unternehmen besaß. Der Philosoph Rosenzweig war sein Vetter, und Hans Ehrenberg, der Bruder, ein mit Rosenzweig innig zusammenarbeitender Theologe, später protestantischer Pfarrer, den ich bei seiner Auswanderung nach England, kurz vor dem Krieg in Paris noch habe treffen können. Viele Mitglieder dieser Familie waren Naturwissenschaftler, einige Historiker und Musiker. Besonders interessierte ich mich für Franz Rosenzweig (1886-1929), dessen Mutter eine Ehrenberg war. Durch Hans Ehrenbergs Verwandte der jüngeren Generation erhielt ich nun genauere Nachrichten über diesen hervorragenden Theologen und Denker, der mit Buber die Bibel übersetzte und Einfluß auf das religiöse und philosophische Denken vieler Religionsphilosophen hatte. So ist zum Beispiel der französische Philosoph Emanuel Levinas durch Rosenzweig auf die Spur seiner Gedankenwelt gekommen. Ich hatte einmal den Vetter von Franz Rosenzweig, Hans Ehrenberg, kennengelernt, der nach England auswandern mußte, obgleich er die jüdische Religion abgelegt hatte und protestantischer Pfarrer geworden war. Diese Konversion war für unsere Familie nach der Nazifizierung Deutschlands unverständlich. Wir teilten nicht die Auffassungen der Ehrenbergs, sowenig wir damals auch die tieferen Gründe kannten, die Rosenzweig nach der Assimilation im vorhitlerischen Deutschland nun zur Rückkehr zum Judentum bewegten. Wir hatten zu wenig Kenntnis der jüdischen Religion, von der uns unser Vater nur die bekanntesten Überlieferungen mitteilte, soweit er sie in seiner Jugend miterlebt hatte. Das erneute Interesse an diesen Problemen, die um Daseinsfragen kreisen, das Levinas wieder weckte, wurde auch in der Nachkriegswelt von Schriftstellern wie Edmond Jabès und Paul Celan aufgenommen und spielt auch in der neueren Forschung in Frankreich über Walter Benjamin eine Rolle. Untersuchungen, wie sie Rosenzweig und Benjamin über die Problematik von Sprache und Übersetzung vorgelegt hatten, gewannen auf dem Gebiet der Dichtung, nicht zuletzt für Celan Bedeutung. Eine neuerliche Beschäftigung mit diesem Aspekt religionsgeschichtlicher Gedanken eröffnet unerwartete Ausblicke auf das Verhältnis von Kunst zur menschlichen Gemeinschaft.

Die Übersetzung der Dichtungen des Jehuda Halevi macht uns bewußt, wie Dichtung und Kunst allgemein in zeitliche Abläufe gebunden sind. Das Schreiben über Kunst mit Hinweisen zum Beispiel auf Kindheitserinnerungen, ist wohl Geschichte, aber nicht in einem sukzessiven Ablauf, sondern in einem Hin- und Herpendeln, wo Objekt und Subjekt nicht mehr als Antinomien existieren. Rosenzweig war ein hervorragender Übersetzer von Jehuda Halevis Werk. Rosenzweigs Auffassung der Historie ist Ausdruck seiner religiös-künstlerischen Existenz. Danach wäre für Kunst und Kunstschaffen ein Neuansatz im Sinne der Auflösung von Objekt und Subjekt möglich wie in meinem Versuch der Landschaftseruierung. Da ist das Existieren der Landschaft gleichzusetzen mit dem Bild, und dieses hat seine Existenz im Existieren des malenden Künstlers. Bei meinen bewußteren Versuchen über diese Existenzfragen beziehe ich mich auf die Schriften von Emanuel Levinas über das "Cogito" von Descartes. Ich nehme an, daß Maler wie Courbet und Cézanne bei ihrer intensiven Beschäftigung mit der Landschaft von ähnlichen Fragen bewegt wurden. Am Beispiel von Cézanne ist dies überaus anschaulich beim Betrachten des Bildes in der Sammlung Walter im Musée de l'Orangerie mit der herrlichen Landschaft "Im Park du Château Noir". Dort vermochte ich mich gut an meine Zeit in Aix zu erinnern, wo ich oft in diesem Wald mit Pinien über die Felsblöcke spazieren ging. So wurde mir die Haltung des Künstlers gegenüber dieser Landschaft bewußt, und wie seine Arbeit auf der Leinwand zustande kam. Auffallend ist, daß einer der Baumstämme, etwa in der Mitte des Bildes schräg angedeutet, nur wie im Umriß gemalt ist. Bezeugt das nicht, wie Cézanne sich im Zweifel mit dem Motiv und mit seiner Intuition abmühte? Dennoch ist die letztendliche Wirkung die eines vollendeten Werkes. Alles weist darauf hin, daß hier eine Art Dialog, ein Gespräch mit dieser Landschaft stattfand. Die Führung des Pinsels in kleinen Flecken mit dem halbrunden, weißen "Fenster" auf der rechten Seite und dem unvollständigen Baum in der Mitte sind Zeichen einer Diskussion mit seinem Gegenüber, das sich anscheinend in diesem Antwortspiel zurückblendete und den Ausdruck vertiefen und verinnerlichen konnte.

Daß es sich hier um das "Andere" handelt oder um ein scheinbar "Anderes", macht diese Zwiespältigkeit zu einem ausdrücklichen Hinweis und zeigt, daß nur so eine Einheit entsteht, die das Bild als Ding, als Objekt zu konstruieren vermag. Vielleicht darf man hier an die Idee von Levinas erinnern und dabei auf die dissymmetrische Relation Du-Ich und Ich-Du hinweisen, wobei das "Du" sich verschwindend klein mit einem "Das" verbindet, welches die Landschaft und dazu die gemalte Landschaft, das Bild, ist. Und dieses antwortet dem "Ich", wenn die Emphase eintritt, wenn das "Ich" schreit. Ein emphatischer Dialog entsteht. Das "Du" ist die Landschaft-Bild-Einheit, und in ihr ist das Zeitliche mit dem Unendlich-Ewigen zusammengeschlossen, d. h. es ist Welt.

Von hier kommen wir zurück auf Rosenzweig und sein Hauptwerk, den "Stern der Erlösung". In diesem Buch ist ein neuer Ausblick geschaffen, der das Ende des Idealismus in der Philosophie bedeutete, weil es ein ethisch-historischer Ausblick ist, der in dem Erlösungsstern auf das Ende der jüdischen Geschichte und ihre Ausrichtung auf das Unendliche und Ewige deutet. Der Gott des Alten Testamentes erscheint in einem brennenden Dornbusch, der das Merkmal einer Landschaft ist und somit Natur und Gott verbindet und zum Dialog auffordert. Dazu wäre das Buch von Hermann Cohen zu nennen: "Religion der Vernunft aus den Quellen des Judentums", welches das Problem des brennenden Busches in Zusammenhang mit der möglichen Rückkehr zum Pantheismus bringt, wogegen aber die tiefere Bedeutung der Erscheinungen auf dem Sinai spricht. Da der Busch brennt, ohne zu verbrennen, bleibt ein natürliches Element, das aber keine Rolle spielt.

Jouhandeau und Marcoussis

Die zufällige Lektüre eines Büchleins, das vor kurzem von der Universität Montpellier publiziert wurde (1994), läßt eine Episode meiner Sammlertätigkeit in meiner Erinnerung aufleben. Es unterhalten sich da der Autor Pierre Henri Héron und der Herausgeber Pierre-Albert Benoît über bibliophile Ausgaben von Werken Marcel Jouhandeaus. Damals sah ich in einer kleinen Galerie in Versailles, die einer Frau Julliard gehörte, eine Aus-

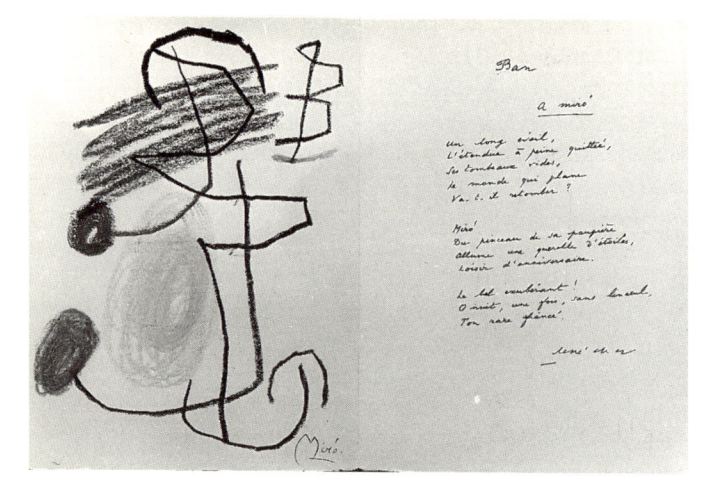

Joan Miró, farbige Kreide-Zeichnung zu einem Gedicht von René Char im Manuskript "Ban à Miró"

stellung von Werken des Malers Marcoussis, die aus Anlaß der Veröffentlichung eines Textes von Jouhandeau über Rimbaud stattfand, in dem sich eine Radierung von Marcoussis befand. Ich lernte dort die Witwe von Marcoussis, Alika kennen. Auch war Jouhandeau anwesend und signierte das Buch, von dem ich einige Exemplare erwerben konnte. Ich wollte dann gern zu meinem Exemplar auch das Manuskript von Jouhandeau haben. So entstand ein Briefwechsel über den Preis, auf den wir uns schließlich einigten. In dem Buch war die Radierung eines imaginären Porträts von Rimbaud. Jouhandeau war recht aggressiv in seinen Schreiben, aber die Bezahlung seines Honorars beruhigte ihn dann. Ich kannte damals wenig von Jouhandeaus Büchern und wußte nicht, daß viele seiner Werke, oft solcher erotischer Natur, von Pierre-Albert Benoît in ganz kleiner Auflage nur für ein Sammlerpublikum ediert waren. Ich hatte nämlich im Laufe meiner Sammlertätigkeit viele in kleiner Auflage edierte Werke gekauft mit Texten von Surrealisten wie René Char und anderen, die meistens von mir befreundeten Künstlern illustriert waren. Nur die Werke von Jouhandeau kannte ich nicht. Zu meinem in der Versailler Galerie gekauften Exemplar konnte ich noch eine Porträt-Radierung von Jouhandeau und die Originalzeichnung, beides von Marcoussis, hinzukaufen. In den Einband ließ ich die Briefe an mich von Jouhandeau mit einbinden, was das Ganze noch interessanter macht.

Buchgestalter und Editore

Vor einigen Jahren ist in Alès ein Museum für Pierre-Albert Benoît entstanden. Außer wichtigen Ausgaben, die von Picasso, Dubuffet, Vieira da Silva und anderen illustriert sind, hat er vor allem Dichtungen von René Char publiziert, mit dem er be-

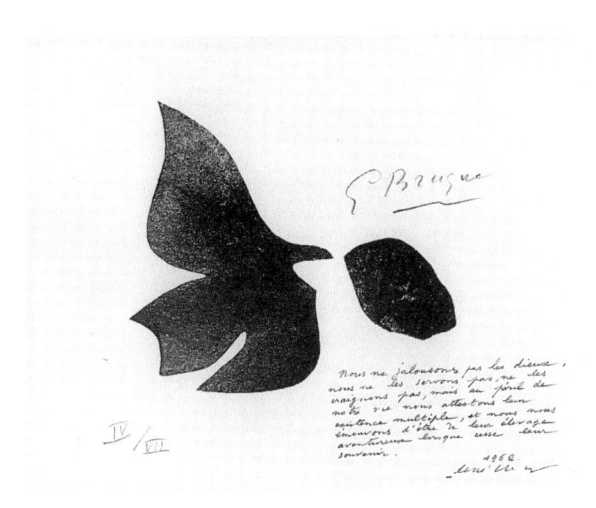

René Char, "Nous ne jalousons pas les dieux", Gedicht von 1962 mit einer Radierung von Georges Braque

freundet war. Er hatte eine sehr originelle Art erfunden, den Künstlern die Mitarbeit in Form von Gravuren auf Plastikfolie zu erleichtern, da man diese leicht auf dem Postweg verschicken kann und die Drucktechnik dieselbe ist wie die der Radierung mit Metallplatten. Seine Bücher wurden meist in Alès hergestellt. Er hatte eine Leidenschaft für ganz winzige Bücher, die – manchmal nur in einem Exemplar – vollständig handgefertigt waren. So sind diese wichtige Zeitdokumente geblieben und stellen eine ganz einmalige Art der Veröffentlichung dar, angepaßt an die Künstler, die zu seinem Kreis gehörten. Wie einst Guy Levis-Mano, genannt GLM, Bruno Roy und François Di Dio gehört PAB als einer der Bedeutendsten in die Reihe der erfinderischen und empfindsamen Dichter-Editoren und Buch-Architekten. Er starb 1993 in Alès.

Man muß aber in diesem Zusammenhang noch ein Genie der Buchgestaltung erwähnen, den aus dem russischen Futurismus von 1913-1914 kommenden Iliazd, der in Paris Fuß gefaßt hatte und wohl die schönsten Buchobjekte erfand. Durch seinen Freund, den Buchhändler Jean Bélias konnte ich einige Prachtwerke von ihm erwerben. Iliazd war auf der Ausstellung der russischen Avantgarde-Künstler im Sommer 1995 im Centre Beaubourg vertreten, und zwar zusammen mit Malevitch, Gontcharova, Larionov, Altman, Kandinsky etc. unter seinem damaligen Namen Ilia Zdanevitch. Die kleinen Gedicht- und Bilderbücher dieser Künstler sind historische Klassiker der Buchkunst und Vorläufer der ganzen typographischen und buchbinderischen Erneuerungen der späteren Zeit. Zusammen mit dem Dichter Chlebnikov wurde dann eine neue Sprache und Schrift erfunden und in Buchform publiziert. Jahre später wurden diese Werke als die eigentlichen Erstlinge des von Isidore Isou verbreiteten Lettrismus anerkannt. Die in der Sprache "Zaoum" verfaßten Bücher wurden in ganz unlogischem Zusammenhang illustriert, und Zdanevitch war einer der wichtigsten in dieser Gruppe. Er hat in seinen späteren Ausgaben in Paris, an denen Hausmann, Picasso und andere mitwirkten, Bild und Text in diesem Geist weiterentwickelt. So haben die Erfindungen von Malevitch, Chlebnikov, Filinov und anderen ihren Eingang in die europäische Buchkunst gefunden.

Antonia Eiris und Guido Llinás

Am 6. Oktober 1995 waren Guido Llinás und Gómez, der mit der Malerin Antonia Eiris verheiratet war, sowie Antonias Nichte Susana Barciela, die in Miami lebt, bei uns zu Besuch in Viroflay. Sie brachten mir den Katalog der Ausstellung der Werke der Künstlerin im Museum von Fort Lauderdale in Florida. Guido Llinás ist seit Anfang der fünfziger Jahre in Havanna mit Antonia befreundet gewesen und hat sie ermutigt, sich mehr und mehr der Malerei zu widmen. Das war zur Zeit der abstrakten Malerei und der Gründung der "Grupo de los once" (Gruppe der 11), einer Vereinigung abstrakter Maler, von denen Llinás noch einer der Überlebenden ist. Die Entwicklung von Antonias Stil zu einer Art dramatischem Expressionismus wurde immer von Guido unterstützt. Sie gilt wohl heute als eine der wichtigsten Künstlerinnen aus den fünfziger Jahren.

Die frühen Werke von Llinás aus den fünfziger Jahren sind heute gesucht. Es gibt aber einige im Museum von Havanna. Für den September 1996 wurde eine größere Ausstellung von Guido Llinás' Gesamtwerk in Florida, im Museum der Universität von Miami, angesagt. Die frühen Bilder befinden sich meistens in Privatsammlungen. Ich habe das erste Gemälde von ihm im Jahr 1962 erworben und in den folgenden Jahren laufend Werke dazugekauft. Auch eine Sammlung seiner Holzschnitte habe ich vervollständigen können. In Clairegoutte wurde im Herbst 1998 eine Ausstellung organisiert, wo auch der Kunstkritiker Christoph Singler sowie der kubanische Autor José Triana zu Wort kamen.

Clairegoutte, 25. Oktober 1997, Vernissage Jean Hélion in den Ausstellungsräumen "Espace Robert Altmann": der Bürgermeister von Clairegoutte und Robert Altmann

Clairegoutte, 25. Oktober 97, Ausstellung Jean Hélion - Mitte vorne: der Dichter und Maler Jean-Pierre Burgart

Kunststiftung Clairegoutte

Die Dorfgemeinde von Clairegoutte hatte sich vor einigen Jahren entschlossen, einen der ältesten Bauernhöfe im Rahmen einer Sanierung des Dorfkernes zu erwerben und ihn zu renovieren. Es wurde daraus unter Beibehalt der ursprünglichen Bausubstanz ein sehr hübsches Gemeindehaus mit einem für Ausstellungen geeigneten Saal. Daraufhin schien mir dieser Ort ein idealer Platz, um einen Teil meiner eigenen Editionen und meiner Sammlung von vornehmlich graphischen Werken moderner Kunst dort zu deponieren. Eine Stiftung im Einvernehmen mit dem Bürgermeister und dem Gemeinderat wurde errichtet und die Trägerschaft einer örtlichen Assoziation übergeben. Der Ausstellungssaal erhielt daraufhin den Namen: "Espace Robert Altmann". Eine erste Ausstellung fand am 14. September 1996 statt. Im darauffolgenden Jahr, im Oktober, organisierte die "Assoziation" eine Ausstellung von Graphiken, Zeichnungen und einigen Gemälden unseres Freundes Jean Hélion,

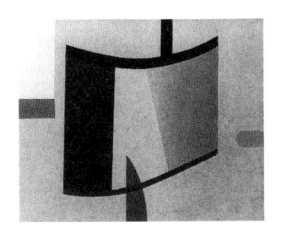

Jean Hélion, "L'Equilibre",
Öl auf Leinwand, 1933

Jean Hélion,
Öl auf Leinwand, 1948

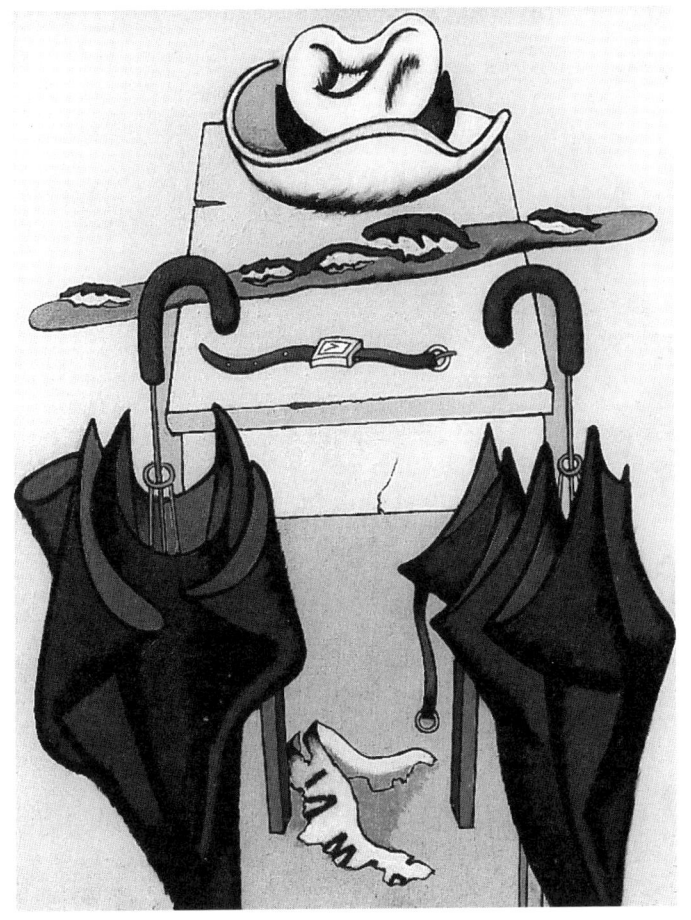

dessen 10. Todestag sich an diesem Datum jährte. Die Ausstellungsobjekte stammten großenteils aus dem Fundus der Stiftung, und sie wurden vervollständigt durch verschiedene Leihgaben. Die Vernissage-Zeremonie stand unter der Präsidentschaft der Witwe des Künstlers, Jacqueline Hélion, die zu dem Anlaß aus Paris gekommen war. Auch der Dichter und Schriftsteller Jean-Pierre Burgart war zugegen wie auch die Enkelkinder Matthias und Alvina Hélion mit Claudine, unserer Tochter, und Hélions Enkelsohn Raphael. Das Ereignis dieser Zusammenkunft stieß auf reges Interesse im Umkreis, und zahlreiche Zeitungsartikel bezeugen die Resonanz und den Publikumserfolg. Selbst in den entferntesten Städten, Belfort, Montbéliard und Besançon war ein Echo auf diese kulturelle Darbietung zu verspüren. Hinzuzufügen wäre, daß in Clairegoutte seit einigen Jahren jeweils im Frühjahr unter Leitung des im Dorf wohnenden Musikehepaars Meinrat Schweizer Konzerte barocker Mu-

sik von hohem Niveau stattfinden und daß diese "Musicales de Clairegoutte" bereits zu einem Begriff geworden sind, sodaß man auf dieses Dorf aufmerksam geworden ist.

Am 19. September 1998 wurde in dem besagten "Espace Robert Altmann" eine weitere Ausstellung eingeweiht, und zwar des in Paris lebenden Kubaners, unseres Malerfreundes Guido Llinás. Man hatte das in meinen Brunidor Editionen herausgegebenes Buch mit seinen Holzschnitten zu den Gedichten des kubanischen Dichters José Lezama Lima in den Mittelpunkt dieses Kunstereignisses stellen wollen. Der Künstler hatte außerdem der Stiftung von Clairegoutte dreißig seiner im Handabzug gedruckten Holzschnitte, teils von großem Format, als Schenkung vermacht, die alle ebenfalls ausgestellt waren und die vervollständigt wurden mit einer Reihe wichtiger Ölbilder. Zu der Ausstellung erschien ein bebilderter Ausstellungsführer. Die einleitende Ansprache hielt Christoph Singler, Freund des Künstlers und Professor für spanische und ibero-amerikanische Literatur an der Universität Besançon. Über die Dichtung des kubanischen Dichters José Lezama Lima, in Zusammenhang mit dem oben erwähnten Buch "Poemas" von Guido Llinás illustriert, sprach Benito Pelegrín, Professor an der Universität Aix-Marseille und Übersetzer einiger Werke von Lezama Lima. Sein Vortrag enthielt wichtige Hinweise auf seine Übersetzungsmethode dieses schwierigen Autors besonders was das Übersetzen aus dem Spanisch-Kubanischen ins Französische anbelangt. Unter den aus Paris angereisten kubanischen Intellektuellen befand sich auch der bedeutende Dramaturg und Dichter José Triana, Autor des in der ganzen Welt gespielten Stückes "Die Nacht der Mörder". Er sprach einige Worte der Erinnerung – teils von seiner Ehefrau Chantal ins Französische übersetzt, und er erzählte von seiner Freundschaft mit Lezama Lima und Guido Llinás, dessen Malerlaufbahn er seit den kubanischen Anfängen miterlebt hat. Aus Paris hatte sich auch die kubanische Romanschriftstellerin Zoé Valdès in Clairegoutte eingefunden, die vor Kurzem in französischer Übersetzung ihren Roman "Café Nostálgica" veröffentlicht sah. Sie war begleitet von ihrem Töchterchen und ihrem Ehemann, Ricardo Vega, dem bekannten Filmregisseur, der das Treffen von Clairegoutte auf Video aufgenommen hat.

Geschichte und Beschreibung dieser in Clairegoutte be-

Antonia Eiris, 1985

Guido Llinàs, September 1995

Evi Kliemand,
Holzschnitte aus dem
Brunidor Album "Kieseliris",
Vaduz/Paris, 1973

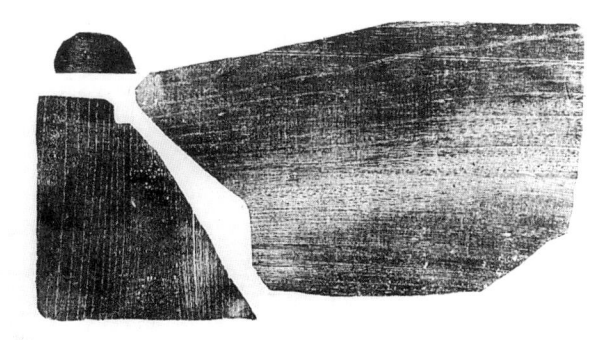

heimateten Kunstsammlung, welche nun verschiedene Zusammenkünfte von Künstlern, Dichtern und Schriftstellern und von Intellektuellen aus umliegenden Universitäten veranlaßte, sich damit zu beschäftigen, wäre die nächste Aufgabe der Assoziation. Dieselbe wird auch in der Region dafür Sorge tragen, daß die Sammlungen in den umliegenden Kulturstätten gezeigt und kommentiert werden.

Das Vorhandensein eines relativ großen Bestandes von Holzschnitten kann bewirken, daß die Sammlung in Clairegoutte als typisch für diese Art der Graphik eine besondere Stellung einnimmt. Meine unter Brunidor edierten Bücher und Mappen, wovon Exemplare in dieser Stiftung enthalten sind, weisen verschiedene, in dieser graphischen Technik ausgearbeitete Werke vor, so wie ich mich selbst mit Holzschnitt beschäftigte und mehrere eigene Bücher herausgegeben habe, z.B. das Buch "Arc-en-ciel" von Georges Peskoff und "Sieben Naturereignisse". In der Technik des Holzschnitts sind auch einige meiner Postkartenserien ausgeführt.

Vor mehreren Jahren erschien wie schon erwähnt ein Album von Holzschnitten in der Brunidor Edition der liechtensteinischen Dichterin und Malerin Evi Kliemand unter dem Titel "Kieseliris". Diese auf grauem japanischem Reispapier in Handabdruck verfertigten Blätter mit Gedichten gleichfalls auf grauem Papier von den Typographen Fequet et Baudier, Paris, gedruckt, bilden eine sehr gelungene Ausgabe und ein vorzügliches Beispiel dafür, wie der Holzschnitt sich mit der Typographie zu einem harmonischen Ganzen formen kann, wenn Faserung und Schnittflächen sichtbar bleiben und Gedichte in dieses Ganze mit eingeschlossen werden.

Die in Kuba für ihre in den sechziger Jahren in sehr kleinen Ausgaben gedruckten Xylographien bekannt gewordene Malerin und Graphikerin Antonia Eiris, ist vor Kurzem in Miami verstorben. Ihre Arbeiten nehmen in der Sammlung in Clairegoutte durch die Eigenartigkeit ihres Stils eine hervorragende Stellung ein. Ein imaginäres Museum des Holzschnittes in der ländlichen Atmosphäre von Clairegoutte wäre somit durchaus denkbar. Die riesigen Wälder, die ringsherum das Dorf einschließen und noch von den Jagden der Fürsten von Württemberg herrühren, sind mit ihrem herrlichen Baumbestand ein gewachsener Rahmen für diese Art Kunst, womit die Künstler der Gegenwart an die Meister des Mittelalters, an die volkstümlichen Illustratoren des vorigen Jahrhunderts, an den Orient und seine Farbdruckkunst anknüpfen mögen und damit einen Weg über die Moderne hinaus aufzeichnen.

Clairegoutte ist nicht nur der Ort, wo sich bedeutende Künstler und Dichter aus fernen Ländern, wie vor kurzem aus der Karibik, treffen und ihre Werke vorlegen, es ist auch der Ort, wo sich alte Techniken zu einem neuen, Ausdruck fortentwickeln, und somit lebendig und aktuell bleiben können.

Die mannigfachen, hier skizzierten Möglichkeiten wurden in der Ansprache von Benito Pelegrín in Zusammenhang mit der Ausstellung der Werke des Guido Llinás und der Bücher und Dokumente des Dichters Lezama Lima in folgenden Worten gezeichnet: "....also Clairegoutte, anscheinend ein Paradox, welches zwei Welten trennt, der Norden und der Süden, der Osten und der Westen, in dieser Gegend mitten zwischen Frankreich und Deutschland, ganz nahe der Schweiz, nahe am Burgund, zwischen Elsaß und Franche-Comté, an diesem Ort der durchziehenden Völker und der Mischung ihrer Kulturen, fern von Grenzen, weit über allen Konflikten in der friedlichen Gemeinschaft der Zivilisation verankert, wo das Glück besteht, über Dichtung zu sprechen..."

Stiftung Dubuffet

Verschiedene künstlerische Ereignisse hatte ich während einiger persönlicher Besuche oder Treffen mit Dichtern - und Malerfreunden für erwähnenswert erachtet, denn daraus werden spätere Entwicklungen sichtbar und wie durch Zufall geben sie Erklärungen für Ereignisse von kunstgeschichtlichem Interesse.

Ich denke da an einen Besuch bei Armande de Trentinian, der einstmaligen Sekretärin des Malers Jean Dubuffet und heutigen Leiterin der Stiftung, die unter dem Namen des Künstlers in seinem Haus in der rue de Sèvres errichtet worden ist. In diesem in einem stillen Hintergarten gelegenen dreistöckigen Haus hatte sie 1995 eine Ausstellung unter dem Titel "Noir et Blanc" von Werken Dubuffets aus den vierziger und fünfziger Jahren und aus der Zeit in Marokko organisiert. Eine Postkarte an Noël Arnaud veranlaßte mich dort nach diesem Schriftsteller zu fragen, und es hieß, er käme noch von seiner Residenz im Süden ab und zu in die Fondation. Anfang der sechziger Jahre war Arnaud Dubuffets Sekretär. Damals hatten die beiden das "Collège de Pataphysique" gegründet. Ich hatte Noël Arnaud 1949 oder 1950 in Paris bei Edouard Jaguer kennengelernt. Er gab damals eine kleine Zeitschrift heraus, befreundete sich mit Asger Jorn und wurde vielleicht durch Dotremont in die Atmosphäre von "Cobra" gezogen. Die Fondation Dubuffet hat veranlaßt, eine CD: "Expériences Musicales de Jean Dubuffet, La musique chauve" herauszugeben sowie das Büchlein von Jean Pierre Armengaud: "La Musique chauve", beides 1991. Daß Dubuffet früher mit Asger Jorn zusammen musizierte, bestätigte mir Madame de Trentinian, und diese Zusammenarbeit ist auch in dem Buch von Armengaud beschrieben. Die CD ist ein wichtiges Dokument für den Gebrauch verschiedener exotischer Instrumente und Gesangstimmen. Sie steht in engem Zusammenhang mit den Experimenten der Zeichnungen und Bilder vor allem der sechziger Jahre und bildet einen Hinweis auf die Art der Arbeit des Künstlers.

Armande de Trentinian hatte einmal von einem Mexikaner zwei Zeichnungen Dubuffets vorgelegt bekommen, die ihm Adamelia Feijóo, die Tochter von Samuel Feijóo, in Havanna gegeben hatte, und die in Feijóos Zeitschrift "Signos" abgebildet sind. Die Zeichnungen sind aber nach Meinung von Armande de Trentinian keine Originale, sondern Reproduktionen. Nach Adamelia waren im Nachlaß von Feijóo Bilder und Zeichnungen von Asger Jorn und Dubuffet, wovon Adamelia mir Farbphotos geschickt hatte. Als ich sie vor drei Jahren besuchte, erzählte sie mir von ihrer Absicht, den Nachlaß in Cienfuegos zu ordnen. Ich vermute, daß noch sehr interessante Werke dort auftauchen könnten. Auch Feijóos photographische Arbeiten müssten sich dort auffinden. Durch Samuel Feijóo bin ich eigentlich auf das Verständnis der Photographie als Kunst gekommen.

Claude Cahun
Als ich vor einigen Jahren bei einem Besuch bei Georges Hugnet den Namen von Claude Cahun hörte, erzählte mir dieser, daß sie eine bedeutende Photographin gewesen sei.... und darauf zeigte er mir ein Buch mit Photos, die sie 1937 zu einem Text von Lise Deharme komponiert hatte. Das waren zwanzig Bilder, die eine Reihe von surrealistischen Zufallsobjekten von ganz unerwarteter Qualität darstellten. Ich kaufte ihm dieses Buch ab und verwahrte es, ohne Näheres über die Person der Photographin und ihre Werke erfahren zu haben. Im Juli 1995 erfuhr ich nun von einer Ausstellung im Pariser Museum für Moderne Kunst, welche das Gesamtwerk der Photographin in zwei großen Sälen zeigte und dazu einen ausführlichen Katalog veröffentlichte. Diese und einige vorhergehende Ausstellungen wie die in Nantes über den dortigen Surrealismus haben die Künstlerin plötzlich sehr bekannt gemacht. Die eigentliche Entdeckung der Person und der Werke von Claude Cahun verdankt man dem Schriftsteller François Leperlier, welcher den Katalog mitbearbeitet und vor zwei Jahren ein großes Buch geschrieben hat. Leperlier traf ich vor kurzem im Haus meines Freundes Florent Chopin. Er gibt eine kleine Zeitschrift heraus, "Le Cerceau" (Der Reifen), an der Pierre Peuchmaurd, Alain Joubert, Jorge Camacho und andere mitarbeiten. Leperliers großes Verdienst war es, die Künstlerin Claude Cahun und ihre Freundin und Mitarbeiterin Susanne Malherbe (Moore) als originelle Erfinderinnen auf dem Gebiet der Photographie der zwanziger und dreißiger Jahre darzustellen. Claude war außer Photographin auch als Dichterin und Schriftstellerin beachtlich. Ihr eigentliches Werk ist zum großen Teil durch die Zerstörung ihres Hauses in Jersey während der deutschen Besatzung verloren gegangen. Nur allmählich wird das eine oder andere Stück, das vielleicht noch existiert, wieder auftauchen können.

Was an den Photographien so ungemein beeindruckt, ist die Einfachheit der Darstellung und die Fähigkeit der Autorin, mit den natürlichsten Dingen ein Wunderland entstehen zu lassen, voll zauberischem Reichtum, aber auch voll dramatischer Ausdruckskraft. Die ahnungsvollen Porträts ihrer selbst, – die Selbstporträts haben einen großen Einfluß auf die jungen amerikanischen Photographen, insbesondere Cindy Sherman, gehabt – dann die Porträts von Desnos und von Henri Michaux, die vom inneren Leben sprechen, von visionärem Sehen und vom dichterischen Werden sprachlichen Ausdrucks. Alles das hat wohl der junge Man Ray bei Claude Cahun gesehen und in seinen Bildnissen von Dichtern seiner Umgebung weiterentwickelt.

Ein Besuch im Juli 1995 bei Ivsic und Annie Lebrun brachte mir neue Informationen über Aimé Césaire und über Lebruns Überarbeitung der Werke des Raymond Roussel.

Radovan Ivsic und Annie Lebrun

Ich sah Ivsic und Annie Lebrun am 24. Juli 1995 in ihrer Wohnung, 11, rue Mazagran. Ivsic hat jetzt lange, fast weiße Haare und noch immer einen etwas ängstlichen Ausdruck. Annie ist wie früher in ihrer Unterhaltung lebhaft, zeigt ungemeine Kenntnisse und vereint Intelligenz mit Anmut. Beide sprachen von ihrer Reise nach Martinique und Guadeloupe. Bei Annies Vorträgen vor einem großen Publikum war Césaire anwesend und auch Ménil, der frühere Kommunist, der wohl repräsentativste der alten Intellektuellen-Generation, der nun auch mit Césaire wieder versöhnt ist. Beide waren sehr beeindruckt von dem Vortrag und haben bei der neuen Garde der Anti-Césaire-Schriftsteller eine wilde Reaktion hervorgerufen. Man griff die Position der Verteidigerin des Dichters vehement an, und dieser Aufruhr dauerte noch, bis Ivsic und Annie abfuhren. Die ganze Kontroverse wird demnächst in einem Buch im Verlag "Place" erscheinen. Wir sprachen eingehend über Raymond Roussel und die Herausgabe seines Gesamtwerks bei "Pauvert-Fayard", das nun auch die vor einigen Jahren wiederentdeckten Manuskripte enthält, die der Bibliothèque Nationale gehören und für die Pauvert-Fayard die Veröffentlichungsrechte besitzt.

Noch einmal Raymond Roussel

Man hat sich in letzter Zeit versucht über die Betrachtung der Sprache an Roussel anzunähern. Dies war nach Meinung von Ivsic ein falscher Weg, der den kreativen Prozeß bei diesem Autor ignoriert. Es handle sich hier um einen ganz außergewöhnlichen Fall von explosiver Erregung, den Roussel in sich selbst einzufangen versucht in Schemen, Rätseln, Vorspielen usw., die er dazu erfindet. Die Wissenschaft müsse, besonders nach der Entdeckung eines großen Werkabschnittes einen ganz anderen Weg gehen, wobei das Besondere dieses Wortgenies hervorzuheben und wobei nicht mit mehr oder weniger ausgeklügelten Methoden und Versteckspielen von der Sprache auszugehen sei. Annie Lebrun studiert diese Seite des Wesens des Werkes in ihrem Buch: "20 Meilen unter den Wörtern". Sie beruft sich absichtlich auf Jules Verne, den Roussel sehr verehrte, und mit dem sein Erfindungsdrang verwandt ist.

Michel Leiris hat mit elf Jahren eines der ersten aufgeführten Theaterstücke von Roussel gesehen, die "Impressions d'Afrique", was ihn so beeindruckte, daß er später Ethnographie studierte. Da die Familien Leiris und Roussel befreundet waren, ist gut möglich, daß im Nachlaß von Michel Leiris noch interessante biographische Hinweise zu Roussel auftauchen.

In dem Buch von Annie Lebrun wird auch auf die Beziehung und direkte Beeinflussung von Marcel Duchamp durch Roussel hingewiesen, die in der Erfindung einer Schachspielfigur deutlich wird. Beiden gemein ist auch die unaufhörliche Häufung von Bildern, die dann in Wortspiele und Rätsel verwandelt werden. Duchamp weiß, daß er Roussel viel schuldet und daß Roussel ihm den Weg vorgezeichnet hat. Andere Vorbilder von Duchamp waren die Dichter François Coppé und Jean Richepin. Aus Versen des Letzteren konnte er die "prosaische Beschreibung" von Objekten ablesen, woraus dann die ganze Kunst der Verwandlung des Objektiven in eine neue Darstellung geschaffen wurde, in der Subjektives und Objektives ausgeschaltet wird. Nur in der inneren Welt von Roussel spielt sich Geschehen ab. Annie Lebrun und J. Pauvert haben als wichtiges Zeichen auf dem Deckblatt der Neuausgabe der Werke von Roussel einen grotesk zusammengesetzten Buchstaben "Z" angebracht. Die Collagezeichnung stammt von J. Heisler, dem Freund der Malerin Toyen. Für diese beiden besaß der Buchstabe "Z" am Ende eines ähnlich phantasievollen Alphabets eine geheimnisvolle Bedeutung. Das Alphabet von Heisler gilt übrigens als ein für den Surrealismus um 1949-1950 bezeichnendes Werk.

Der Maler Pierre Faux

Bei meinen Besuchen bei Radovan Ivsic und Annie entdecke ich jedes Mal neue Bilder an den Wänden. Diesmal fiel mir eine Landschaftsdarstellung auf, eine desolate Berglandschaft in einem graubraunen Licht, die von Pierre Faux stammt. Ich hatte 1971 einmal ein Bild dieses Künstlers von Ivsic gekauft. Faux war ein Gelegenheitsmaler von vielen Bildern, die er ganz ohne kommerzielles Interesse malte. Aber ein Dutzend seiner Bilder sind erstaunlich und eng dem Surrealismus verwandt, obwohl der Künstler nichts von dieser Gruppe wußte. Er soll schon vor längerer Zeit gestorben sein. Eine Biographie und eine Dokumentation seiner Werke gibt es nicht. Die genannte Landschaft ist sehr sorgfältig gemalt und drückt eine nächtlich geheimnisvolle Stimmung aus. Ganz anders ist das Bild, das ich besitze, das eine zwergähnliche Gestalt darstellt, die mit nicht erkennbaren Instrumenten hantiert und ganz in dieses Spiel vertieft zu sein scheint. Auch das ist eine traumhafte Szene, sehr sorgfältig und mit raffinierter Technik gemalt.

Césaire und Breton
Um auf den Dichter Aimé Césaire zurückzukommen, so hörte ich neulich von Helena Benitez, der früheren Frau von Lam, wie dieser in Fort de France den Dichter kennenlernte. Es war wohl 1942, als das Schiff, welches von Marseille kommend eine Gruppe von Künstlern, für die das Komitee Fry amerikanische Einreisevisen erlangt hatte, in Martinica anlegte. Unter den Künstlern befanden sich André Breton und seine Frau sowie Wifredo Lam und Helena. Sie wurden alle in einem Immigrationslager auf einer Insel vor Fort de France zurückgehalten. Sie durften tagsüber mit einer kleinen Fähre zur Stadt fahren, mußten abends aber wieder im Lager zurücksein. Beim Einkaufen in einem Schuhgeschäft kam Breton ins Gespräch mit einer Verkäuferin, und als man zufällig von Büchern sprach, stellte sich heraus, daß die Verkäuferin eine Schwester des Dichters Ménil war, der zusammen mit Aimé Césaire die Zeitschrift "Tropiques" herausgab. So wurden Breton, seine Frau und Wifredo Lam bei Césaire eingeführt, der damals noch Volksschullehrer war. Aus dieser Bekanntschaft entwickelte sich eine innige Freundschaft. Damals erschien in "Tropiques" das berühmte Gedicht "Retour au pays natal", von dem Breton sehr begeistert war und welches das Schlüsselwerk der ganzen Literaturbewegung der Antillen wurde. In meiner Sammlung von Manuskripten gibt es ein Manuskript von André Breton, worin er sein Treffen mit Ménil und Césaire auf der Insel Martinica beschreibt. Einige Wochen später fuhren Helena und Wifredo nach Santo Domingo, Breton und seine Frau in die USA Lam und seine Frau konnten von Santo Domingo nach Kuba einreisen, wo Helena das Gedicht von Césaire ins Spanische übersetzte und von Lydia Cabrera korrigieren ließ. Lydia finanzierte den Druck von etwa 1000 Exemplaren mit den Illustrationen von Lam. Ich habe diesen Druck leider nie gesehen, doch hörte ich davon, als Virgilio Piñera sein Gedicht "Isla en Peso" veröffentlichte, wie ich es schon bei der Beschreibung meines Kuba-Aufenthalts erwähnt habe.

Erinnerungen an Brancusi
Jacques Hérold arbeitete, als er aus Rumänien nach Paris kam, also 1930 oder 1931, bei dem Bildhauer Brancusi, der in der Passage Ronsin wohnte, in der Nähe der Passage Déchambre,

wo zwanzig Jahre später Hérold Atelier und Wohnung hatte und wo ich ihn oft besuchte. In der Brancusi-Ausstellung im Centre Pompidou soll im Film über Brancusi auch ein Beitrag oder Interview von Hérold sein über seine Erinnerungen an die Zeit im Atelier des Bildhauers. Hérold war damals übrigens gut befreundet mit Yves Tanguy, der ihn mit den Surrealisten in Verbindung brachte, von deren Gruppe er sich aber Anfang der fünfziger Jahre trennte.

Michel Herz erzählte mir, daß er kurz nach dem Krieg des öfteren mit Victor Brauner seinen Landsmann Brancusi besuchte, der aus dem selben Ort stammte wie er. Er sagte, es sei schwierig gewesen, mit Brancusi zu sprechen. Eine gewisse rustikale Schlichtheit, dazu starke Egozentrik taten Brauners Bewunderung für den großen Künstler jedoch keinen Abbruch. Auch Herz hält Brancusi für einen der ganz Großen und weist auf den erstaunlichen Kontrast zwischen den enormen Holzblöcken und Sockeln und den feingeschliffenen Bronzen hin, der seiner Meinung nach in der letzten Brancusi-Ausstellung kaum zur Geltung kam.

Surrealisten um den Dichter Pierre Peuchmaurd
Anläßlich einer Einladung in die Wohnung von Florent Chopin traf ich am 1. Juli 1995 einige der Surrealisten der jüngeren Generation. Pierre Peuchmaurd war mir durch seine Gedichtbände seit einigen Jahren bekannt. Um ihn hatte sich eine kleine Gruppe von Dichtern und Malern gebildet, die großenteils in der Gegend von Brive leben, zu denen aber auch Pariser wie S. (Jimmy) Gladiator und Joubert gehören. Ich traf da auch einen alten Freund, Jorge Camacho, der mit Guy Cabanel ein Buch herausgegeben hatte, das dort signiert wurde. Guy Cabanel kannte ich seit langem durch seine Bücher, die von Malern der Surrealistengruppe öfters illustriert wurden. Nun lernte ich auch den Dichter Louis-François Delisse kennen, dessen Gedichte in den von Peuchmaurd und Chopin herausgegebenen Broschüren ediert sind. Chopin hegt eine große Bewunderung für das Werk und die eigenartige Persönlichkeit des Dichters Delisse, der ständig viel in der Welt herumgereist ist und von dem demnächst im Verlag "Place" ein größeres Buch herausgeben wird. Florent Chopin hatte auch Freunde aus Lille und Maubeuge eingeladen, wo auch eine Gesellschaft für bildende Kunst besteht, die über Ausstellungsräume verfügt. Es soll dort in etwa zwei Jahren eine größere Ausstellung über den Surrealismus in Amerika organisiert werden. Die meisten diesen Abend bei Chopin Anwesenden betrachten sich weiterhin als Surrealisten, obgleich sie die Gruppe um Breton kaum gekannt haben. Annie

souffler parfois quelques mots qui me demeurent la *pierre de touche*, dont je m'assure qu'ils ne s'adressaient qu'à moi seul (tant j'y reconnais, mais toute limpide et portée à la puissance incantatoire, ma propre voix) et que, si décourageants qu'ils soient pour l'interprétation au pied de la lettre, sur le plan émotif ils étaient faits pour me donner le *la*.

Décembre 1960.

"Le La", Gedicht von André Breton in der Erstausgabe von 1961 in 50 Exemplaren, Hrsg. PAB i. e. Pierre-Albert Benoît

Lebrun sollte eigentlich auch kommen, hatte aber wegen gewisser Unstimmigkeiten mit einigen der Anwesenden abgesagt. Radovan Ivsic hatte mir schon einmal erklärt, daß er von Pierre Peuchmaurd nicht viel halte und dessen Zeitschriften und Broschüren ganz und gar ablehne.

Ich hatte in den Räumen der Wohnung einige hochinteressante Radierungen des Hausherrn gesehen. Meiner Meinung nach ist Chopin ein bedeutender Graphiker. Auch seine Ölbilder, kombiniert mit Collagen, sind durchdacht und in einer originellen Faktur ausgeführt. Man hat bei ihm den Eindruck eines Künstlers, der seinen Weg kennt und uns bedeutende Überraschungen verspricht.

Mit Camacho sprachen wir natürlich viel über Kuba. Er ist Testamentsvollstrecker seines verstorbenen Freundes, des Schriftstellers Reinaldo Arenas. Seine Bücher sollen in den Vereinigten Staaten großen Erfolg haben. Er ist in den Spuren von Lezama geblieben.

André Breton

Ich habe schon kurz erwähnt, daß ich André Breton bei meiner ersten Rückkehr aus Amerika, es muß wohl 1947 gewesen sein, auf Anraten von Nicolas Calas in seiner Wohnung, rue Fontaine, aufgesucht hatte. Ich wollte ihm die gerade herausgekommene Mappe Brunidor I zeigen, wofür Nicolas Calas die Einleitung geschrieben hatte. Breton sah sich die Mappe und die Graphikblätter an, gab aber keinen Kommentar dazu. Er war sicher nicht damit einverstanden. Es interessierte ihn hauptsächlich, Nachrichten von seinen New Yorker Freunden zu empfangen, und wir unterhielten uns eigentlich nur über die ins stalinistische Lager übergegangene früheren Mitglieder der Pariser Surrealistengruppe, was Breton sehr viel Sorgen zu machen schien. Er wollte auch etwas über die amerikanischen Trotzkisten hören, wollte wissen wie es mit dieser Gruppe ging. Nach Lam fragte er ebenfalls, es interessierte ihn, ob derselbe immer noch die Figuren mit Kanten und scharfen Ecken und Hörnern malte. Dann lud er mich ein, doch zu den Zusammenkünften ins Café Des Deux Magots zu kommen, was ich dann auch einigermaßen regelmäßig tat. Ich lernte dort Toyen und später Heisler kennen, mit denen ich sehr befreundet blieb, ebenso Benjamin

Péret. Ich traf im Café Henri Parisot, Dichter und Gründer eines Verlages. Er machte mich auf die neuesten Veröffentlichungen aufmerksam, über welche in diesen Versammlungen gerade gesprochen wurde. Parisot war seit den dreißiger Jahren mit Breton eng befreundet. Ich konnte einige dieser in kleinen Auflagen erschienenen Bücher erwerben. Es war auch damals die Zeit der Zeitschrift von Younan, einem ägyptischen Maler, und Georges Henein, der sehr befreundet mit Nicolas Calas war, stand in regem Briefwechsel mit diesem. Von "La part du sable" wurden drei Nummern herausgebracht und Georges Henein war sehr bekannt geworden durch diese überaus interessante Publikation. Breton erschien immer zu diesen Café-Versammlungen umringt von Mitgliedern oder von Journalisten. Dagegen blieben Toyen und Heisler getrennt an einem ruhigen Tisch, und ich setzte mich oft zu ihnen, und wir machten Pläne für eine Farblithographie von Toyen und einem Gedicht von Heisler zur Veröffentlichung des Brunidor-Portfolios Nr. II. Später waren diese Versammlungen nicht mehr im Des Deux Magots, sondern an der Place Blanche in Montmartre, wo ich auch einmal hinging. Nach dem Ausschluß meines Freundes Victor Brauner und Matta aus der Surrealistengruppe als Folge des Selbstmords von Arshile Gorky kam ich nicht mehr in Kontakt mit der Gruppe von Breton, mit Ausnahme von Péret, den ich noch oft nach 1950 sehen sollte, sowie Toyen und bis zu dessen Tod (1953) Heisler. Toyen war in engstem Kontakt mit Annie Lebrun und Radovan Ivsic, von denen ich viel von Breton und den Surrealisten hörte. Da ich häufig unsere Freunde Jacqueline und Victor Brauner besuchte, war in unseren Gesprächen trotz der sehr bitteren Verbannung Victor Brauners aus dem Surrealisten-Zirkel sehr oft von Breton die Rede, denn Victor betrachtete ihn als den größten Dichter, und er wirkte auch aus der Ferne wie ein Meteor auf alle jene, die mit ihm in Kontakt gekommen waren. Als Victor schwer erkrankte, besuchte ihn Breton an seinem Krankenbett im Hospital. Ich sah auch einmal Elisa Breton bei Brauners zu Besuch.

In Erinnerung geblieben sind mir bei Breton noch die verschiedensten Objekte, die auf seinem Arbeitstisch lagen, indianische und afrikanische, Figuren der Hopi-Indianer, an der Wand Zeichnungen und Bilder, im Raum stand das große Bild von Dalí: "Wilhelm Tell". Die Person von Breton war von einer imposanten Prägnanz. Seine Gesten und seine Art waren sehr höflich, sehr französisch und vielleicht etwas an die Manieren des vorigen Jahrhunderts erinnernd.

Wir sollten uns noch, aber nur flüchtig und entfernt, bei mehreren Vernissagen unserer kubanischen Freunde wiedersehen: Zur ersten Ausstellung bei Raymond Cordier mit Werken von Jorge Camacho und in der Galerie "L'Etoile scellée", die Breton leitete anläßlich einer Ausstellung von Toyen und von den Kubanern Fayad Jamis und Cárdenas. Diese Galerie lag in der Nähe des Boulevard St-Germain, rue du Pré-aux-Clercs.

Breton hatte sich in den Kriegsjahren in New York nie wohl gefühlt. Seine Frau Jacqueline Lamba, ursprünglich eine Schwimmerin von athletischer Schönheit des Cabaret Lido (Hauptattraktion war dort das Schwimmbecken) hatte sich von ihm getrennt und lebte fortan mit dem Bildhauer David Hare in Connecticut. Nach dem Krieg kehrte Breton sofort nach Paris zurück. Er hatte Elisa, eine Chilenin, geheiratet. Da seine finanzielle Lage immer kritisch war, mußte er laufend Bilder verkaufen, die die Künstler ihm geschenkt hatten. Helena Lam erzählte mir, daß er auch ein Bild ihres damaligen Mannes verkaufen mußte. David Hare, Jacqueline Lambas neuer Mann, wurde nur kurze Zeit in den surrealistischen Kreisen New Yorks gesehen. Ich habe ihn nie angetroffen. Seine zweitklassige Begabung und Alkoholismus waren der Grund, warum man ihn bald aus den Augen verlor. Nach dem Tod Bretons habe ich einmal mit Hortensia die Sommerresidenz Bretons in Südfrankreich, Saint-Cirq-Lapopie, auf einem steilen Felsen oberhalb der Schlucht des Flusses Lot besucht. In einem der mittelalterlichen, an den Felsen gelehnten Häuser sollte eine Erinnerungsausstellung stattfinden, welche Lucie Ducel organisierte. Ich lieh dazu die Farblithographie von Toyen und ein Gemälde von Paalen. Die Ausstellung fand schließlich statt. Aber da dieser sehr malerische, aber schwer erreichbare Ort nicht die nötige Autostraße und Parkierungsgelegenheit hatte, wurde davon abgesehen, dort ein permanentes Museum einzurichten. So bleiben nur das Andenken dieser von Breton in seinen letzten Lebensjahren besuchten Hochburg des Surrealismus und ein kleiner Katalog der besagten Ausstellung als Zeugen einer wichtigen Vergangenheit.

Das Atelier von Breton bewohnte bis zu ihrem Tod die Malerin Toyen. Es lag oberhalb der Wohnung rue Fontaine, nicht weit vom Place Blanche. Meine Freunde Radovan Ivsic und Annie Lebrun hielten mich auf dem Laufenden über die Produktion der Malerin, mit der zusammen beide eine Serie von sehr schönen bibliophilen Werken herausgegeben haben, mit ihren Radierungen oder Originalzeichnungen.

Zwischen meinen Papieren befindet sich ein Brief Bretons an den Bildhauer Michel Herz, einem Freund von Victor Brauner. Breton schrieb diesen Brief, weil er Herz um einen Gefallen bitten wollte. Er wollte ihn gern besuchen, um seine Plastiken

Wolfgang Paalen,
Gouache auf Leinwand, 1952

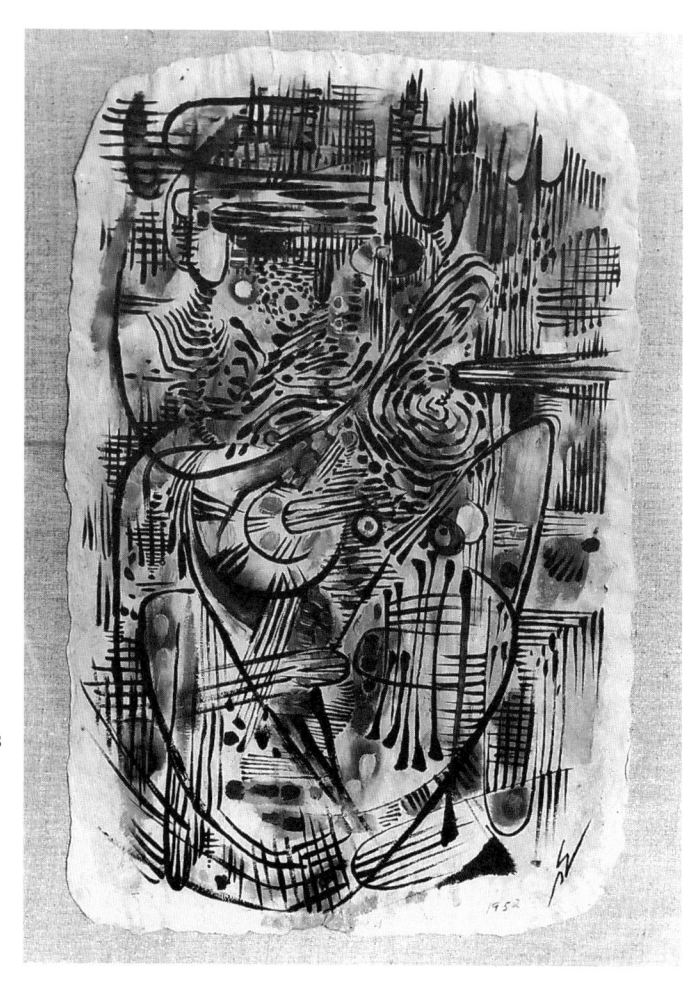

und Malereien zu sehen. Herz meinte uns gegenüber, dies sei nur ein Vorwand gewesen. Breton sei nie zu ihm gekommen. Er hatte sich auch nie zu anderen über das Werk dieses eigenartigen, verschlossenen Künstlers geäußert.

Die politischen Ideen von André Breton sind oft als falsch beurteilt worden. Wenn er auch dem Stalinismus grundsätzlich ablehnend gegenüber gestanden ist, ist er doch von den bedeutenderen Politikern der Vierten Internationale nie recht ernst genommen worden. Solche Leute wie Shachtmann oder Morrow vom extremen linken Flügel der amerikanischen Trotzkisten, wie ich sie in New York getroffen habe, ebenso wie Trotzkis Sekretär Van waren an Kunst und den gegenseitigen amerikanisch-europäischen Kunsteinflüssen ziemlich uninteressiert. Van hatte aber mit Breton persönliche Verbindung in der New Yorker Zeit. Van hieß in Wirklichkeit Jan van Heijenoort. Breton kannte ihn seit seinem Besuch in Mexiko bei Trotzki. Auch war es eine recht abwegige Idee von Harold Rosenberg und Parker Taylor, die glaubten, ein künftiges Kulturzentrum und die Wiege großer dichterischer Entwicklungen würden in der Karibik entstehen. Damals, am Anfang des Krieges, waren zwar Césaire in Martinica, Lam in Kuba, Paalen in Mexiko und Mabille in Haiti; eine politische Entwicklung ging aber eher in Richtung des Stalinismus', und in Wirklichkeit wurde New York zu einem Zentrum großer Kunst, was aber Breton wegen seiner antiamerikanischen Haltung nicht vorausgesehen hat und länger auch nicht wahrhaben wollte. Nur Matta und Nicolas Calas ahnten solche Entwicklung. Überdies wurden große Dichter aus dieser Zeit wie Lezama Lima in Kuba von Breton ignoriert (es gab zu der Zeit keine französische Übersetzung seines Werkes), und die Pro-Castro-Haltung des späteren Lam wurde von den Surrealisten mit äußerster Skepsis betrachtet.

Als ich einmal Nicolas Calas fragte, welches nach seiner Meinung Bretons dichterisches Hauptwerk sei, antwortete er: "Der weißbehaarte Revolver" ("Le revolver à cheveux blancs"). Mich hatte eher die Lektüre von "L'Amour fou" beeindruckt, und ich hatte auch "Nadja" als eins seiner Hauptwerke angesehen. Erst jetzt erfuhr ich, daß Breton Anfang der fünfziger Jahre mehrmals Hélion in seinem Atelier besuchte. Es entstand zwischen beiden aber kein Verhältnis im Sinne gegenseitiger Beeinflussung. Jean Hélion blieb gegenüber Breton sehr zurückhaltend, da er mit Ausnahme vielleicht von Victor Brauner und Arp dem Surrealismus ablehnend gegenüber stand. Den am Rande der Surrealismusbewegung stehenden Giacometti hat Hélion allerdings bildhauerisch wie malerisch sehr geschätzt und sich seinen Arbeiten verwandt gefühlt. Über die Rolle, die Breton in New York spielte, kann man neuerdings auch in dem Buch von Martica Sawin, "Surrealism in Exile" nachlesen, das kürzlich (1996) erschienen ist und mit meinen Eindrücken durchaus übereinstimmt.

In den Notizen von Jean Hélion, die bei Maeght verlegt worden sind, ist gelegentlich von André Breton die Rede, der Hélion, wie gesagt, in den fünfziger Jahren mehrfach besuchte. Man hat auch öfter surrealistischen Einfluß auf figürliche Darstellungen Hélions konstatiert und die Haltung Hélions, der Anfang der dreißiger Jahre von der figürlichen zur abstrakten Malerei und in den späten dreißiger Jahren von der Abstraktion wieder zum Figürlichen schwenkte, als einen surrealistischen Akt bezeichnet. Hélions figürliche Darstellungen der fünfziger Jahre hatte selbst Victor Brauner sehr bewundert, aber er wandte sich von seinem Freund ab, als dieser zu einer eher expressionisten Malweise überwechselte. Auch hatte er kein Verhältnis zu Hélions damals sehr realistischen, großformatigen Kompositionen. Bis zuletzt blieb Hélion der Malerei von Balthus nahe, welche die Kunsthändlerin Henriette Gómez in ihrer Galerie in der rue du Cirque zusammen mit den großformatigen Bildern Hélions zeigte. Wie schon erwähnt, blieb Hélion auch Giacometti bis zu dessen Tod ein großer Freund und Bewunderer. Die diversen, der Malerei Hélions anhaftenden Etiketten wie Hyperrealismus, Surrealismus, Pop usw. blieben sehr relativ und entsprechen sicher keinen vom Künstler bewußt anerkannten Tendenzen und sind kategorisch von ihm abgelehnt worden.

Slavko Kopac

1996 sah ich die Ausstellung der Werke meines vor einem Jahr verstorbenen Freundes Slavko Kopac, eines in Paris lebenden Kroaten. Er war Sekretär von Jean Dubuffet gewesen und Leiter von dessen Sammlung "Art Brut". Die Ausstellung befand sich in den schön eingerichteten Sälen des Pariser Rathauses, war organisiert unter der Ägide der Frau des Bürgermeisters, Madame Tiberi, und begleitet von einem reich illustrierten, sehr sorgfältig bearbeiteten Katalog, in dem unter anderem Texte des Sohnes von Nicolas de Staël, des kroatischen Dichters Radovan Ivsic, und der surrealistischen Schriftstellerin Annie Lebrun zu finden sind. Ich habe schon früher über diesen Künstler berichtet und hatte Slavko Kopac vor drei bis vier Jahren ein sehr schönes Collage-Bild mit dem Titel "L'escalier de la mémoire" abgekauft, auf dem man eine angedeutete Treppe erkennen kann vor einem Untergrund von sehr fein abgestimmten Farben, die, teils gemalt, teils durch aufgeklebte Farbpapiere eine gewisse Leuchtkraft ausstrahlen und zugleich eine leicht humoristische Atmosphäre im Geist des "Art Brut" hervorzaubern. Die Ausstellung zeigt die Bedeutung dieses wohl einzigartigen Künstlers, der trotz seiner 27jährigen Tätigkeit an der Seite einer so dominierenden Persönlichkeit wie Dubuffet seine eigene Ausdruckskraft erhalten und in erstaunlicher Weise entwickeln konnte.

Kopacs Werke zeigen die Welt eines stillen, beschaulichen Menschen, eine Welt, welche an Kunstwerke von Geisteskranken, Kindern und sogenannten "Primitiven" denken läßt. Seine Figuren entstehen auf ungewissem Grund, als ob sie jeden Moment in ihre imaginäre Existenz zurücktreten könnten. Ebenso ist Kopacs Dichtkunst, eng verwandt mit den Bildern in Lithographien oder Holzschnitten, die sie begleiten. Einige von ihm herausgegebene Bücher zeugen von seinem Ideenreichtum auf bibliophilem Gebiet, wo er seit seinen sogenannten Holzbüchern vom

Ende der fünfziger Jahre immer bahnbrechend gewesen ist.

Die Konfliktsituation, wie sie einige Kommentatoren glaubten hervorheben zu müssen, um eine zweitrangige Stellung Dubuffets als Nachahmer von Kopacs "Art Brut"-Erfindungen behaupten zu können, ist nie von Kopac selbst empfunden worden. Seine Witwe hat mit Recht dagegen protestiert, was in dieser Richtung publiziert wurde. Kopac hat mir gegenüber immer seine Bewunderung des Werkes von Dubuffet ausgedrückt. Die kritischen Äußerungen der Surrealisten, die immer behaupteten, als Erste die Idee des "Art Brut" erfunden zu haben, ist ja bekannt. Aber Kopac hat sich nie auf diese Diskussion eingelassen. Radovan Ivsic, wie er ein Kroate und seit langem mit seinem Landsmann liiert, so auch Annie Lebrun, die oft über das Werk von Kopac geschrieben haben, würdigten seine Originalität jeweils ohne jede Anspielung auf gegenseitige Abhängigkeiten. Mir gegenüber hat auch Dubuffet immer die Person und die Arbeiten von Kopac gelobt und mir gratuliert, daß ich ein Ölbild und viele kleine Collagen von Kopac gesammelt hatte. Diese kleinen Collagen sandte er mir gewöhnlich als Neujahrsgrüße. Sie sind immer sehr komplexe Erfindungen. Nie weiß man genau, wie die Strichführung, wie der Farbauftrag und die übereinandergeklebten Papierformen zur Einheit eines Bildes werden konnten. In seiner Vorstellung von Gesichtern, von Gesten und Bewegungen der Glieder, in der Wiedergabe von Pflanzen, Blumen und Tieren ist weitgehend eine Verwandtschaft zu spüren. Stets ist etwas Sagenhaftes, Legendäres, ist das Imaginäre vorhanden und spielt in dem Formenreichtum die Rolle des Erzählens.

Das Werk des Malers ist ein verinnerlichtes, ganz in den Tiefen der Gedanken ruhendes Gesamtbild, das den Menschen in seiner ersten Kenntnisnahme der Welt widerspiegelt. Nicht Andeutungen sind es, sondern beobachtete Zwischenstationen in Gedanken und Gefühlen, die keiner eigentlich plastischen Idee folgen, sondern bei jedem Bild, bei jedem Zeichnungsstrich immer von neuem entstehen. Das Erfundene scheint bei Kopac das schon immer Dagewesene zu sein, so natürlich quillt aus dem Inneren die Vorstellung der Figuren, Flächen und Linien. Kennt man die Persönlichkeit des Künstlers, so ist dieses Natürliche ganz er selbst, ganz das, was er uns als Erneuerer und Visionär erwarten ließ. Seine lächelnden Augen, sein Gesicht, umrahmt von einem kurzen Bart, seine komische Sprechweise in gebrochenem Französisch vervollständigen irgendwie sein zeichnerisches und malerisches Tun. So erscheint er uns als Personifikation der "Art Brut", als ein für alle Mal unerschütterliches menschliches Erlebnis.

Diese Ausstellung war durch die Neuigkeit der angewandten Techniken eine Überraschung. Es tritt darin manches hervor, was man vorher zu entdecken nicht gewagt hatte, und was uns doch nah und intim erscheint. Einen Einblick in solche Gesamtheit schulden wir dem ganz in die Natur verflochtenen Schaffen dieser einzigartigen Künstlerpersönlichkeit.

Henry Miller – Frederick Carter
Beim Lesen des Buches "Big Sur" von Henry Miller stieß ich auf den Namen von Gérard Robitaille, der dort als guter Freund genannt wird und ihm ein Buch von Cendrars geschickt habe. Robitaille kannte ich recht gut in Paris. Christoph Stegmann, der neben seinem Börsen- und Maklergeschäft ein Anhänger der Sekte von Gurdijeff war, hatte ihn mir als Sekretär des alten Miller vorgestellt, mit dem sich dieser aber nach der Veröffentlichung von Robitailles Miller-Biographie verkracht hatte.

Der Name "Big Sur" war für mich schon ein Begriff, als ich in New York etwa 1946-1947 meine Graphik-Editionen vorbereitete und erwog, Miller, der damals in Amerika bekannt war und von dem mir Nicolas Calas gesprochen hatte, für eine Mitarbeit an einem Brunidor Portfolio zu gewinnen. Mein Brief an ihn war adressiert nach Big Sur, was mir eine Art mythischer Begriff war. Die Antwort kam von Millers Frau aus Big Sur ohne weitere Absenderadresse. Wenn man sich nach Millers Buch die Landschaft und Einsamkeit dieses Ortes vorstellte, war das durchaus erklärbar. An die Antwort erinnere ich mich nicht mehr. Jedenfalls kam keine Zusammenarbeit zustande. Aber dieses Big Sur, jetzt durch das Buch wieder gegenwärtig, sollte der Auftakt für meine spätere Bekanntschaft mit Henry Miller und einem Kreis seiner Freunde darstellen. Durch Robitaille konnte ich dann ein überaus wichtiges und zugleich merkwürdiges Werk erwerben. Der Autor hieß Carter, und das Buch hatte mehrere Abschnitte, von denen einige von Miller mit Unterstreichungen und Anmerkungen versehen waren. Auf der Vorderseite war eine Widmung von Miller mit dem Hinweis, daß er viel aus diesem Buch in seine Schriften hineingearbeitet habe. Inhalt und Bedeutung dieser Schrift gehörten der esoterischen Gedankenwelt an, die an Millers orientalische Betrachtungen anknüpft. Dieses Werk hatte Miller offenbar gründlich studiert. Es konnte als Inspirationsquelle für sein Buch "Jack and the Phagocytes" gelten. Es befinden sich darin zahlreiche Hinweise auf andere Bücher Millers, sodaß es als eine Art Schlüsselwerk für sein Denken angesehen werden kann. Eine andere, sehr aufwendig ausgestattete Luxusausgabe über den Maler Hans Reichel war mir auch von Robitaille verkauft worden. Darin befin-

Henry Miller, Aquarell, 1964, mit Widmung an Robert Altmann

det sich ein größerer Text Millers, mit dem er diesen Künstler vorstellte, den er sehr verehrte. Ich war also ziemlich genau informiert über Millers Arbeitsweise, obgleich ich bis dahin wenige seiner Werke gelesen hatte. Gab es nun darin eine Verbindung zum Surrealismus oder zumindest zum Kreise der amerikanischen Anhänger des Surrealismus? Diese Bücher könnten es glaubhaft machen und auch die Zitate von Miller, der sich oft auf Autoren beruft, die dem Surrealismus nahestanden. In seinem "Big Sur" hatte er verschiedentlich über André Breton geschrieben, vor allem als ihm die Bücher von Restif de la Bretonne empfohlen worden waren und er viele dieser Bücher von einem Freund als Geschenk erhielt. Anscheinend hat Miller diese Bücher aber nie gelesen. In seinen Äußerungen über die Malerei war Miller eher angezogen von Paul Klees Werk als von den eigentlichen Surrealisten. Nur Reichel ist einmal durch eine Pariser Ausstellung in das Rampenlicht der dortigen Kunstszene gelangt. Ich habe mir bei dieser Gelegenheit eine schöne Lithographie kaufen können, die das Musée d'Art Moderne ediert hatte.

Von Gérard Robitaille habe ich bereits in meinen Aufzeichnungen über die Jahre 1950-1960 ausführlich berichtet. Er ist offenbar nach Montreal zurückgekehrt. Er war sehr gegen die englische Dominanz eingestellt. Miller hat selbst immer gesagt, daß er nach seinen Pariser Jahren ein besonderes Gefühl für die französische Sprache hatte, was auch seine Freundschaft zu Robitaille erklären könnte wie dessen Neigung zur orientalischen

Mystik. Daß dann Robitaille sein Buch über Miller ohne dessen Zustimmung veröffentlicht hat, ist ziemlich erstaunlich, hätte er sich doch denken können, daß Miller darüber sehr erbost sein würde. Die abrupte Kündigung dieser Freundschaft seitens Henry Miller brachte Robitaille erhebliche materielle Nachteile, zumal sein Buch keinerlei Anerkennung fand, und ich nehme an, daß die materiellen Schwierigkeiten ihn schließlich veranlaßten, seinen ganzen Briefwechsel, der sehr erheblich gewesen sein muß, an die Universität von Montreal zu verkaufen.

Die mit viel Gefühl und tiefer Überzeugung geschriebenen letzten Seiten von "Big Sur" nehmen noch einmal die Themen des paradiesischen Lebens in der Einsamkeit dieses kalifornischen Küstenorts auf. Sie sind wie ein fernes Echo von Walden und den Schriften Thoreaus von vor hundertfünfzig Jahren. Miller beruft sich bewußt auf diesen frühen Vertreter des amerikanischen Naturgefühls, das intensiver erlebt war, als wir es in Europa aus der Zeit nach Rousseau kennen.

Miller – Robitaille
6. Dezember 1996: Im Februar 1972 hatte mir Gérard Robitaille sein Buch "Le Père Miller" dediziert "à R. A., un ami sur qui j'ai toujours pu compter". Nun konnte ich dieses Buch durchblättern, nachdem ich "Big Sur" gelesen und begonnen hatte, mehr über meine Erinnerungen an Henry Miller und Gerard Robitaille nachzudenken. Das Buch "Le père Miller" war 1971 erschienen und protokolliert die Trennung zwischen dem Gott-Vater und seinem Sekretär, die sich natürlich schon vorher angebahnt hatte. Ich habe von Robitaille später nichts mehr zu diesem Thema erfahren. Während unserer Freundschaft war es mir öfter möglich, ihm in schwieriger Geldsituation unter die Arme zu greifen, und er war mir immer dankbar dafür, daß ich ihm bereitwillig alles abkaufte, was er mir an Millers Korrespondenz und Büchern offerierte. Wenn ich nun über die letzten Jahre lese, die Miller mit Robitaille zusammen war, wie letzterer bemüht war, dem alternden Genie in seiner Sucht nach Luxus und Verschwendung im Kreis der Hollywood-Starlets oder der japanischen Mädchen dienlich zu sein, muß ich an meinen Freund Victor Brauner denken, der, als er plötzlich zu Ruhm und Geld kam, auch dem Luxusleben anheimfiel. Mit seinem Freund und Verehrer Alain Jouffroy, der ihm auch als Sekretär diente, fuhr er nach Italien, wo er seine verschiedenen Damen, die Jouffroy ihm zuführte, oft mit Bildern und Aquarellen bezahlte. Später erschienen diese Werke dann zum Erstaunen der Sammlerwelt und zum Schrecken seiner Frau auf dem Markt. Jacqueline focht natürlich die Echtheit dieser übrigens mittel-

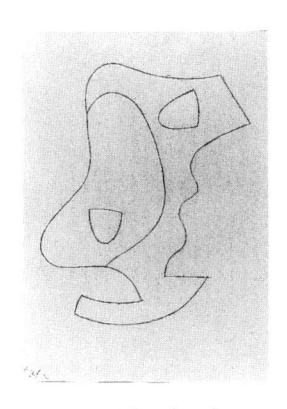

Hans Arp, Bleistiftzeichnung

mäßigen Werke an und prozessierte gegen eventuelle Käufer.

Auf dem Buchdeckel von "Le père Miller" ist ein Aquarell von Henry Miller abgebildet, das er Robitaille geschenkt hatte. Dem alten Miller muß dieses Buch, das viel über sein Verhalten gegenüber dem untertänigen, von ihm abhängigen Robitaille berichtet, wie die Rache seines Sekretärs erschienen sein. Es ist jedoch wenig wahrscheinlich, daß der berühmt gewordene Schriftsteller sich dadurch besonders verletzt gefühlt hat.

Interessant ist bei Robitaille, was er über die Hippies schreibt, die er wohl mit Recht eine Erfindung Millers nennt. Dann erfährt man, wie sehr Varèse von Miller verehrt wurde, auch Céline und besonders Cendrars. Anaïs Nin wird dagegen ziemlich flüchtig behandelt. Mehr schreibt er über Lawrence Durrel, der zugegen war, als Robitaille dem alten "Vater" die Fußnägel schneiden mußte, die er wegen seiner Arthritis nicht selbst erreichen konnte.

Ende der dreißiger Jahre hat Frederick Carter Miller sein Buch "Symbols of Revelation" dediziert. Miller gab es mit einer längeren Widmung an einen Menschen namens Emil Schnellock weiter. Dieses Buch, schreibt Miller, habe sein eigenes Buch "Draco and the ecliptic" inspiriert. Wahrscheinlich ist Frederick Carters Werk um 1931 entstanden und könnte das posthum erschienene Buch "Apocalypse" von D. H. Lawrence beeinflußt haben. Es ist anzunehmen, daß die "Symbols of Revelation", in denen Miller viele Stellen kommentiert oder unterstrichen hatte, weiter in seinem Besitz blieben. Seine Eintragung "Emil, keep this book preciously for me..." ist vom 5. September 1939 datiert. Robitaille, von dem ich das Exemplar kaufte, hat mir nicht erzählt, wie er es erworben hat und wer dieser Emil war. Ich kaufte es um 1974 oder 1975 und ließ mir von Daniel Mercher ein Schutzkästchen dazu anfertigen. Zur gleichen Zeit wie Millers Buch kaufte ich das Buch Hans Reichels in der sogenannten Cork-Edition "Order + Chaos", das in etwa 1300 Exemplaren erschienen ist.

Hélion – Arp – Tutundjian

Die Veröffentlichung der Memoiren des Malers Jean Hélion 1996 läßt eine ganze Zeitspanne des künstlerischen Geschehens wieder aufleben. So sind Hélions Aufzeichnungen über die zwanziger und dreißiger Jahre eine anschauliche Zusammenfassung der verschiedensten Einflüsse, denen er unterworfen war, und zwar in der Zeit nach dem Dadaismus einerseits und nach dem Kubismus andererseits. Da liest man Namen von Künstlern, welche nach dieser Zeitspanne berühmt wurden, wie sein Freund Torrés-García, dann der Anführer der nach-kubistischen Abstrakten, Mondrian, mit van Doesburg und der Gruppe um die Zeitschrift "Abstraction-Création", die Hélion mithalf, ins Leben zu rufen. Das waren Künstler, deren Namen heute in allen Kunstführern stehen, die Höhepunkte der zeitgenössischen Kunst geblieben sind.

Wie ich in meinen Erinnerungen berichtete, lernte ich Hans Arp, erst viele Jahre später kennen. Tutundjian, auch er ein Freund Hélions, kam gleichfalls dem Surrealismus entgegen, was ich lange nach seinem Tod gelegentlich einer Ausstellung in der Galerie von Pierre Weiller feststellte, worauf ich verschiedene seiner sehr feinen Aquarelle erwarb. Cesar Domela, der mir ein vertrauter Freund wurde und von dem Hélion in seinen Erinnerungen aus den dreißiger Jahren oft geschrieben hat, lernte ich um 1933 durch Paul Hamann in dessen Atelier in der Cité des Fleurs kennenlernte. Die Bekanntschaft des Bildhauers Calder verdankte ich viele Jahre später ebenfalls meinem Freund Hélion. In seinen Memoiren erzählt Hélion von wichtigen Entwicklungen seiner künstlerischen Laufbahn, wie allmählich die abstrakten Formen nicht mehr mit seinem ganz persönlichen Weltbild übereinstimmten. Das war schon in seiner amerikanischen Zeit, als er mit seiner damaligen Frau in Virginia lebte und figürliche Motive wie zum Beispiel seinen Sohn Jean-Jacques oder aber Häuser und Bäume zu verarbeiten begann. Nach seiner Rückkehr nach Frankreich, seiner Gefangenschaft im Krieg und seiner späteren Rückkehr in die USA entwickelte Hélion die schon früher begonnenen figürlichen Darstellungen in seiner Malerei weiter. Diese fanden in Amerika trotz verschiedener Ausstellungen wenig Beachtung. Erst in einer späteren Künstlergeneration gewannen sie in New York einen gewissen Einfluß, der immer deutlicher und wichtiger wurde.

Aufschlußreich ist auch die Freundschaft so bedeutender Künstler wie die Hélions mit Raymond Queneau, dem Dichter und Schriftsteller. Ihr interessanter Briefwechsel aus den dreißiger Jahren, der vor kurzem veröffentlicht wurde, wirft ein Licht auf verschiedene Schaffensphasen von Hélion, das auch seine späteren figurativen Darstellungen, das Burleske und Dramatische des menschlichen Verhaltens erhellt, sein Interesse für die "gefallene" Figur, für Zirkusszenen, Fahnenträger, Musikinstrumente, alles wichtige Motive für den Maler. Desgleichen findet sein Wirklichkeitssuchen in Freundschaftsbeziehungen mit Männern wie Ponge und Du Bouchet, die zu den größten Vertretern der zeitgenössischen französischen Literatur zählen, wertvolle Anregungen.

Victor Brauner,
Tintenzeichnung, 1955

Victor Brauner – René Char

Ein ergreifendes Beispiel für eine Dichter-Maler-Beziehung über viele Jahre hinweg mit aufschlußreichen kunstgeschichtlichen Hinweisen ist auch die Korrespondenz zwischen René Char und dem Maler Victor Brauner, veröffentlicht in der fünften Nummer vom Januar 1997 der Zeitschrift "Supérieur inconnu" meines Freundes Sarane Alexandrian. Darin wird die dramatische Situation des verarmten Victor Brauner und die trotz eigener Probleme freundschaftliche Hilfe durch Char rührend deutlich. Ähnliche Inhalte können wir auch dem Briefwechsel von Hélion mit seinen Freunden entnehmen. Es geht daraus immer eine gewisse intellektuelle Übereinstimmung der Partner hervor. Das Dichterische und das Malerische werden da als ein gemeinsames Substrat empfunden. Die Briefe geben einen Einblick, wie sich Dichtung und bildende Kunst im Ideenaustausch gegenseitig befruchten und bestimmen lassen. Interessant ist auch, wie sich Char immer mehr zu der magischen Anschauung bekehrt, in der Brauner, den ich zu jener Zeit oft besuchte, seit jeher gelebt hatte und die ihm als Inspirationsquelle diente.

Gabriel Pomerand – Jean-Louis Brau

Die Zeitschrift "Supérieur inconnu" bringt in der erwähnten Ausgabe einen Nachruf und eine Artikelserie des frühen Lettristen Gabriel Pomerand. Mein Sohn Roberto hatte ihn kennengelernt, als er selbst in die Lettristen-Gruppe eintrat, also um die Jahre 1962-1963, als sich Pomerand schon von Isou und seiner Bewegung zurückgezogen hatte und von Isou dann aus der Gruppe ausgeschlossen wurde. Die Rolle, die Pomerand als eine der Hauptfiguren im intellektuellen Umkreise von Saint-Germain-des-Prés in den Nachkriegsjahren spielte, geht aus diesen Schriften hervor, die, wie mir auch von Roberto bestätigt wurde, als bleibende Dokumente der Entstehungszeit dieser Avantgardegruppe gelten können. Ich habe Pomerand, der sich 1972 das Leben nahm, nie kennengelernt, habe aber in den sechziger Jahren viel von ihm gehört, da er auch auf mehreren Lettristen-Ausstellungen vertreten war und zu den Initiatoren dieser Malerei gehörte.

Zu dieser frühen Gruppe von Maler-Poeten gehörte auch Jean-Louis Brau, ein hochintelligenter, sehr erfinderischer Mensch, den ich oft traf und von dem ich noch einige Bilder besitze. Als echter Künstler von Saint-Germain-des-Prés machte er einen ganz bohèmemäßigen Eindruck, wirkte mit fast brutalen Gesten etwas erschreckend und war in seiner Sprechweise bedacht, verschlossen und schwer zugänglich. Bei alledem galt er als einer der Klügsten und wurde unter den Lettristen sehr geachtet. Für diese frühen um Isidore Isou gescharten Lettristen ist immer die gleichzeitige Tätigkeit als Poet und als Maler bezeichnend, womit beiden Bereichen der gleiche Rang und die gleiche Ausdruckskraft zuerkannt wurde. Diese Kombination sollte für die Gruppe charakteristisch werden. Der Maler-Poet Brau war mit Roberto wohl der erfinderischste Kopf auf diesem doppelten Gebiet, was sich auch in den Buchausgaben und in der graphischen Kunst offenbarte.

"La Cité Fleurie"
Die sogenannte "Cité Fleurie", eine Künstlerkolonie am Boulevard Aragon, war ab 1932-1933 von vielen aus Deutschland emigrierten Künstlern bewohnt. Der Bildhauer Paul Hamann hatte dort sein Atelier gegenüber dem des abstrakten Malers Cesar Domela, dessen Frau eine Nichte des Hamburger Bankiers Max Warburg war. Der Musiker Dessau wohnte in dieser Nachbarschaft. Wie ich schon berichtete, besuchte ich oft Paul Hamann und sah ihm zu, wenn er Experimente mit Farbphotographie machte, wobei er eigene Erfindungen erprobte. Er hatte außerdem eine Art Porträtkunst als Abdruck von lebenden Persönlichkeiten in einer Technik entwickelt, die dem Abdruck von Totenmasken glich. Unter anderen hatte er den Dichter Jean Cocteau als Maske dargestellt, ein Porträt, das in einer Ausstellung einen gewissen Erfolg hatte. Mich lehrte Hamann, Gipsabdrücke von Tonfiguren zu machen, eine Technik, in der ich ganz geschickt wurde. Wir gingen zusammen zum Aktzeichnen in die rue de la Grande Chaumière in die Akademie Cola Rossi oder in die daneben liegende Akademie de la Grande Chaumière, wo viele mehr oder weniger begabte junge Künstler nach Modellen zeichneten. Dazu gab es keinen Unter-

richt, und die Stunde Zeichnen war sehr billig. Als die Kriegsgefahr sich näherte und immer mehr Emigranten Frankreich verließen, fuhren auch Hamanns fort und siedelten sich in der Nähe von London an. 1938 lernten wir den aus Prag gekommenen Bernard Reder und seine Frau kennen, die durch Bekannte meines Vaters unsere Adresse bekommen hatten.

Unsere Freunde Reder hatten sich in Le Vesinet niedergelassen. Durch Verbindungen aus Prag hatten sie Kontakt mit dem Ehepaar Maillol, das, wenn ich mich richtig erinnere, in Meudon wohnte. Reder versuchte vergebens, in Paris eine Galerie zu finden, die sein bildhauerisches und malerisches Werk ausstellen könnte. Das war nun schon kurz vor dem Ausbruch des Krieges. Meine Eltern erwogen damals die Auswanderung und suchten nach einer neuen Staatsangehörigkeit. Sie verblieben dann vorerst in Saint Germain, während ich nach Genf übersiedelte, wie ich schon in früheren Berichten geschrieben habe.

Zurückkommend auf frühere Beschreibungen der Straßen von Paris und dem Viertel Saint-Germain-des-Prés muß man heute, 1998, sagen, daß viel verändert ist. Heute, 1998, führt Max Clarac nicht mehr die Galerie du Dragon, die früher vom chilenischen Maler Matta, der dort laufend ausstellte, häufig besucht war. Matta sieht man kaum noch in Paris. Die rue du Dragon ist nicht mehr wie einstmals die Straße der Begegnungen. Die Galerien, die sich für die junge Kunst einsetzen, sind heute ins Viertel des Marais gezogen, z.B. die Galerie Lahumière, direkt neben dem Picasso-Museum, wo auch manchmal mein Freund Bauduin ausstellen konnte. Was mich freute, war neulich zu erfahren, daß sich Amerika für den Maler-Poeten Brion Gysin interessiert und ihm eine große Gedächtnisausstellung organisiert hat. Die Wichtigkeit dieses Malers und Dichters, der viele der jungen Künstler inspirierte und, wie ich in obigen Berichten schon erwähnt habe, sehr eng mit William Burroughs zusammenarbeitete und eindrucksvolle Bücher mit Graphik und in den letzten Jahren seines Lebens monumentale Malereien produziert hatte, die die Kunstwelt in Erstaunen setzten, wird nun deutlich. Ich konnte eine Anzahl Zeichnungen, Aquarelle und von ihm entworfene Bücher erwerben und besitze eines seiner frühen Ölbilder. Die Zeitschrift "OU" des Vorkämpfers der sogenannten "Poésie concrète", Henri Chopin, veröffentliche viele der graphischen Experimente dieses Künstlers, öfters in Gemeinschaftsarbeit mit William Burroughs.

Die "Elektrische Dichtung"

In einer den "Cut-ups" von Burroughs verwandten "Dekonstruktion" der Sprache und der Schrift hat der Dichter Matthieu

Messagier verschiedene Gedichtbücher geschaffen, die ich auf Empfehlung von Florent Chopin jetzt gelesen habe. Im Jahr 1971 veröffentlichte dieser Dichter mit einer Gruppe gleichgesinnter Schriftsteller im Verlag von Di Dio "Le soleil noir", "Das elektrische Manifest mit den Augenwimpern vom Kleid", welches den Auftakt gab zu einer Reihe von Publikationen, wovon er und sein Freund Bulteau die aktiven Elemente waren. Der Bruder von Matthieu, Simon Messagier, illustrierte einige dieser Bücher. Er ist ein sehr interessanter Maler. Matthieu Messagier wohnt mit seinem Bruder, einem Naturalist und Käfersammler, in einer alten Wassermühle mit einem angebauten Glashaus, dem Atelier des Vaters, des Malers Jean Messagier, nicht weit von Monbéliard, am Ufer des Flusses Doubs. Jean Messagier ist recht bekannt geworden durch seine eigenartigen, großformatigen Abstraktionen und Raum-Installationen. Von dem Dorf der Familie meiner Mutter, Clairegoutte, ist dieser Platz nicht weit, und wir besuchten die Mühle vor einigen Jahren. Damals war aber die "elektrische" Dichtergruppe noch nicht zusammengekommen. Sie wurde am Anfang von dem Verleger Di Dio, der auch die Werke von Gherasim Luca herausgegeben hat, sehr unterstützt. Zwischen der Dichtung eines Luca und eines Matthieu Messagier sind gewisse Ähnlichkeiten, aber die imaginäre Welt und die Wortgestaltung zwischen beiden ist sehr verschieden. Man denkt bei Messagier oft an die automatischen, frühen surrealistischen Schriften, aber bei Messagier ist ein sehr bewußtes Wort- und Satzzerstören und ein Umkomponieren und Relativieren der Hauptfaktor, der die eigentliche dichterische Dynamik ausmacht. Das ganz neue, sehr originelle Verfahren macht die Werke dieses Dichters zu einer der wichtigen Ausdrucksformen in der Literatur der Gegenwart.

Walter Benjamin über das Barock
Wie Rainer Nägele in seinem Buch "Theater Theory Speculation, Walter Benjamin and the Scenes of Modernity" schreibt, hat der Philosoph Walter Benjamin in seiner Studie des deutschen barocken Theaters die Allegorie behandelt und dabei die Züge des Barocks in Zusammenhang mit der Entstehung der Modernität gebracht. Meine Kenntnis der barocken und kolonialen Kunst, wie ich sie während meines Aufenthaltes in Spanien und Kuba habe erwerben können, hat es mir erlaubt, in Kuba die Verflechtung der barocken Gedankenwelt und Formentfaltungen mit jener der entstehenden Modernität selbst aus nächster Nähe zu beobachten.

   Die sogenannte moderne Malerei nahm ihren Anfang in Kuba in den dreißiger Jahren und entwickelte sich im Einklang mit der Dichtkunst, insbesondere mit der Dichtung des mir sehr gut bekannten Lezama Lima. Alles, was sich Postmodernität und Postkolonialismus nennt, hatte nach 1950 bis in die sechziger Jahre in der Kunst eine Blütezeit. Wie Ineke Rheinberger in ihren Studien über das Werk des Malers Wifredo Lam richtig herausfand, wird dieser die Modernität repräsentierende Künstler immer abseits von der Gruppe von Lezama Lima stehen. Das wirft ein Rätsel auf betreffend des von Lam ausgehenden Einflusses auf die europäisch-surrealistische Erneuerung, der amerikanischen Abstraktionisten und den typisch kubanischen neobarocken modernistischen Tendenzen im Umkreis von Amelia Pelaez, Portocarrero u.a. Die reinen neobarocken Merkmale sind sichtbar bei Amelia Pelaez, aber bei Lam sind solche nicht erkennbar, oder vielmehr, sie verschanzen sich hinter anderen Zeichen der afro-kubanischen Symbolik. Hier wäre zu erwähnen, daß der Spätbarock in Kuba sich in den Architekturen der Häuser des aufkommenden Bürgertums nach der Industrialisierung des Zuckers umwandelte und in den aus dem Jahrhundertbeginn stammenden Vierteln Havannas dominierte. Es war eine Mischung von Neo-Klassizismus und spanisch inspirierten, Gaudí verwandten churrigueresken Formen, wie dies der Stil der Malerei Portocarreros und Amelia Pelaez vermitteln sollte. Dagegen war Lam dem französischen Surrealismus mehr noch als seinen spanischen Erinnerungen zugetan.

Lezama und das Barock

Lezama schrieb als Widmung in sein mir gesandtes Buch "Dador" im November 1965: "Para Roberto Altmann en recuerdo de sus días habaneros, en que dijo más de una palabra sobre el barroco que todos recordamos". Folglich waren meine Aussprüche und Schriften über Barock und Kunstgeschichte in vollem Einverständnis mit der ganzen "Orígenes"-Gruppe, was mir zur damaligen Zeit in den vierziger Jahren gar nicht so bewußt war. Daß darin wieder die Erneuerung des barocken Bewußtseins mit der Erweiterung in die Modernität des Dichters und der ganzen "Orígenes"-Bewegung benannt wird, mag als Anteil an der Kunstgeschichte betrachet werden, wobei mein Artikel über Amelia Pelaez in der Zeitschrift "Orígenes" durchaus dazu beigetragen hat. Dagegen steht zwar der Ausdruck der Kunst Wifredo Lams. Lezama, wie Ineke Rheinberger es erwähnt, hat eigentlich nie ausführlicher über diesen Maler geschrieben und keine einzige Malerei von ihm hatte er besessen, es sei denn die zwei oder drei Zeichnungen, die in der Zeitschrift abgebildet waren.

Der Verfechter des neuen Barocks war vor allem Alejo Carpentier und zwar in den Anfängen der Castro-Revolution, wo er sich dann als Hauptrepräsentant zusammen mit Lam hervortat, wogegen Lezama, trotz des Erscheinens seines Romans "Paradiso" im Jahre 1966, in den Hintergrund geschoben wurde.

In der Zeit, also 1960-1961, entstanden auch die "Escuelas de Arte" von Ricardo Porro, worin sich zwar viel vom europäischen Surrealismus widerspiegelt, die Anlehnung an barocke Vorbilder jedoch nicht zu verleugnen ist.

Neobarock, Neokolonialismus, Postmoderne entstehen in einer gemeinsamen Synthese mit Unterbrechungen und Ausläufern nach verschiedenen Seiten und bringen in Kuba selbst keinen eigentlichen Höhepunkt mehr hervor durch die Krisen, die kulturell seit der Raketen-Krise ununterbrochen die kulturelle Evolution hemmen.

Amelia Pelaez

Amelia Pelaez lebte im Vorort von Havanna in einem Patrizierhaus, mit ihren Geschwistern zusammen. Eine alte eingesessene Familie in einem schönen neoklassischen Haus vom Anfang der zwanziger Jahre. Ohne finanzielle oder familiäre Probleme lebte sie geschützt und unbehelligt, obgleich man wußte, daß sie der Castro-Revolution feindlich gegenüberstand. Sie war nicht sehr gut auf die Schwarzen und auf Lam zu sprechen. Sie war gegen die Kommunisten, obgleich Martha Arjona, die Kultur-Direktorin, ein altes Mitglied der kubanischen kommunistischen Partei war, und sich immer für Amelia eingesetzt hatte. War ihre Sympathie zu der immer unverheiratet gebliebenen Amelia vielleicht auf ihrer eigenen Homosexualität begründet? Oder wollte sie die bedeutendste Frauenkünstlerin aus feministischen Gründen besonders beschützen? Auf alle Fälle wurde durch sie Amelia als repräsentativste der modernen Kunst in Kuba zu einer anerkannten Figur, die auch in den Emigrantenkreisen von Miami heute immer noch sehr geschätzt und laufend ausgestellt wird. Selbstverständlich war nie ein Kontakt zwischen Lam und Amelia möglich. Durch die alte Freundschaft mit Lezama war sie weiter in Verbindung mit dem Kreis um "Orígenes", von daher wurde sie hoch verehrt. Wifredo Lam hingegen befand sich durch seine Freundschaft mit Carpentier, seine Vergangenheit im Spanischen Bürgerkrieg und durch seine Verbindung zu den Surrealisten in einer ganz anderen Richtung als die Gruppe um Amelia und Lezama. Der Kunstkritiker Gómez Sicre hat, wie schon erwähnt, eine traurige Rolle gespielt, um Lam in den Hintergrund zu drängen und intrigierte jahrelang in dieser Richtung, bis er auswanderte und in Washington Fuß fassen konnte. Er war auch beteiligt an den Manövern um die Ausstellung der Kubaner im Museum of Modern Art in New York zur Zeit von Barr, also 1943, worüber ich schon ausführlich berichtet habe.

Eine neuerliche Ausstellung im amerikanischen Kunstmuseum in Harlem hatte versuchsweise die Künstler der Gruppe um Amelia Pelaez und Lezama zusammen mit einer Ausstellung von wichtigen Werken Wifredo Lams gemeinsam gezeigt.

Ganz im Gegenteil zu den Künstlern Lezama und Amelia Pelaez beruft sich Feijóo fast nie auf eine barocke Tradition. Sein Anschluß an die Kunst der "Primitiven" oder an die Vorzeichnungen der tropischen Vegetation läßt doch die im Unbewußten ruhende Vorliebe für das Ornament und für die verschlungenen Formen des Barocks erraten. Eine eigene Rolle fiel diesem Künstler zu, welche weder der Tendenz von "Orígenes" noch den linksgerichteten Kunstblättern von Havanna zuzuordnen ist. "Islas" und später "Signos" hatten sich der kubanischen Volkskunst und der Guajiro-Tradition, also meistenteils der von den Kanarischen Inseln stammenden verarmten Landbevölkerung sowie den Zuckerplantagen-Arbeitern angenommen und gleichzeitig wurde darin Raum gegeben für Reproduktionen einer ganzen Reihe von Werken zeitgenössischer kubanischer oder sogar internationaler Künstler. Hier entspringt auch eine auf ganz anderem Fundament beruhende Ausdrucksweise, die den Weg der Moderne vorzeigt, sich aber unterscheidet von "Orígenes" oder von Lam und seinen Inspirationsquellen.

Eine gewisse Verbindung zum Surrealismus wäre zu erkennen, die wohl über die "Art Brut" und die sympathisierende Figur Dubuffets einen direkten Einfluß ausübte. Trotzdem sind diese beiden unter Feijóo geführten Publikationen ganz fern von anderen Zeitschriften der lateinamerikanischen Kunst-Szene und haben die Originalität bis zuletzt beibehalten können, haben sogar unter der Castro-Revolution als eigenartige Schöpfung promoviert.

Weder Feijóos Auffassung, noch die der Künstler um Lezama fällt in den von Rainer Nägele angeführten Begriff der Zerrissenheit und Zäsur. Rainer Nägele studiert in seiner Abhandlung über Walter Benjamin und Bertold Brecht die Zäsur, die ein Leitwort in verschiedenen philosophischen Betrachtungen geworden ist und über "Riß" und "Abriß" von Heidegger zum "Meridian" von Paul Celan führt. Dieses Schlüsselwort bringt eine sichtbare Besserung des Verständnisses von Werken der behandelten Autoren. In Nägeles Worten ist eine Neuerkenntnis der Poetik und besonders der Modernität im Epos eines Brecht mit der Anwendung dieses Zäsur-Begriffes erkenntlich gemacht. Aber es besteht darin ein gewisser Widerspruch zu der barocken oder neobarocken "Modernität" des ibero-amerikanischen Menschen. Barockes Bewußtsein ist immer die Vorliebe des Continuums, die ohne "Riß" sich abwälzende Natur der Dinge, die sich ständig ineinander verwickeln und verschmelzen.

Musik und Lezama

Hinsichtlich der von Ineke Rheinberger vorgeschlagenen Problematik-Studie über Lezama – und seine Benützung des neobarocken Begriffes im Zusammenhang mit dessen Beitrag zur Modernität – wäre es wohl angebracht, Lezamas Interesse für die Musik zu betrachten, die im "Orígenes"-Kreis, wenn auch als Kunstgattung neben Malerei und Dichtung weniger wichtig, doch eine Rolle gespielt hat, und zwar einmal durch die Persönlichkeit des Komponisten Julián Orbón, der mit Lezama sehr befreundet war, dann auch durch die Anspielungen auf Musik in Lezamas Werk selbst, so z.B. in "Dador" das Gedicht "El coche musical", dann die Gedichte "Poema para Julián Orbón: Bodas de J. O.", "En primera glorieta de la Amistad". Die Musik erscheint oft bei Lezama in Form von Wortspielen, wo die Evokation des Tones, eines Musikinstrumentes, und die Aussprechweise der gewählten Wörter zusammenfallen mit einer Beschreibung des Instrumentes – oder einer Anspielung darauf. So z.B. "Flauta cubana" oder das Schlagen von Trommeln – oder anderer harter, vibrierender Gegenstände, sogar das Gezwitscher von Vögeln ist eingeflochten in das allegorienreiche, zweiteilige Gedicht, welches Lezama mir und Guido Llinás zur Veröffentlichung in meiner Pariser Brunidor Bücherserie eingeschickt hatte. Lezama war gleicherweise befreundet mit der um die Mitte der vierziger Jahre aufkommenden neuen Musik. Dazu gehört die Wiederentdeckung des Komponisten Alejandro García Caturla aus der Stadt Remedios. Von Beruf Richter, ist er von einem durch ihn Verurteilten ermordet worden. Dann kam zur gleichen Zeit die Orchestergruppe "Renovación Musical" auf, geleitet von Ardévol unter Mitwirkung von Harold Gramatges und Edgardo Martin und anderen, worin Orbón aktiv mitwirkte.

Es war also eine musikalische Sphäre um "Orígenes" herum, die sich dann aber abseits der Literaten weiterentwickeln sollte. Die Abende in der Wohnung von Correa, wo Grammophonplatten von klassischer Musik abgespielt wurden, über die ich schon berichtet habe, fallen auch in diesen von Musikliebhabern gekennzeichneten allgemeinen Enthusiasmus der Mitglieder im Kreise um Lezama, denn bei Correa waren Portocar-

Paul Celan, Gedicht
(Erstaugabe) aus Brunidor
Portfolio VI, Paris 1967

BRUNIDOR

PORTFOLIO NUMÉRO VI

Six gravures à l'eau-forte de
GISÈLE CELAN-LESTRANGE

Diese
freie,
grambeschleunigte
Fäma (sie
bahnt sich den Weg) :
so
weiss,
will sie sein,
wie das, was dich anglimt,
wenn du schwebend darangehst,
es zu entziffern,
mit aufgeblümter
Lippe, getragen
vom Schlaf, der mir wild
aus den Poren trat, vor
lauter blankem
Du-weisst-und-Du-weisst.

Paul Celan

PARIS MCMLXVII

rero, Milián, Arche, Villanova und mein Freund Colby immer zugegen, alles wirkliche Musik-Fanatiker.

Zu der Zeit waren jedes Jahr größere Konzerte zu hören, denn der aus Argentinien kommende Dirigent Erich Kleiber hatte das Symphonische Orchester von Havanna auf ein sehr respektables Niveau gebracht. Zu diesen Konzerten kamen gewöhnlich viele der Freunde Lezamas und Mitarbeiter der Zeitschrift "Orígenes". Die musikalische Kultur in den vierziger Jahren war bedeutend und wurde von Mäzenen der kubanischen Gesellschaft finanziert. Damals wurde der kubanische Klaviervirtuose Bolet, der dann einen internationalen Namen erlangte, in vielen Konzerten sehr gefeiert, und die größeren Orchestergruppen aus den Vereinigten Staaten traten häufig auf. Manche dieser Konzerte wurden auf dem Platz der Kathedrale sehr spektakulär aufgezogen und trugen zu der Höhe des Kulturlebens in dieser Zeit sehr positiv bei.

Paul Celan

Hier möchte ich noch einmal zurückkommen auf Paul Celan, über dessen Werk der Kritiker und Philosoph Rainer Nägele in seinem Buch "Reading after Freud" einen sehr wichtigen und aufschlußreichen Absatz unter dem Titel "Paul Celan: configurations of Freud" geschrieben hatte. Die erstaunliche Fülle von übereinandergestapelten Bildern und Referenzen, die der Autor in einem Gedicht, "Frankfurt, September" aus "Fadensonne", in seiner Analyse freistellt und die auf andere Teile des Celan-Werkes zurückblenden, macht mir immer wieder bewußt, wie ich es bereits bezüglich des Gedichtes "Todtnauberg" erwähnte: Wie innerhalb der üblich geläufigen Sprache die eigentliche, menschliche Figur des Dichters gegenwärtig wird, wobei das Erfinderische, das absolut "Neue" nicht direkt zum Ausdruck kommt, und wie man dies trotzdem vermutet und an kleinen Anzeichen erraten kann. Aber ich habe in Gesprächen mit Gisèle Celan erfahren, daß auch sie oft den sie besuchenden Philosophen und Germanisten zurechtweisen wollte, um eine möglichst unkomplizierte Art des dichterischen Ausdruckes zum Bewußtsein zu bringen. Goethe hatte dies gefühlsmäßig schon in "Dichtung und Wahrheit" ausdrücken wollen. Celan selbst war eigentlich sehr verschlossen und nahm an solchen Diskussionen keine Stellung. Er liebte im Stillen zuzuhören und ab und zu zu lächeln. Was die Gedankenwelt, die sicher immer großartig und reich war, im Versteck erfand, sollte nicht immer gleich hervorkommen. Nur ab und zu einige Wörter, die entweder mit scharfem Spott oder mit kurzer Ironie aufschienen. Sie ließen dann vielleicht etwas Rätselhaftes übrig, was nicht unbedingt geklärt werden sollte. Nach Pauls Tod hatte Gisèle oft Besuch des Universitätsprofessors Pöggeler, der sehr bedeutende Schriften über Paul geschrieben hatte. Die scharfe Argumentation dieser Texte fand bei ihr gewisse Reserve, die, wie sie sagte, ihr Mann gleichfalls zum Ausdruck gebracht hätte (vielleicht wegen der leicht ins Theologische abweichenden Tendenz Pöggelers) – und so geschah es mit vielen Kritikern und auch Übersetzern, und gilt auch vielleicht für Heidegger.

Die Hauptlinie in ihrer Diskussion hatten viele Kommentatoren einfach verloren. Dies ist gerade bei den Schriften Rainer Nägeles nicht der Fall, da die Analyse auf sachlich begründeten Funden beruht, die einen sehr bereichernden Ausblick gestatten. Der Mensch Celan bleibt darin als wahre Dichterfigur bestehen und belebt alle vorgetragenen Argumente.

Überbringer einer neuen Botschaft
Lese ich nun von neuem die an mich adressierte Korrespondenz eines anderen Dichters, Lezama Lima, so muß vorerst vermerkt werden, daß dieselbe größtenteils über Beschreibung seiner Krankheit handelt und mir die Medizin vorschreibt, die ich ihm aus Frankreich zu seiner Asthma-Behandlung zu schicken hatte. Auch hier findet hinter dem Banalen des Menschen Lezama öfters die Vielfalt des dichterischen Zusammenspiels von Bildern und Wörtern statt, die sich rätselhaft verbinden. Der zigarrenrauchende, wohlbeleibte und immer in Aphorismen redende Dichter in seinem Schaukelstuhl, gekleidet in der "Guayavera" unter dem Porträt seiner Mutter und dem "Vater" General ist hier Mensch in meinem rückwärtigen Schauen, und doch ist es derselbe, der "Muerte de Narciso" geschrieben hat, aber vielleicht nicht derselbe, den Cintio Vitier in seiner Kritik analysierte. In Rainer Nägeles Celan-

Abhandlung finde ich, trotz Entfremdung, denselben, der dieses und jenes Meisterwerk geschrieben hat – und zugleich finde ich denselben, der mir vorschrieb, wie unser Honorarvertrag zur Veröffentlichung von "Atemkristall" zu redigieren sei; oder der im Restaurant "La Quetsch" dem Kellner das und das Gericht beauftragte. Was ist Mensch im Schöpfer von großen Werken? Immer eine Einheit, nicht zu trennen, nur im übermäßig Analytischen könnte er ein Anderer werden oder zeitweise verschwinden.

Wo ist das, was den Erfinder, den Überbringer einer ganz neuen Botschaft ausmacht, wenn man davon nichts oder fast nichts am Menschen merkt? Oder sind da doch etwa kleine Anzeichen, die umso mehr aufscheinen, wenn das Werk schon besteht, die Schöpfung bereits abgeschlossen ist? Im Inneren ist man sich nie ganz schlüssig, ob dieser oder jener Mensch nun doch der ist, der die Ausnahmestellung hat und in sich diese ungemeine Vielzahl von Verbindungen hält, der aber sonst ein ganz gewöhnlicher Mensch im Rahmen des Menschlichen bleibt. Walter Benjamin hat schon die Existenz des sogenannten "Genies" verneint. Es kommt vielleicht diesen Betrachtungen zugute, daß sie helfen, die vom Äußeren kommende Eingebung zu verneinen. Vom Inneren ist vielleicht jedes menschliche Wesen so reich, daß es zu allem Kreativen befähigt ist, aber Umstände es davon meistens abhalten. Hier ist wohl der wirkliche Grund, warum die Kultur in Händen von wenigen erscheint, in vielen aber ihr Echo hat.

Juli 1998 – Epilog – Schlußbetrachtung

Denkt man an die Vergangenheit, sucht man in Erinnerungen und glaubt man, Anhaltspunkte innerhalb dieser Vergangenheit feststellen zu müssen, so setzt man eine Methode voraus, eine Art System, das diese Erinnerungen, diese Anhaltspunkte fixiert und zu einem Ganzen zusammenfügt. Hier habe ich es vorgezogen, die Notizen, die ich als Memoiren vorlege, ohne Zusammenhang, ohne innere Bindung, vielleicht zufallsbedingt, wiederzugeben, als ob bei dieser Auswahl keine Absichten bestünden. Ich denke dabei immer an jene Spaziergänge, von denen die Dichter sprechen und bei denen dem Wanderer dies und jenes entgegentritt, sei es etwas von der Landschaft, sei es sein eigener Schatten – wie zum Beispiel Goethe es ausdrückte in seinem berühmten Vers : "Ich ging im Walde so für mich hin/ und nichts zu suchen, das war mein Sinn", da, im Walde der Erlebnisse, wo die sinnlosesten Entdeckungen die wertvollsten sind und wo geheimnisvolle Blumen sich im Zeitrhythmus einfinden. Ein anderer Wanderer, der amerikanische

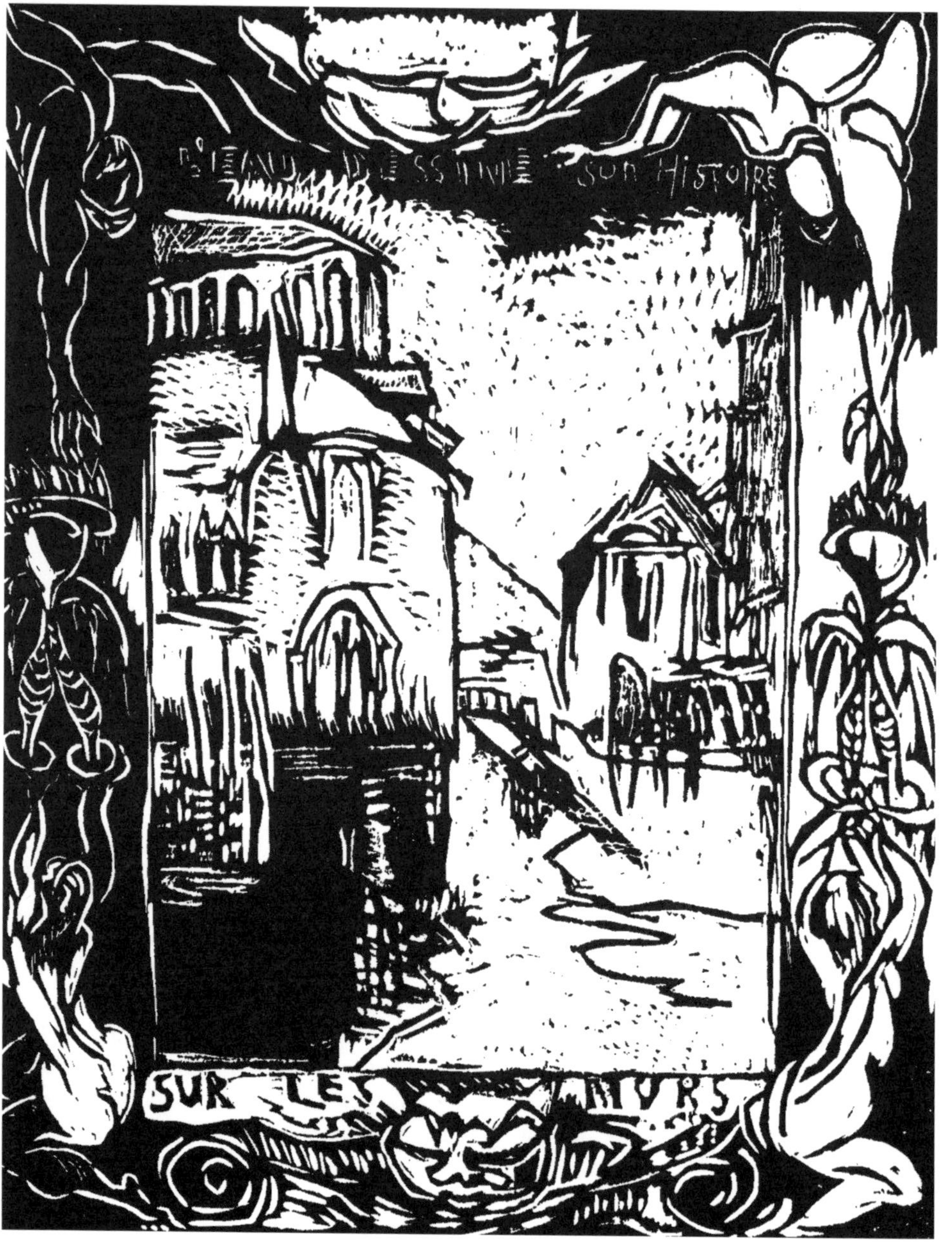
L'EAU DESSINE SON HISTOIRE
SUR LES MURS

Robert Altmann, Holzschnitt aus "Sieben Naturereignisse": "L'eau dessine son histoire", Brunidor, Paris 1975

Komponist John Cage, erging sich eben in diesem erlebnisheischenden, ungewollten Umherirren – um seine Pilze zu sammeln als ein fanatischer Pilz-Sucher und weil er Freude daran hatte und dabei seiner musikalischen Eingebung nachhing. Der Zufall kam ihm zu Hilfe, den die Surrealisten "objektiv" nannten, "Le hasard objectif". Er ging also "so für sich hin", in sich selbst verschlossen, eine Bezeichnung, die der kubanische Dichter Lezama zu gebrauchen liebte: "ensimismado", was zugleich die sich aufrollende Zeit besagen will, das große Rätsel der Geschichte, des historischen Denkens überhaupt. Er sprach von "La muerte del Tiempo", dem Tod der Zeit. Und damit meinte er das Hin und Her des barocken Wirbels in zirkelförmigen Sternenbahnen. Die Vergangenheit und die Zukunft laufen einem Welt-Spiegel zu, wo sie sich zusammenschließen und ein und dasselbe sind, die Gegenwart verneinend.

Doch nicht so leicht sind Bilder, d.h. eindrückliche Bild-Formen, zu verwischen. Sie tun sich zusammen, gehäuft in einem idealen Bilderbuch, worin man zur Genüge blättern kann. Bei mir war das Sammeln von Objekten, von "Kuriositäten", wie man früher sagte, der Aufbau eines solchen Bilderbuches, wo alles plötzlich Gegenwart zu werden scheint. Nur ein leichter Staub läßt erraten, daß diese Objekte aus dem Grund der Geschichte geholt sind. Aber sie sollten, einmal an den Tag gebracht, ihren Glanz wiedererhalten.

Als Kind übte ich mich im Malen mit Buntstift oder Wasserfarbe. Meine Geschwister bewunderten meine Bildchen, und oft schenkte ich meinen Schulkameraden von mir bemalte Blockseiten oder kleine Hefte, mit Bleistift illustriert. Also versuchte ich, alles, was mir auffiel, ständig auf Papierstücke, die ich in meinen Taschen mit mir trug, abzumalen, was dazu führte, daß mir unsere Eltern zu einem Weihnachts- oder Geburtstagsfest einen regelrechten 'Malkasten' mit Pinsel, Farbtuben und Wassergefäßen schenkten. Sehr stolz darüber wuchs dann meine Produktion. Verwandte und Bekannte der Eltern wurden mit meinen teils belächelten, teils bewunderten Kunstwerken versorgt. Mit der Zeit stellte ich mir vor, daß mein ganzer Werdegang von solchen Zeichnungen oder Malereien begleitet sein würde und daß ich am Ende ein riesiges Album von solchen Bildern zustande gebracht haben würde. Zwar verzichtete ich auf dieses Vorhaben, was nun aber dazu führte, daß ich meine Erinnerungen in Buchform zu redigieren anfing, eigentlich im Widerspruch zu meinem damaligen Vorhaben, aber es hatte irgendwie doch den Sinn desselben zum Ausdruck gebracht. Meine Erinnerungen, wie der Leser es merken konnte, sind angefüllt mit Erlebnissen aus der Kunstwelt. Sie fügen sich in das Panorama gewisser Kulturströmungen ein. Auch dann, wenn große Teile meiner Schrift sich mit Gedanken über Dichtung und Literatur-Kritik befassen, ist im Grunde immer ein Schatz von Bildern, vorgeführten oder imaginären, zugegen, und der Leser mag sogar vom rein Handwerklichen der Bildfabrikation – in der Lithographie, im Holzschnitt, der Radierung – erfahren. Die Memoiren, so wie ich sie mir vorstellte, sind dem Plastischen, Bildhaften eng verwandt, und beim Lesen, so denke ich, erscheinen in möglichst lebendiger Form jene Graphiker, Maler, Bildhauer oder Buchgestalter, die das zum vollen Ausdruck bringen, was meine Kindheit mir als Vorahnung mitgegeben hat und was mir vorkam, es würde eine ständige Begleitung auf meinem Lebensweg werden.

Nun wird man nicht umhin kommen, Werke der Kunst, so flüchtig und verschwindend sie auch sein mögen, immer mit in Betracht zu ziehen, wo Worte und Sätze sie aus dem Vergangenen zu holen trachten. Diese Präsenz der Bilder in meinen Memoiren zu zeigen, ist mein Hauptanliegen, auf diese Weise kann der Leser vertraut werden mit dem Prozeß einer immerwährenden Phantasie und mag ein wenig auch an meiner Freude am Wiedergefundenen, dem nochmals aus dem Vergangenen geholten, Anteil nehmen.

Mein Zutritt zur Kunstszene verdanke ich zum größten Teil meiner eigenen künstlerischen Tätigkeit. Die technischen Kenntnisse der Graphik und der Malerei gestatteten mir einen tiefen Einblick in die Werkstätten der Erfinder. Mein eigenes bildnerisches Schaffen gab mir Anlaß zu Mitarbeit und kollegialer Gestaltung, und es eröffnete mir neue Erkenntnisse, wie mir zum Beispiel die Holzschnitt-Technik und die des Radierens große künstlerische Errungenschaften näher brachten. So vereinten sich viele persönliche Elemente, die mithalfen zu klären, wie so ein Aufbau einer Sammlung und einer Dokumentation als Zeitzeuge zustande kommen konnte. Aber man wird sich fragen, ob hier nicht Erinnerungen zu sehr an das persönliche Erleben gebunden seien und somit einen objektiven Befund beeinträchtigen könnten? Ich habe mir aber vorgenommen, diese Verkettung zu einer rein persönlichen Betrachtung absichtlich in meine Beschreibungen mit einzubeziehen. Dadurch wirkt vielleicht die Zeit und ihr Verlauf wie eine Illusion, ähnlich wie Raymond Roussel sein e Menschen in Glaskästen Jahrzehnte eingeschlossen hält, oder Lezama seine Personen in Kristall-Urnen in eine Katalepsie fallen läßt, bis sie wieder erwachen, schon zukunftsträchtige Theorien von sich gebend. Etwas Gewesenes ist vielleicht schon etwas von morgen, und meine Schriftenreihen und die Dokumente, die sie belegen, sind dann weit voraus. Die Bücher, die wir als Künstler-Bücher schufen, die wir sammelten und pflegten, Künstler, Dichter, Typographen und Buchbinder, sind in ihrem magischen Wechselspiel von Schrift und Bild, von Dichtung und graphischer Erfindung Ausdruck eines Anbruches. Das Neuartige, was vielleicht herausscheint, gibt diesem den Status der blendenden Bildformen, von denen ich sprach, gebunden in diesem – dem Album meiner Erinnerungen.

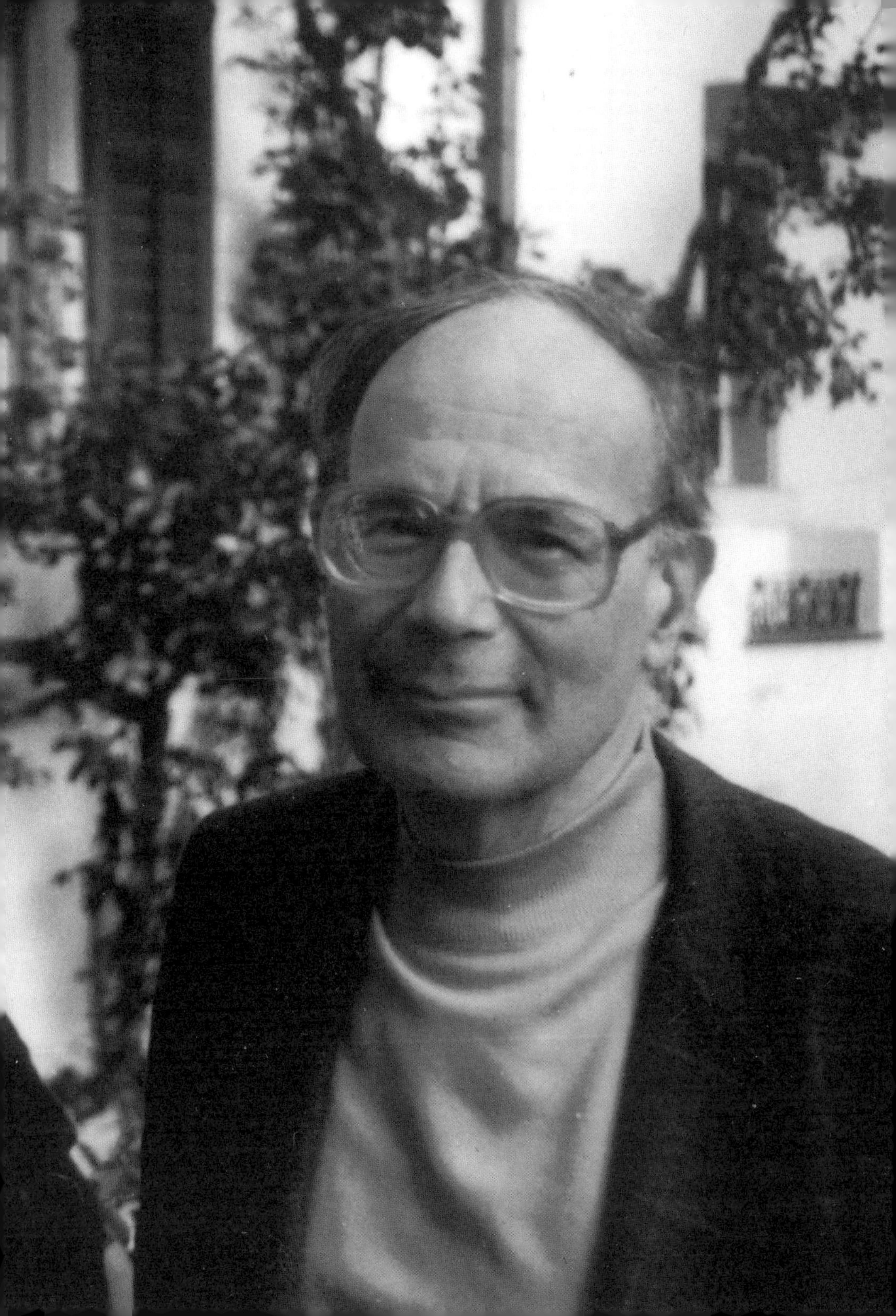

Lebensdaten

Robert Altmann geboren in Hamburg 1915, Sohn des Hamburger Kaufmanns Gustave M. Altmann und der aus der Franche-Comté stammenden Mutter Berthe Nocher. Auswanderung 1931 nach Paris und St.-Germain. Studium ab 1936 der Rechtswissenschaft an der Universität Paris-Sorbonne, dann Kunstwissenschaft am Institut d'Art et d'Archéologie, Paris. Vorlesungen von Lalo und Henri Focillon. Bei Kriegsbeginn bis 1941 studierte Robert Altmann an der Universität Genf bis zur Auswanderung nach Kuba.
Seine Freundschaft in Paris mit Emigranten-Künstlern wie die Bildhauer Moise Kogan, Paul Hamann, Bernard Reder inspirierten seine malerischen und graphischen Studien in der Académie de la Grande Chaumière und anderen Freien Akademien. Erlernte die Holzschnitt- und Radier-Techniken von Bernard Reder, dem er die Einwanderung nach Kuba 1942 ermöglichte.
Lebte in Havanna bis Anfang 1949, lernte seine Frau Hortensia Acosta, Kubanerin aus Cienfuegos, kennen, der Ehe entstammen zwei Söhne und eine Tochter. In Kuba stand Robert Altmann in engem Kontakt mit dem kubanischen Intellektuellenkreis um den Dichter José Lezama Lima, schrieb kunstkritische Artikel in dortigen Zeitungen und Zeitschriften, entwickelte einen eigenen Stil der Graphik und gab sich der Malerei hin, was ihn dazu brachte, mehrere Ausstellungen in Havanna und dann in New York (Galerie Bonestell) zu organisieren.
Seine Interessen galten gleichfalls der Wiederentdeckung der Volkskunst und mit seinem Freund, Schriftsteller und Maler Samuel Feijóo gab er eine Gedichtreihe des nachromantischen Bauerndichters El Cucalambé heraus, die er mit eigenen Lithographien und Holzschnitten illustrierte.
Zahlreiche Aufenthalte in New York, Chicago, Los Angeles und Haiti. Freundschaft mit Wifredo Lam, Pierre Mabille und den in New York lebenden Surrealisten wie Max Ernst, Man Ray, Kurt Seligmann, Joan Miró sowie dem Schriftsteller und Kunsthistoriker Meyer-Schapiro.
Im Jahre 1938 war die Familie Gustave Altmann in Liechtenstein eingebürgert worden, was ihr ermöglichte 1943 aus dem besetzten Frankreich nach Liechtenstein zu entkommen.
1949 verließ Robert Altmann mit seiner Familie endgültig Kuba, übernahm mit seinem Vater das in Vaduz etablierte Verwaltungsbüro und nahm gleichzeitig Wohnsitz in Viroflay, Vorort von Paris.
In Paris hatte er die Möglichkeit, eine weitere Reihe bibliophiler Werke herauszugeben, die unter dem Namen "Brunidor"

Robert Altmann bei der Eröffnung der Ausstellung: "Liechtensteiner Almanach - Thema: Landschaft - Kunst und Literatur zwischen Chur und Bregenz", Schaan 1989

Die Initiatoren: Evi Kliemand, Martin Frommelt, Robert Altmann, 1989

erschienen. Altmann traf André Breton und Benjamin Péret. Lang währende Freundschaft mit den Malern Victor Brauner, Jacques Hérold, Jean Hélion. Tochter Claudine kam 1952 zur Welt. Im Kreis von Victor Brauner lernte Altmann den Dichter Gherasim Luca kennen, der ihn mit seinem Freund Paul Celan zusammenbrachte, mit dem er verschiedene Editionen verwirklichte. Mehrere Editionen entstanden auch mit dem Schriftsteller Michel Butor. Ausstellung "Das Buch als Kunst" in Vaduz, 1968; "Le livre comme oeuvre d'art", Edition Brunidor, im Musée d'Art Moderne de la Ville de Paris 1969. Kontakte zu Kuba, Organisation von Ausstellungen kubanischer Künstler in Paris; Korrespondenz mit dem Dichter José Lezama Lima, Zusammentreffen mit dem nach Paris übersiedelten Architekten Ricardo Porro; 1972/1973 Bau des Centrum für Kunst und Kommunikation auf dem Altmann-Grundstück in Vaduz, Architekt ist Ricardo Porro. Die Aktivitäten dieses Centrums werden einige Jahre von Robert Altmanns Sohn, Roberto Altmann, Künstler und Schriftsteller, und Margreth Altmann Mauritz geleitet. Freundschaft mit dem Dichter Georges Hugnet. Tochter Claudine heiratete in Vaduz den ältesten Sohn von Jean Hélion. Verbindung mit dessen Familie und der Familie von Peggy Guggenheim in Venedig. Sohn Carlos, der selbst sehr der Musik zugeneigt ist, führt heute das Verwaltungsbüro in Vaduz. Das Gebäude Centrum für Kunst ist in Büroräume umgewandelt. Die Aktivitäten, Beteiligungen an Ausstellungen, Editionen und Archiven bleiben weiter im Altmann-Haus zentralisiert. 1995 wurde in Clairegoutte, dem Heimatort von Robert Altmanns Mutter, ein "Espace Altmann" eingerichtet. Verlegerische Tätigkeit im Bereich der bibliophilen Edition bis heute. In den Jahren 1994-1999 schreibt Robert Altmann seine Memoiren in Zusammenarbeit mit Evi Kliemand und Uwe Martin, das Erscheinen der Publikation wird von einer Ausstellung in der Liechtensteinischen Staatlichen Kunstsammlung Vaduz begleitet werden, Kurator Dr. Friedemann Malsch.

Anmerkungen und das Namenregister ergänzende biographische Hinweise von Robert Altmann

Abadie, Daniel, französischer Dichter und Museumsdirektor

Abel, Lionel, amerikanischer Schriftsteller, Herausgeber der Zeitschrift "instead" 1947-1948

Abela, Eduardo, 1891*, kubanischer Maler

Abs, Hermann, hatte führende Stellung bei der Deutschen Bank

Acosta Altmann, Hortensia, 1917* in Cienfuegos, Kuba, Ehefrau von Robert Altmann

Acosta, Clara-Inès (Cuca), Schwester von Hortensia Acosta Altmann

Acosta, Lili, Schwägerin von Robert Altmann

Adrion, elsässischer Maler, bekannt für seine nachimpressionistischen Bilder des Strandes von Deauville und der Normandie

Aeschbacher, Arthur, Zeichner und Maler, benutzte Zeichen und Buchstaben

Aesop, 6. Jahrhundert v. Chr., griechischer Fabulist

Aiguij, Guennadi, bedeutender russischer-tschuwasch Dichter; 1988 konnte er zum erstenmal ins Ausland reisen, Ungarn, Frankreich. Sein erster Gedichtband erschien 1991 in Moskau, davor waren seine Schriften verboten

Albert-Birot, Pierre, 1876-1967, Bildhauer, Maler und Dichter, Herausgeber seiner eigenen Werke, Buchdrucker und Graphiker

Alea, Thomas, kubanischer Filmregisseur

Alechinsky, Pierre, 1927*, belgischer Maler, abstrakter Expressionist, Gruppe "Cobra"

Alejandro, Ramón, kubanischer Maler, lebt in Miami, USA

Alexandrian, Sarane, 1927*, in Bagdad, französischer Schriftsteller, Surrealist und Freund Victor Brauners

Altman, Georges, französischer Journalist der vierziger Jahre

Altman, Natan, 1889*, russischer Maler der

zwanziger Jahre, verstorben in Leningrad
Altmann, Babette (Deicha), jüngere Schwester von Robert Altmann
Altmann, Carlos (Carlitos), 1946* in Havanna, Sohn der Eheleute Robert und Hortensia Altmann
Altmann, Claudine (s. Hélion), Tochter der Eheleute Robert und Hortensia Altmann
Altmann, Gabriel, jüngerer Bruder von Robert Altmann
Altmann, Gustave M., Vater von Robert Altmann
Altmann, Israel, Großvater von Robert Altmann
Altmann, Isabelle, ältere Schwester von Robert Altmann
Altmann, Marie-Clothilde, jüngere Schwester von Robert Altmann; Ordensschwester
Altmann, Roberto, geboren 1941 in Havanna, Kunstschaffender, Maler; Sohn der Eheleute Robert Altmann und Hortensia Acosta
Altmann Acosta, Hortensia, siehe Acosta Altmann,
Altmann Hélion, Claudine, 1952* in Paris, Tochter der Eheleute Robert Altmann und Hortensia Acosta
Altmann-Nocher, Berthe, Mutter von Robert Altmann
Altolaguirre, Manuel, 1905-1959, spanischer Herausgeber und Dichter, lebte in Havanna und Mexiko
Apollinaire, Guillaume, 1880-1918, französischer Dichter, Vorbereiter des Surrealismus
Aragon, Louis, 1897*, französischer Schriftsteller und Dichter in Paris
Arakawa, Shusaku, 1936*, japanischer konzeptueller Maler, lebte in New York
Arcay, kubanischer abstrakter Maler, lebte in Paris
Arche, Jorge, 1905-1956, kubanischer Maler
Arcimboldo, Giuseppe, italienischer Manierist des 16. Jahrhunderts
Ardévol, José, kubanischer Dirigent und Komponist
Arenas, Reinaldo, kubanischer Schriftsteller, lebte in New York
Arjona, Martha, kubanische Künstlerin und Leiterin des Kulturministeriums, Havanna
Arman, (eigentlich Armand Fernández) 1928* Nizza, französischer Bildhauer, Gruppe "Nouveaux Réalistes"
Arnaud, Noël, französischer Dichter, Herausgeber von "Poésie et vérité" (1942), Edition la Main à Plume
Arp, Hans 1886-1966, elsässischer Bildhauer und Graphiker, Dadaist und Surrealist
Artaud, Pierre-Yves, französischer Flötenspieler und Komponist, Professor am Pariser Konservatorium
Augustinus, 354-430, Kirchenlehrer,
Axelos, Kostas, griechischer Philosoph, lehrte in Paris, Sorbonne
Axelos, Rea, Frau von Kostas Axelos
Ayala, Hector de, kubanischer Botschafter in Paris bis 1959
Baer, Cousin von Georg Tillmann (die Ehefrau von Ludwig Tillmann war eine Baer)
Balthus, Balthasar Klossowski de Rola, 1908*, französischer Maler polnischer Herkunft
Banco, Alma del, 1863-1943, Hamburger Malerin; Mitglied der Hamburger Sezession
Baragaño, José Alvarez kubanischer Dichter, in Paris gehörte er zu den Surrealisten
Barciela, Susana, Nichte der kubanischen Malerin Antonia Eiris
Barr, Alfred H., Direktor des Museum of Modern Art New York in den vierziger Jahren
Bataille, Georges, 1897-1962, französischer Schriftsteller und Philosoph, späterer Gegner von André Breton
Batista, Fulgencio, kubanischer Präsident
Bauduin, geb. 1943, Bildhauer und Landschaftskünstler, arbeitet in Paris und in der Bretagne, in Japan, Island, Liechtenstein
Baziotes, William, 1912-1963, amerikanischer Maler in New York
Beatrice, Figur in Dantes Paradies
Bélias, Jean, Buchhändler in Paris
Bella, Ben, algerischer Politiker
Bellmer, Hans, 1902 Polen - Paris 1975, Plastiker, Graphiker, Kreis der Surrealisten
Benanteur, Abdallah algerischer Maler, Paris
Benitez, Helena, geborene Holzer, ehemalige Frau

von Lam
Benjamin, Walter, 1892-1940, Philosoph
Benoît, Pierre-Albert, genannt "PAB", Bucheditor unter dem Namen PAB und Illustrator (u.a. R. Char "Quelques Feuilles d'Hypnos ", 1957)
Berggruen, Buchhändler und Galerist in Paris, bedeutender Sammler
Bergson, Henri, 1859-1941, französischer Philosoph
Bermúdez, Cundo, 1914*, kubanischer Maler, lebt in Puerto Rico
Bernhardt, Sarah, 1844-1923, französische Schauspielerin
Bettelheim, französischer Wirtschaftsspezialist, arbeitete am Planifikationsministerium in Paris
Blake, William, 1757-1827, englischer Dichter und Kupferstecher
Blanchot, Maurice, französischer Dichter und Schriftsteller und Philosoph
Bloom und Voss, Hamburger Reederei
Bois, Ilse, Schwester des sehr bekannten Schauspielers Curt Bois. Sie trat auf als "Diseuse" und Kabarettschauspielerin, in Hamburg und Berlin
Bolet, Jorge, 1914-1990, kubanischer Pianist
Bolliger, Hans, Schweizer Buchhändler, Sammler surrealistischer Bücher
Boltanski, Christian 1944*, französischer Künstler in Paris
Bomsel, Sammler surrealistischer Kunst, Freund von André Breton, Anwalt und Rechtsberater

Bonnefoy, Yves, 1923*, französischer Dichter, u.a. ab 1966 Mitherausgeber von "L'Ephémère"
Bosch, Hieronymus, 1450-1516, Maler
Bosquet, Alain, französischer Schriftsteller
Böttger, Johann Friedrich, Erfinder des Porzellans in Deutschland, 1682-1719
Bouvet, Francis, surrealistischer Maler, wurde ein bedeutender Mitarbeiter im Verlag Flammarion u. a.
Boyle, Kay amerikanische Schriftstellerin, Verwandte der Guggenheim-Familie
Bozo, Dominique, Museumsdirektor, Paris; Gründer des Picasso-Museums
Brancusi, Constantin, 1876-1957, rumänischer Bildhauer, lebte in Paris
Brandler, deutscher Politiker, einer der Begründer der kommunistischen Partei Deutschlands, KPD
Brau, Jean-Louis, französischer Schriftsteller und Maler, Lettrist
Brauner, Jacqueline, Ehefrau des Malers Victor Brauner
Brauner, Victor, 1903 - 1966, rumänischer Maler, Surrealist in Paris
Brea, Juan, 1908-1941, kubanischer Schriftsteller
Brecht, Georges 1926*, amerikanischer Happening Künstler
Brecht, Berthold, 1898-1956, deutscher Schriftsteller, Dichter, Dramaturg
Breillat, Pierre, Bibliothekar in Versailles

Breton, André, 1896-1966, französischer surrealistischer Dichter und Schriftsteller, Paris, New York
Breton, Elisa, geboren in Chile, französischer Objekt-Künstlerin, 1943 Heirat mit Breton
Bricianier, französischer Politiker und Freund von Gherasim Luca
Bronsen, David, 1926*, Professor an der Universität Saint-Louis, USA, Joseph Roths Biograph
Bruguière, Pierre, Richter, Kunstsammler
Brunidor, bibliophile Editionen, Paris/Vaduz, Verleger Robert Altmann
Bryen, Camille, 1907-1977, französischer Maler und Dichter, Dadaist und Surrealist
Buchheister, Carl, 1890-1964, Hamburg, deutscher Maler, Pionier der informellen Malerei; Materialbilder
Bulteau, M. französischer Dichter der Gruppe der "Elektriker"
Burgart, Jean Pierre, Dichter, Schriftsteller, Herausgeber von Zeitschriften, Maler
Burroughs, William, 1914-1997, amerikanischer Schriftsteller, lebte in Paris
Busch, Wilhelm, 1832-1908, deutscher humoristischer Zeichner und Dichter
Butor, Michel, 1926*, französischer Schriftsteller, Dichter

Cabanel, Guy, französischer Dichter, Surrealist

Cabrera, Lydia, kubanische Schriftstellerin und Ethnologin
Cabrera, Servando, kubanischer Maler
Cage, John, 1912-1992, amerikanischer Komponist, Initiator der "fluxus" Bewegung
Cahun, Claude, eigentlich Lucy Schwab, Photographin und Schriftstellerin, Surrealistin, lebte ab 1939 in Jersey
Calas, Nicolas, surrealistischer Schriftsteller und Kunsthistoriker, geboren in Griechenland, lebte in Paris und New York
Calder, Alexander, 1898-1976, amerikanischer Bildhauer, lebte in Frankreich
Camacho, Jorge, 1934*, kubanischer surrealistischer Maler in Paris
Caravia, kubanischer akademischer Maler an der Academia San Alejandro, Havanna
Cárdenas, Agustín, 1927* kubanischer Bildhauer in Paris, dann in Kuba
Carlat, Dominique, Universitätsprofessor, Biograph von Gherasim Luca
Carpentier, Alejo, 1904* in Havanna - 1980 in Paris, kubanischer Schriftsteller russisch-französischer Herkunft
Carpentier, Eva, (Fréjaville)
Carreño, Mario, 1913*, kubanischer Maler
Carter, Frederick, Autor esoterischer Bücher
Cassatt, Mary, 1845-1926, amerikanische impressionistische Malerin

Castaño, Jorge, kubanischer Maler in Paris
Castro, Fidel, Präsident von Kuba
Catti, Micheline, Malerin und Graphikerin in Paris, Ehefrau von Luca, illustrierte Bücher ihres Mannes
Celan, Eric, Sohn des Paul Celan
Celan, Paul, 1920-1970, geboren in Rumänien, lebte in Paris, deutscher Dichter
Celan-Lestrange, Gisèle, Graphikerin, Ehefrau von Paul Celan,
Céline, (i. e. Louis Ferdinand Destouches), 1894-1961, französischer Erzähler
Cendrars, Blaise, 1887-1961, Schweizer, französischer Schriftsteller
Césaire, Aimé, 1913*, Martinique, afrokaribischer Dichter
Cézanne, Paul, 1939-1906, französischer Maler
Chagall, Marc, 1887- 1985, russischer Maler, Paris - New York
Char, René, 1907-1988, französischer Dichter
Charles, Daniel, 1935*, Algerien, französischer Musikkritiker und Philosoph in Nizza
Chave, Galerist in Vence, Herausgeber von Graphik und Büchern
Chazal, Malcolm de, Schriftsteller in Curepipe, Mauritius
Chlebnikov, Velemir, 1885-1922, russischer Dichter der frühen zwanziger Jahre
Chopin, Florent, französischer Graphiker, Maler und Schriftsteller
Chopin, Henri, konkrete

Poesie, Herausgeber der Zeitschrift "OU"
Christie's, Auktionshaus Barcelona, New York London Paris
Clairin, französischer Maler, Ende 19. Jahrhundert, bekannt durch seine Porträts der Schauspielerin Sarah Bernard
Clarac Sérou, Max, französischer Dichter, Schriftsteller und Galerist in Paris
Cobbing, Bob, 1920*, englischer Konzeptualist
Cocteau, Jean, 1889-1963, französischer Schriftsteller und Dichter
Cohen, Hermann, jüdischer Philosoph
Cohn-Bendit, Daniel, deutscher Politiker und Anführer der Studentenrevolten 1968 in Paris
Colby, Frank, Chemiker und Sachverständiger für die amerikanische Tabakindustrie
Collado, Luis-Felipe, kubanischer Schriftsteller, Zeichner und Collagist
Coppé, François, französischer Dichter des 19. Jahrhunderts
Cordier, Raymond, Galerist in Paris
Cornell, Joseph, amerikanischer Surrealist
Corot, Camille, 1796-1875, französischer Maler
Correa, Sammler und Musikliebhaber, Havanna
Corso, Gregory, amerikanischer Dichter der Beatnick-Gruppe
Cortázar, Julio, 1914*Brüssel - 1984 Paris, argentinischer Schriftsteller, Erzähler, ab 1951 in Paris
Corti, José, Verleger in Paris

Courbet, Gustave, 1819-1877, französischer Maler
Cucalambé, El, eigentlich Juan Napoles Fajardo, kubanischer Dichter der Romantik

Daive, Jean, 1941*, französischer Dichter, Celan-Übersetzer, Zeitschriften "fragment" und "Fig"
Dalí, Salvador, 1904-1989, spanischer Maler
Dante, Alighieri, 1265-1321, italienischer Dichter
Darié, Sandu, rumänisch-französischer Maler und Dekorateur, lebte in Paris und Kuba
Dausset, Jean, Mediziner, Nobel-Preisträger
Dausset, Nina, Galeristin in Paris
David, Juan, kubanischer Karikaturist und Maler, war Kulturattaché, kubanische Botschaft in Paris
Debord, Guy, Gründer und Theoretiker des Situationismus
Debré, Olivier, 1920*, abstrakter Maler
De Chirico, Giorgio, 1888-1978, griechisch-italienischer Maler
Degottex, Jean, konzeptueller Maler, Paris sechziger Jahre
Deguy, Michel, französischer Dichter, Zeitschrift "Poésie"
Deharme, Lise, französische Dichterin im Kreis der Surrealisten; "Oh, Violette! ou la Politesse des Végéteaux", 1969
Delacroix, Eugène, 1798-1863, französischer Maler
Delaunay-Terk, Sonia, 1885-1979, ursprünglich russische Malerin, lebte in Paris, Ehefrau von Robert Delaunay
Deleuze, Gilles, 1925-1995, französischer Philosoph in Paris
Delisse, Louis-François, französischer Dichter
Descartes, René, 1596-1650, französischer Philosoph
Desiderio, Monsú, italienischer Maler, Manierist
Desjobert, Jean, Lithographen-Atelier Paris
Desnos, Robert, 1900-1945, fand den Tod im KZ Theresienstadt, ursprünglich tschechischer, dann französischer Dichter, Surrealist
Dessau, Paul, 1894-1979, deutscher Komponist, lebte in Paris, u.a. Brecht Vertonung
Dereux, Philippe, Künstler aus dem Kreis um Dubuffet, Bilder aus Frucht- und Gemüse-Schalen
Deux, Fred, französischer Schriftsteller, Maler und Graphiker
Diderot, Denis, 1713-1784, französischer Schriftsteller, Paris
Di Dio, François, italienischer Herausgeber, bekannt in Paris für seine bibliophilen Ausgaben, Herausgeber von Büchern Gherasim Lucas und anderer Surrealisten
Diego, Eliseo, kubanischer Dichter aus dem Umkreis von Lezama Lima
Dilthey, Wilhelm, 1833-1911, deutscher Philosoph
Domela, Cesar, 1900-1991, holländischer abstrakter und konstruktivistischer Maler, lebte in Paris
Dominguez, Oscar, 1906-1957, geboren auf den Kanarischen Inseln, spanischer surrealistischer Maler
Don Quijote, Romanfigur von Cervantes
Dorival, Schauspieler um 1910-1920, zitiert in der Erstaufführung des Theaters von Raymond Roussel
Dotremont, Christian, 1922-1979, belgischer Dichter, gründet 1948 die "Cobra" Gruppe
Doucet, Jacques, 1853-1929, Modeschöpfer, Sammler, Gründer der Stiftung gleichen Namens, Paris
Dragon, du, Galerie in der Straße rue du Dragon, Paris 5e
Drouin, René, Galerist am Place Vendôme Paris
Du Bouchet, André, 1924*, französischer Dichter; u.a. Mitherausgeber von "L'Ephémère" (1966)
Duarte, Benjamin, kubanischer Maler, lebte in Cienfuegos
Dubuffet, Jean, 1901-1985, französischer Maler
Ducel, Lucie, Herausgeberin von Büchern, Mitarbeiterin von Edmond Jabès
Duchamp, Marcel, 1887-1968, Dadaist und Surrealist, New York, Paris
Dufrêne, François, französischer "affichiste", Gruppe der "Nouveaux Réalistes", bekannt für seine Laut-Gedichte (Poésie sonore)
Dufrenne, Mikel, Philosoph, Professor für Ästhetik, Universität Paris X Nanterre

Duits, Charles, französisch-amerikanischer Dichter, Surrealist in New York, im engen Kreis von Breton

Dulzaides, kubanischer Anarchist, publizierte die Zeitschrift "inventario"

Dumons, Jacques, Typograph, Freund und Mitarbeiter von Gherasim Luca

Dupin, Jacques, 1927*, französischer Dichter

Durrel, Lawrence, 1912*, anglo-irischer Dichter, seit 1957 in Nîmes, Freund Millers

Duval, Jean, Buchbinderatelier Paris

Ehrenberg, Hans, Bruder von Paul Ehrenberg, Vetter des Religionsphilosophen Rosenzweig

Ehrenberg, Paul, Schwager von Georg Tillmann

Ehrenstein, Albert, 1886 Wien - 1950 New York, deutscher expressionistischer Dichter, Literaturkritiker, emigrierte nach Zürich, 1941 nach New York

Ehrmann, Gilles, Photograph, Surrealist, Freund von Gherasim Luca

Eiris, Antonia, kubanische Malerin, Havanna, Miami, starb 1951

Eluard, Paul, 1895-1952, französischer Dichter

Empedokles, 490-435 v. Chr., sizilianischer Dichter, Philosoph, Wissenschaftler

Enríquez, Carlos, 1900-1957 kubanischer Maler, vom Surrealismus beeinflußt

Ernst, Max, 1891-1976, deutsch-französischer Maler und Graphiker, Surrealist

Evans, Walker, amerikanischer Photograph, bekannt für seine Aufnahmen in Kuba während der Wirtschaftskrise 1930-1935

Exter, Alexandra, 1882-1949, russische Malerin und Bühnenbildnerin, emigrierte nach der Revolution 1924 nach Frankreich

Fautrier, Jean, 1898-1964, französischer Maler des "Informel"

Faux, Pierre, französischer Maler, von den Surrealisten entdeckt

Feijóo, Adamelia, Tochter des Samuel Feijóo

Feijóo, Samuel, 1914-1989, kubanischer Dichter, Schriftsteller, Photograph, Anthropologe, Herausgeber von "Islas" und "Signos"

Fequet et Baudier, Druckerei, rue Falguière in Paris

Fernández de Castro, Jorge und Martha, Ehepaar befreundet mit kubanischen Schriftstellern, Künstlern und Architekten, bekannte kubanische Familie

Fernández, Agustín, kubanischer Maler, lebte in Paris, jetzt New York

Fernández, Aristides, 1904-1934, kubanischer Maler

Ferrer, Joaquín, kubanischer Maler in Paris

Filinov, Pavel, 1883-1941, russischer Dichter und Maler der zwanziger Jahre

Filipacchi, Daniel, Sammler und Herausgeber von Zeitschriften

Fischbach, Galeristin in New York

Fischer-Trachau, Otto, 1878-1958, Dresden und Hamburg; Professor in Leipzig, Maler und Raumgestalter

Florit, Eugenio, kubanischer Dichter, Havanna - New York

Fluxus, Künstler-Gruppe inauguriert durch John Cage

Focillon, Henri, 1881-1943, Professor für Kunstgeschichte, Paris, Sorbonne und Collège de France, emigrierte nach den USA, Yale University; Autor des "La vie des formes"

Ford, Charles Henry, leitete die Kunstzeitschrift "View" in New York, Surrealist

Forêts, Louis-René des, 1918*, französischer Dichter, u.a. Mitherausgeber von "L'Ephémère" (ab 1966)

Fourier, Charles, 1772-1837, französischer Schriftsteller und Utopist, predigte die "Neue Liebes-Welt", Vorläufer der Surrealisten

Francés, Esteban, 1914*, spanischer Maler, Surrealist, lebte in New York

François, Maler in Genf

Franquí, Carlos, kubanischer Revolutionär, brach mit Castro und lebte in Frankreich und Spanien

Fréjaville, Eva, Französin, lebte in Kuba, war erst mit Carlos Enríquez, dann mit dem Schriftsteller Alejo Carpentier verheiratet

Freud, Sigmund, 1856-

1939, Arzt und Psychiater
Frick, Alexander, 1910-
1991, liechtensteinischer
Politiker und Folklorist
Frobenius, Leo, deutscher
Ethnologe, u.a. Afrika-
Institut Frankfurt
Froment-Meurice, Marc,
1953* in Tokyo,
französischer Philosoph,
lebt in den USA
Frommelt, Martin, 1933*,
Kunstschaffender in
Liechtenstein (1952-1962
in Paris)
Fry, Varian, dirigierte
Anfang der 40er Jahre
das Komitée Fry in
Marseille (Villa Air Bel),
welches verfolgten
Intellektuellen zur
Ausreise verhalf, starb
1967
Furnival, John, 1933*,
englischer Künstler,
Collagist und
Installationskünstler

Gallimard, Pariser Verleger
García Caturla, kubanischer
Musiker
García Maruz, Fina,
kubanische Dichterin der
Gruppe von "Orígenes",
Frau von Cintio Vitrier,
schrieb in der Zeitschrift
"Orígenes"
Gaudí, Antonio, 1852-1926,
katalanischer Architekt
Gaudibert, Konservator am
Kunstmuseum der Stadt
Paris, Kunstkritiker
Gauguin, Paul, 1848-1903,
französischer Maler,
Nachimpressionist
Gervis (Galerie),
Kunstgalerie. Gervis
leitete die internationale
Kunstmesse FIAC
Gerz, Jochen, 1940*,
deutscher Video- und
Performance-Künstler
Gette, Paul Armand,
französischer Bildhauer,
Installationskünstler und
Buchgestalter
Giacometti, Alberto, 1901-
1966, Schweizer
Bildhauer, Surrealist,
lebte in Paris
Gilli, Claude,
Installationskünstler der
Nizza-Gruppe
Ginsberg, Allen, 1926*,
amerikanischer Dichter
Gladiator, Jimmy S.,
1948*, Schriftsteller,
Paris, beeinflußt durch
die Surrealisten und die
"elektrischen" Dichter
und Schriftsteller
Glissant, Edouard, 1928* in
Martinique, afro-
karibischer Lyriker
französischer Sprache,
lebte in Paris, später in
den USA
Goethe, Johann Wolfgang
von, 1749-1832,
deutscher Dichter
Goldenberg, Boris,
Politiker, deutsche
sozialistische
Arbeiterpartei, SAP, in
den dreißiger Jahren
Gómez Mena, Zucker-
Magnat, Kuba
Gómez de la Serna,
Ramón, 1888-1963,
spanischer Dichter und
Schriftsteller, lebte in
Argentinien
Gómez, Henriette,
Galeristin, rue du Cirque
in Paris
Gómez Mena, Maria Luisa,
kubanische
Kunstsammlerin, Gattin
des Zuckermagnaten
Gómez Mena, Havanna
Gontcharova, Nathalia,
1883-1962, russische
Malerin
Gorky, Arshile, 1905-1948,
amerikanischer Maler
Gottlieb, Adolph, 1903-
1974, amerikanischer
Maler
Götz, Karl Otto, 1914*,
deutscher Maler der
"Cobra" Gruppe,
abstrakter Maler
Goverts, Henry, deutscher
Verleger aus Hamburg,
lebte in Liechtenstein
Goya y Lucientes,
Francisco de, 1746-1828,
spanischer Maler
Gramatges, Harold,
kubanischer Musiker und
Komponist, Mitbegründer
der "Renovación
Musical"
Grapelli, Stéphane, 1908-
1997, Violinist, musizierte
mit Django Reinhart in
Paris
Greco, El, 1541-1614,
griechisch-spanischer
Maler
Greenberg, Clement,
bekannter amerikanischer
Kunstkritiker, Förderer
der ersten Stunde:
Pollock, Francis u.a.
amerikanischen Maler
nach 1945, "New Yorker
Schule"
Grylewicz, Anton,
deutscher
Gewerkschafter, Berlin
und Havanna
Guevara, Che, 1928-1967,
kubanischer
Revolutionär,
ursprünglich Argentinier
Guggenheim, Peggy, 1898-
1979, Galeristin New
York, Gründerin Art of
this Century und
Museum in Venedig
Guggenheim, Solomon,
Gründer des
Guggenheim-Museums
in New York, erbaut von
Frank Lloyd Wright
Guignard, André,
Bibliothekar, Bibliothèque
de l'Arsenal
Guillén, Nicolas, 1902-
1989, kubanischer Dichter
euro-afrikanischer

Abkunft
Guillén, Rosa, Ehefrau von Nicolas Guillén
Gurdijeff, russischer Sektenführer, Mystiker
Gysin, Brion, Maler und Schriftsteller; 1916* in London, gehört zur Beat-Generation mit William Burroughs

Hagenbeck, Tierpark-Besitzer in Hamburg
Hains, Raymond, französischer Künstler, "affichiste" (Nouveaux Réalistes)
Halevi, Jehuda ben Samuel, vor 1075-1141, Dichter und Religionsphilosoph
Hamann, Paul, lebte in der Künstler-Kolonie Worpswede, später in Berlin und Hamburg, ab 1933 in Paris und London; Bildhauer
Hantaï, 1922* ungarischer Maler, Surrealist, lebte in Paris
Hare, David, englisch-amerikanischer Bildhauer, Surrealist, Freund von Tanguy und Matta
Harloff, Guy, holländisch-amerikanischer Maler, lebte in Paris und New York
Hartmann, Erich, geboren 1886, Hamburger Maler und Graphiker
Hausmann, Raoul, 1886 Wien - 1971 Limoges, österreichischer Künstler, lebte in Limoges, Dadaist
Hauswedell, Hamburger Versteigerer, Kunsthändler
Hayter, Stanley William, 1911-1988, englischer Graphiker und Maler, Paris - New York
Hegel, Georg Wilhelm Friedrich, 1770-1831, deutscher Philosoph
Heidegger, Martin, 1889-1976, deutscher Philosoph
Heidsieck, Bernard, französischer konzeptueller Künstler
Heine, Heinrich, 1797-1856, deutscher Dichter
Heisler, Jindrich, 1914*, tschechischer Dichter und Dramaturg in Paris
Hélion Altmann, Claudine, Tochter des Robert Altmann
Hélion, Alvina, Tochter von Claudine und Fabrice Hélion
Hélion, David, Sohn des Jean Hélion
Hélion, Fabrice, Sohn des Jean Hélion, Ehemann von Claudine Hélion Altmann
Hélion, Jacqueline, Ehefrau (Witwe) des Jean Hélion
Hélion, Jean, 1904 -1987, französischer Maler in Paris, Bewegung der "Abstraction et Création", erst abstrakt, dann figurativer Prägung
Hélion, Jean-Jacques, ältester Sohn von Jean Hélion
Hélion, Matthias, Sohn von Claudine und Fabrice Hélion
Hélion, Pegeen, Tochter von Peggy Guggenheim und Laurence Vail
Henein, Georges, ägyptischer Dichter, Surrealist, lebte in Paris
Henry, Pierre, französischer Musiker, erfand die elektronische Musik
Heraklit, ca 540-480 vor Chr. in Ephesos
Hérold, Jacques, 1910-1987, rumänischer Maler, Surrealist in Paris
Herz, Michel, Bildhauer und Maler, Frankfurt und später Paris, Freund von Victor Brauner
Heydt, Eduard von der, Sammler, u.a. von Ost-Asiatischer Kunst
Hicks, Sheila, bekannte dekorative Künstlerin in Paris und New York
Höch, Hannah, 1889 Gotha -1978 Berlin, Malerin, Collagistin und Objektgestalterin (Dada), 1915 Gefährtin von Raoul Hausmann, ab 1917 Kontakt zu den Dadaisten
Höger, Fritz, 1877-1949, Architekt
Hölderlin, Friedrich, 1770-1843, deutscher Dichter
Holzer de Lam, Helena, Ehefrau von Wifredo Lam
Hoop, Josef, 1895-1959, Vaduz, Fürstentum Liechtenstein, Regierungschef
Houéard, Dom Sylvester, 1925* in Guernesey; lebt in England, Benediktiner Mönch, Erfinder einer konkreten Gedichtform; Ausstellung im Institute of Contemporary Art London 1965
Hugnet, Georges, 1906-1974, Dichter Graphiker, Photocollagist, Bibliophile
Hugo, Valentine, 1887-1968, surrealistische Malerin und Graphikerin; geborene Valentine Gross, heiratete 1917 Jean Hugo, einen Nachkommen von Victor Hugo
Husserl, Edmund, 1859-1938, deutscher Philosoph
Hyppolite, Hector, Vaudou Priester und Maler in Haiti
Iliazd, (eigentlich Ilia Zdanevitch), Verleger und

Dichter
Isou, Isidore, (eigentlich Jean-Isidor Goldstein), 1925*, rumänischer Dichter in Paris, Lettrist, Maler und Schriftsteller, Gründer des Lettrismus
Ivsic, Radovan, 1921* in Zagreb, ab 1956 in Paris aktives Mitglied der Surrealisten-Gruppe, führte die Editions Maintenant, Dichter und Dramaturg
Iznaga, Alcides, kubanischer Dichter

Jabès, Edmond, 1912* in Ägypten, jüdisch-französischer Dichter in Paris
Jacob, Max, 1876-1944, französischer Dichter
Jaguer, Edouard, französischer Dichter und Leiter der Gruppe "Phases"
Jamis, Fayad, kubanischer Maler und Dichter, Paris, Havanna, Mexico
Jamme, Frank André, französischer Dichter, ediert von Lucie Ducel
Jardot, Galerie von Louise Leiris, Kunstsammler und Galerist, Sekretär von Kahnweiler
Jarry, Alfred 1873-1907, französischer Dichter, Vorläufer der Dadaisten
Jaspers, Karl, 1883-1969, deutscher Philosoph
Jean Paul (eigentlich Jean Paul Friedrich Richter), 1763-1825, deutscher Schriftsteller
Jiménez, Juan Ramón, 1881-1958, spanischer Dichter, Kuba und USA, ab 1951 in Puerto Rico
Johns, Jasper, 1930*, amerikanischer Maler, Bildner
Jolas, Galerie (Eugène Jolas) Paris - New York
Jones, Lithographie-Atelier in New York
Jorn, Asger, 1914-1973, dänischer Künstler, Gründer von "Cobra"
Joubert, Alain, französischer Schriftsteller, ab 1955 aktives Mitglied der Surrealisten-Gruppe
Jouffroy, Alain, 1928* französischer Dichter, Schriftsteller, Kunstkritiker, Begegnung mit Breton
Jouhandeau, Marcel, 1888-1979, französischer Schriftsteller, Erzähler und Essayist
Jouvet, Louis, französischer Schauspieler
Joyce, James, 1882-1941, irischer Dichter
Julliard, René, Verleger in Paris

Kafka, Franz, 1883-1924, tschechisch-deutscher Schriftsteller
Kahnweiler, Daniel-Henry, Sammler und Galerist, Paris, Freund von Picasso, Braque
Kalinowsky, Horst Egon, 1924*, deutscher Bildhauer und Objektkünstler
Kandinsky, Wassilij, 1866-1944, russischer Maler, Pionier der abstrakten Malerei
Kästner, Erich, 1899-1974, deutscher Schriftsteller und Dichter
Katz, Alex, amerikanischer Maler und Installationskünstler, New York
Kerouac, Jack, 1922-1969, amerikanischer Schriftsteller
Kiesler, Frederik, 1896-1966, österreichischer surrealistischer Architekt, später in New York
Kinge, Samy, Galerist in Paris
Klaphek, Konrad, 1935*, deutscher surrealistischer Maler, Düsseldorf
Klasen, Peter, 1935*, deutscher Maler, seit 1959 in Paris
Klee, Paul, 1879-1940, schweizerisch-deutscher Maler
Kleiber, Erich, 1890-1956 österreichisch-deutscher Dirigent, lebte in den Kriegsjahren in Argentinien
Kliemand, Alfons, 1910-1978, Philatelist, seit 1932 in Liechtenstein, heiratete 1938 Lina Küffer aus Luzern
Kliemand, Evi, 1946* liechtensteinische Dichterin und Malerin, Graphikerin, Tochter des Alfons Kliemand
Klossowski de Rola, Pierre, 1905* Paris, Schriftsteller und Zeichner, Bruder des Malers Balthus
Koenigs, Franz, deutscher Bankier, lebte in Amsterdam
Kogan, Moissey, russischer Bildhauer und Zeichner, lebte in Berlin und Paris
Kolár, Jiri, 1914*, tschechischer Dichter und Collage-Künstler, lebt in Paris
Kopac, Slavko, kroatischer Maler, assistierte Jean Dubuffet und seine Art-Brut-Sammlung
Kowalsky, französischer Bildhauer und Installations-Künstler
Kramarsky, Bankier und Sammler
Kubin, Alfred, 1877-1959, österreichischer Zeichner

Lacourière-Frélaut, Drucker, Radierkunstatelier in Paris
Lalo, Charles, Professor für Ästhetik an der Sorbonne, Paris
Lahumière, bekannte Kunstgalerie in Paris
Lam, Helena, Ehefrau von Wifredo Lam
Lam, Lou, letzte Ehefrau von Lam, Schwedin, Malerin
Lam, Wifredo, 1902 Kuba - 1982 Paris, kubanischer Maler
Lamba (Breton), Jacqueline, 1910* in Paris, französische Malerin, Lebensgefährtin von André Breton 1934-1943
Landaluze, Victor, spanischer Maler, in der 2. Hälfte des 19. Jahrhunderts in Kuba
Larionov, Michel, 1881-1964, russischer Maler
La Tour, Georges de, französischer Maler, 1593-1652
Laubiès, Maler in Paris, Wolkenmaler, d.h. "nuagiste"
Laurens, Henri, 1885-1954, französischer Bildhauer Paris
Laves, deutscher Maler, Aix-en-Provence
Lavigne, Sohn des Paul Levy, Berlin-Paris, Gründer des Klub "St-Germain" und des Café "Le Procope" in Paris
Lawrence, D. H., 1888-1935, englischer Schriftsteller
Le Corbusier (eigentlich Edouard Jeanneret), 1888-1965, schweizerisch-französischer Architekt und Maler
Le Gac, Jean, Installationskünstler, Maler
Leboul'ch, J. P., französischer Maler, leitete mit Pierre Tilman die Zeitschrift "Chorus"
Lebrun, Annie, 1942*, französische Schriftstellerin, ab 1963 aktives Mitglied der Surrealisten-Gruppe
Léger, Fernand, 1881-1955, französischer Maler
Léger, Jean Pascal, Dichter, Zeitschrift "Clivage" in Paris
Leiris, Louise (Galerie), früher Galerie Kahnweiler, maßgebende Galerie für Picasso, Masson, Braque, Léger
Leiris, Michel, 1901-1990, französischer Schriftsteller, Lyriker und Essayist. Ethnologe. Kunstkritiker. Ursprünglich vom Surrealismus ausgehend
Lemaître, Maurice, französischer Schriftsteller, Lettrist
Leon, Acosta, kubanischer Maler
Leperlier, François, französischer Schriftsteller; Biograph der Photographin Claude Cahun
Lerner, russischer Maler, lebte in Paris, Havanna, New York
Leroy, Claude, Maler und Zeichner, lebt in Saint Louis, Elsaß, Frankreich
Lévesques, Angèle, Frau des Jacques Henry Lévesques
Lévesques, Jacques Henry, Gründer der Zeitschrift "Orbes", Freund von Picabia und Cendrars
Levinas, Emmanuel, 1906-1995, französischer Philosoph
Levis-Mano, Guy, Herausgeber bibliophiler Werke, genannt GLM
Levy, Eliphas, 1810-1875, Paris, Okkultist, beeinflußte die Romantiker und Rimbaud
Levy, Julien, Galerist in New York
Lezama Lima, Eloisa, Schwester des José Lezama Lima, lebt in Miami USA
Lezama Lima, José, 1910-1976, kubanischer Schriftsteller (Vorsitzender des kubanischen Schriftstellerverbandes), neben Octavio Paz einer der wichtigsten Dichter spanischer Sprache, Gründer der Zeitschrift "Orígenes"
Liebermann, Bill, Direktor der Graphikabteilung im Museum of Modern Art New York
Lindon, Verleger in Paris, "Edition Minuit"
Lipchitz, Jacques, 1891-1973, polnisch-französischer Bildhauer Paris/New York
Lissitzky, El, 1890-1941, russischer Maler
Llinás, Guido, kubanischer Maler, gründete die erste Gruppe der Abstrakten, "Die Elf", 1961 in Kuba
Llinás, Julio, argentinischer Schriftsteller, Surrealist
Locadia, Priesterin einer Religionsgruppe in Havanna
Loeb, Albert (Galerie), Galerist in Paris, während der Kriegsjahre in Kuba
Loeb, Pierre, Galerist, Paris, während der Kriegsjahre in Havanna
Low, Mary, 1910*, australische Dichterin, lebte in Havanna, Witwe des kubanischen

Schriftstellers Juan Brea
Lozano, Alfredo, 1913*,
   kubanischer Bildhauer
Luca, Gherasim,
   rumänischer Dichter,
   Surrealist in Paris
Luxemburg, Rosa, 1870-
   1919, deutsche Politikerin

Mabille, Pierre, 1904-1952,
   Arzt und surrealistischer
   Autor, Anthropologe
Madi (Gruppe),
   argentinische abstrakte
   Gruppe
Maeght, Aimé, Galerie
   Maeght, Paris und Vence
Magritte, René, 1893-1967,
   belgischer Maler,
   Surrealist
Maillol, Aristide, 1861-
   1944, französischer
   Bildhauer und Graphiker,
   Paris-Perpignan-Lozano
Malcolm de Chazal, 1902-
   1981, Schriftsteller, Île
   Maurice
Malevitch, Kazimir, 1878-
   1935, russischer Maler
Malherbe, Susanne,
   Freundin von Claude
   Cahun, Photographin,
   lebte in Jersey
Mallarmé, Stéphane, 1842-
   1893, französischer
   Dichter
Mañach, Jorge,
   kubanischer Politiker,
   Schriftsteller, Journalist
Manga Bell, Andrea,
   bekannte Persönlichkeit
   in den intellektuellen
   Kreisen von Berlin und
   Hamburg, Freundin von
   Joseph Roth
Manga Bell, Tücke, Tochter
   von Andrea
Mann, Thomas, 1875-1955
   deutsch-amerikanischer
   Schriftsteller
Manuel, Victor, 1897-1969,
   kubanischer Maler
Marchand, Nicole, Frau
   von Enrique Zañartu

Marcoussis, Louis, 1883-
   1941, polnisch-
   französischer abstrakter
   Maler
Mariano, Rodríguez,
   kubanischer Maler,
   illustrierte Bücher von
   Lezama
Marschütz, Leo, deutscher
   Maler, lebte in Aix-en-
   Provence
Martin, Edgardo,
   kubanischer Musiker
Masereel, Frans, 1889-
   1972, belgisch-flämischer
   Graphiker und Maler
Masson, André, 1896-1987
   französischer Maler in
   Paris
Masurovsky, Gregory,
   amerikanischer Zeichner
   und Graphiker, lebt in
   Paris
Mathey, François,
   Konservator Museum für
   dekorative Kunst,
   Sammler moderner
   Kunst Paris
Matisse, Pierre, Galerist in
   New York um 1940-1950,
   Sohn des Malers Henri
   Matisse
Matisse, Patricia, Ehefrau
   von Pierre Matisse,
   frühere Frau von Matta
Matta, Patricia, Ehefrau
   von Roberto Matta,
   Scheidung etwa 1947,
   heiratete dann Pierre
   Matisse
Matta, Roberto, (eigentlich
   Roberto Matta
   Echaurren), 1911*,
   chilenischer Maler,
   Surrealist, u. a. USA,
   Paris, London
Matter, Herbert,
   amerikanischer Architekt
   (New York)
Menéndez, Aldo,
   kubanischer Dichter
Ménil, René, 1907*,
   Martinique. Dichter,
   Gründer der ersten

surrealistischen
   Zeitschrift in Martinica
Mercher, Daniel,
   Buchbinder in Paris,
   Sohn des Henri Mercher
Mercher, Henri,
   Buchbinder, Vergolder in
   Paris
Messagier, Jean, 1920*,
   französischer Maler,
   École de Paris, abstrakt,
   informell
Messagier, Mathieu,
   französischer Dichter der
   Gruppe "Elektriker"
Messagier, Simon, Sohn
   des Jean Messagier,
   Maler
Meuli, Karl, 1891-1968,
   Schweizer Anthropologe
   und Historiker
Meyer-Schapiro,
   amerikanischer
   Kunsthistoriker,
   Universitätsprofessor an
   der Columbia University
   New York
Mialhe, Federico,
   kubanischer Graphiker
   französischen Ursprungs,
   Schüler von David
Michaux, Henri, 1899-1984,
   französischer Dichter und
   Maler, Paris
Miguet Jean-Paul et
   Colette, Buchbinder-
   Atelier in Paris
Milián, Raúl, 1914*,
   kubanischer Maler und
   Philosoph
Miller, Henry, 1891-1980,
   amerikanischer
   Schriftsteller
Miró, Joan, 1873-1983,
   katalanischer Maler und
   Bildner, Spanien, Paris,
   New York
Mises, Ludwig von, 1881-
   1973, Professor für
   Ökonomie, lehrte in Genf
Mitchell, Joan, 1926-1992,
   amerikanische Malerin,
   Paris und USA
Moholy-Nagy, László,

1895-1946, ungarischer Maler, Zeichner, Bildhauer

Mohr, Manfred, deutscher Künstler, Graphiker, arbeitet mit Computern, lebt in New York

Mondrian, Piet, 1872-1944, holländischer abstrakter Maler

Monory, Jacques, französischer Maler

Morgan, Ted, Biograph von Burroughs

Morgenstern, Christian, 1871-1914, deutscher Dichter

Morrow, Führer einer Fraktion Trotzkisten in New York

Motherwell, Robert, 1915-1991, amerikanischer Maler

Music, Antonio, 1909*, italienisch-jugoslavischer Maler

Myers, John, Sekretär von Charles-Henry Ford in New York

Nadaud, Maurice, französischer Literaturkritiker, u.a. 1940 "L'histoire du surréalisme"

Nägele, Rainer, liechtensteinischer Schriftsteller, Professor in Germanistik in den USA, Universität Baltimore

Naville, Pierre, Schweizer Politiker und Schriftsteller

Neruda, Pablo, 1904-1973, chilenischer Dichter

Nin, Anaïs, 1903 Paris - 1977 Los Angeles, spanisch-französische Schriftstellerin, Tochter des Musikers Nin

Nolhac, Pierre de, 1859-1936, Paris, französischer Schriftsteller

Noth, Ernst Erich, deutscher Schriftsteller in Paris, emigrierte 1941 nach New York

Novalis (i.e. Friedrich von Hardenberg), 1772-1801, deutscher Romantiker

Nussa, Leonel López, kubanischer Maler aus der Gruppe um Feijóo, lebt in Havanna

Obatalá, Heilige in der Religion der schwarzen Bevölkerung Kubas

Oráa, Pedro de, kubanischer Künstler, abstrakt, Maler und Dichter, Kuba und Paris

Orbón, Julián, kubanischer Komponist

Orlando, Felipe, kubanischer Maler

Ortiz, Fernando, Ethnologe, Spezialist der schwarzen Bevölkerung Kubas

Osés, Pedro, kubanischer Maler, lebt in der Nähe von Santa Clara, von Samuel Feijóo entdeckt

Osterlin, Anders, Mitglied der "Cobra" Gruppe, Maler

Paalen, Wolfgang, 1905(1907)-1959, österreichischer Maler des französischen Surrealismus, lebte in Mexiko

Panizza, Oskar, lebte in München, Autor des Liebeskonzils und antiklerikaler Schriften, Ende des 19. Jhs.

Pannecoek, linksoppositioneller holländischer Politiker

Pannini, Giovanni Paolo, italienischer Maler, Manierist des 18. Jahrhunderts

Paracelsus, (von Hohenheim) 1493-1541, schweizer Arzt und Alchemist, Philosoph

Parisot, Henri, 1908-1979, Dichter, Surrealist, Herausgeber von surrealistischen Texten

Parker Taylor, amerikanischer Schriftsteller

Pâti, Antiquitätenhändler, Frankreich

Paulhan, Jean, 1884-1968, französischer Schriftsteller, Essayist und Kritiker

Pauli, Gustav, Direktor der Hamburger Kunsthalle um 1920-1930, als Nachfolger Lichtwarks; entdeckte den norddeutschen Romantiker Otto Runge, setzte sich ein für Hamburger moderne Kunst

Paun, rumänischer Maler, Surrealist

Pauvert, J., französischer Herausgeber

Pauvert-Fayard (Verlag), Pariser Editoren

Paz, Octavio, 1914-1998, mexikanischer Dichter, Surrealist, lebte in Paris

Pechstein, Max, 1881-1955, deutscher Maler und Graphiker

Pelaez, Amelia, 1897* kubanische Malerin

Pelegrín, Benito, Professor an der Universität Aix-Marseille, Übersetzer der Schriften des kubanischen Dichters Lezama Lima, lebt in Marseille

Pellon, Gina, 1926* in Havanna, kubanische Malerin in Paris, Kreis der Gruppe "Cobra", ehemalige Frau des Joaquín Ferrer

Péret, Benjamin, 1889-1959, französischer Surrealist, Dichter

Perls, Galeristin in Paris

und New York (Mutter des Galeristen Karl Perls)

Perutz, Dolly, tschechisch-amerikanische Künstlerin

Pessoa, Fernando, 1888-1935, portugiesischer Dichter

Peters, Dewitt, englischer Galerist in Port-au-Prince, Haiti

Peuchmaurd, Pierre, 1948*, Dichter, ursprünglich Surrealist, Herausgeber von Gedicht-Plaquetten, Gruppe "Coupure" und später Editions "Maintenant"

Peyron, Pierre, französischer Maler des 18. Jahrhunderts

Phillips, Tom, 1937*, englischer Maler und Buchkünstler, Collagist und Musikkomponist

Picabia, Francis, 1878-1953 französich-kubanischer, dadaistischer und surrealistischer Maler

Picabia, Olga, Ehefrau von Picabia in den vierziger Jahren bis zu Picabias Tod, Schweizerin

Picabia-Buffet, Gabrielle, Ehefrau von Francis Picabia in den zwanziger Jahren

Picasso, Pablo, spanischer Maler, 1881-1973

Pichette, Henri, 1924* französischer Dichter und Dramaturg in Paris

Pick, eigentlich Frédéric Picard, deutsch-tschechischer Buchhändler in Paris

Piñera, Virgilio, 1912-1979, kubanischer Dichter und Dramaturg

Pérez Cisneros, Guy, kubanisch-französischer Schriftsteller, Kunstkritiker in Havanna

Pissarro, Camille, 1830-1903, französischer Maler

Place, Jean-Michel, Verleger von Neuausgaben surrealistischer Texte

Platon, um 427 v. Chr.-347 v. Chr., griechischer Philosoph

Pöggeler, Otto, Professor an der Universität Bochum (vgl. Fremde Nähe Celan als Übersetzer, 50. Marbacher-Katalog, 1998, S. 444)

Pogolotti, Marcelo, 1902*, kubanischer Maler

Pollock, Jackson, 1912-1956, amerikanischer Maler, wurde entdeckt durch Peggy Guggenheim

Pomerand, Gabriel, französischer Dichter, Lettrist

Ponge, Francis, 1899* französischer Dichter

Pons, Louis, französischer Maler und Graphiker

Porro, Ricardo, ursprünglich kubanischer Architekt, lebt in Paris

Portocarrero, René, 1912-1985, einer der bekanntesten kubanischen Maler; Avantgarde im Umkreis von José Lezama Lima; gründete Ende der 30er Jahre mit Mariano und Lozano die Malerschule Estudios Libres

Potok, Chaim, jüdischer Schriftsteller

Pound, Ezra, 1885-1972, amerikanischer Dichter und Kritiker

Poussin, Nicolas, französischer Maler des 17. Jahrhunderts

Prinner, Anton, ungarischer Bildhauer und Graphiker, lebte in Paris, war in Wirklichkeit eine Frau

Proust, Marcel, 1871-1922, französischer Schriftsteller

Quaderer, Hans Jörg, liechtensteinischer Maler, Graphiker und Dichter

Quenau, Raymond, 1903-1976, französischer Schriftsteller, bis zu den dreißiger Jahren surrealistischer Prägung

Rafael, Moreno, kubanischer Maler, wurde dann berufsmäßiger Künstler

Raffaëlli, Jean-François, 1850-1924, französischer Maler, Nach-Impressionist

Rank, Otto, Wissenschaftler, Gegner der Freud'schen Theorie

Raptis, griechischer Politiker, führte die 4. Internationale, flüchtete nach Frankreich

Rauschenberg, Robert, 1925* amerikanischer Maler, Bildner

Ravenet, kubanischer Maler

Ray, Julia, Ehefrau von Man Ray

Ray, Man, 1890-1976, amerikanischer Photograph, Surrealist

Raynal, Jeanne, Sammlerin, organisierte Empfänge für Künstler in New York in den 40er Jahren

Raynaud, Jean-Pierre, französischer Künstler

Rebay, Hilde, Freundin von Solomon Guggenheim

Reder, Bernard, Bildhauer und Maler, geboren in Cernovitz, lebte in Prag-Paris-Havanna und New York

Rée, Anita, Hamburger Malerin, 1885-1933;

Mitglied der Hamburger "Sezession"

Reichel, Hans, 1892-1958, deutscher Maler, lebte in Paris, Freund von Paul Klee, Aquarellist

Reinhart, Django, Gitarist

René, Denise, Galeristin in Paris

Rétif de la Bretonne, 1743-1806

Retamar, Roberto Fernández, kubanischer Schriftsteller, Direktor Casa de las Américas, Havanna

Rewald, John, Kunsthistoriker, Kunstkritiker, Hamburg-Paris-New York

Reynolds, Joshua, 1723-1792, englischer Maler

Rheinberger Phaf, Ineke, Literatur- und Kunstwissenschaftlerin, Berlin; Forschung zur Literatur und bildenden Kunst in der Karibik und Lateinamerika

Rheinberger, Hans Jörg, 1946*, Leiter des Max-Planck-Instituts, Berlin, Liechtensteinischer Dichter und Wissenschaftler

Richepin, Jean, 1849 in Algerien - 1926 in Paris, französischer Dichter der Jahrhundertwende

Richter, Hans, 1888-1976, deutscher Dadaist, Maler und Film-Produzent, lebte in Locarno

Rilke, Rainer Maria, 1875-1926, aus Prag gebürtiger deutscher Dichter

Rimbaud, Arthur, 1854-1891, französischer Dichter

Ringelnatz, Joachim, 1883-1934, Kabarettist und Dichter, seine Bücher u.a. "Flugzeuggedanken"

wurden in den zwanziger Jahren bekannt

Riopelle, Jean-Paul, 1923*, kanadischer Maler, lebte in Paris

Robinsohn, Hamburger Familie, Besitzer des gleichnamigen Warenhauses

Robitaille, Gérard, kanadischer Schriftsteller, lebte in Paris, Sekretär von Miller

Rodríguez Feo, José, Schriftsteller, Mitarbeiter von José Lezama Lima

Rodríguez, Mariano, 1912*, kubanischer Maler

Rojas, Titina, kubanische Intellektuelle, Freundin der Lydia Cabrera und Wifredo Lams

Romains, Jules, 1885-1972, französischer Schriftsteller

Röpke, Wilhelm, 1899-1966, Professor für Ökonomie, lehrte in Genf

Rosenberg, Harold, amerikanischer Schriftsteller

Rosenberg, Pierre, Direktor des Louvre-Museums

Rosenthal, Manuel, Anwalt, Politiker

Rosenzweig, Franz, 1886-1929, Religions-Philosoph, Bibelübersetzer

Rostain, Maleratelier für Restauration

Rotella, Mimmo, italienischer Künstler, Konzeptualist, war beeinflußt vom Lettrismus (Nouveaux Réalistes)

Roth, Joseph, 1894-1939, österreichischer Schriftsteller

Rousseau (le Douanier), Henri, 1844-1910, Maler, entdeckt von Picasso und den Surrealisten

Rousseau, Jean Jacques, 1712-1778, schweizer-französischer Philosoph

Roussel, Raymond, 1877 Paris-1933 Palermo, Vorläufer des Surrealismus, französischer Schriftsteller

Rousset, David, französischer Schriftsteller und Politiker

Roy, Bruno, Herausgeber der Éditions Fata Morgana

Ruiz, Labrador, kubanischer Schriftsteller

Runge, Philipp Otto, 1777 in Pommern - 1810 Hamburg, deutscher Maler der Romantik

Rushdie, Salman, 1947*, britischer Schriftsteller, indischer Herkunft, lebt in England

Sabatier, Robert, 1923*, lettristischer Schriftsteller, Maler und Graphiker, Paris

Sade, Marquis de, 1740-1814, französischer Schriftsteller

Sagave, Pierre Paul, deutsch-französischer Universitätsprofessor, Aix-Marseille und dann Straßburg

Salomon, Galeristin, Paris

Sánchez, José Ramón, kubanischer Musiker und Sänger

Sánchez, Thomas, kubanischer Maler, Miami

Sarduy, Severo, 1937-1993, kubanischer Schriftsteller und Dichter, Havanna, lebte seit 1960 in Paris, gehörte zum Kreis Jean Wahl und "Tel-Quel"

Sartre, Jean Paul, 1905-1980, französischer

Philosoph
Satier, lettristischer
  Schriftsteller und
  Zeichner
Saura, Antonio, 1930-1999,
  spanischer Maler
Schacht, Hjalmar, hatte
  führende Stellung bei der
  Reichsbank,
  Finanzminister unter
  Hitler
Schaeffer, Pierre, Musiker,
  Erfinder der konkreten
  Musik
Schmidt-Rottluff, Karl,
  1884-1976, Maler,
  Graphiker, Mitbegründer
  der "Brücke"
Schumann, Robert, 1810-
  1856, deutscher
  Komponist der Romantik
Schwarz, Arturo,
  (Kunsthandel), Galerist in
  Mailand und Schriftsteller
Schweizer, Meinrat,
  Musiker, Schola
  Cantorum Basel, lebt in
  Clairegoutte
Schwitters, Kurt, 1887-
  1948, Bildner, Dadaist,
  Collagist, Lyriker
Sekula, Géza und Béla,
  Sonia Sekulas Onkel in
  Luzern
Sekula, Sonia, 1918 Luzern
  -1963 Zürich, ungarisch-
  schweizerische Malerin,
  1936 Emigration in die
  USA, Rückkehr 1952
Seligmann, Kurt, 1900-
  1962, Schweizer Maler,
  Graphiker,
  Objektgestalter, ab 1939
  New York, Gruppe
  "Abstraction et Création"
Semin, Didier,
  Schriftsteller, Biograph
  von Victor Brauner
Serra, Richard, 1939*,
  amerikanischer Plastiker
Shachtmann,
  trotzkistischer
  Theoretiker, in New York
Sicre, Gómez, kubanischer

Kunstkritiker
Sima, Joseph, 1891-1971,
  tschechischer Maler,
  lebte in Paris
Simmel, Georg, 1858-1918,
  deutscher Philosoph und
  Soziologe
Simon, Claude, 1913* in
  Madagaskar,
  französischer Romancier,
  1985 Nobel-Preis
Simon, Rea, Ehefrau von
  Claude Simon
Singler, Christoph,
  Professor Universität
  Besançon, Spezialist
  ibero-amerikanischer
  Literatur und Kunst
Siqueiros Alfaro, David,
  amerikanischer Maler
Sisley, Alfred, 1839-1899,
  französischer Maler
Sluger, Sarah,
  argentinische Freundin
  von Lam
Smith, Matthew,
  1879-1959 englischer
  Maler, Nach-
  Impressionist
Soldevilla, Lolo de,
  kubanische Malerin,
  lebte in Paris in der
  Gruppe der abstrakten
  und der konkreten Kunst
Solis, Cleva, kubanische
  Dichterin
Sotheby, Auktionshaus
Soto, Jesús-Rafaél de,
  1923*, venezuelanischer
  abstrakter Künstler,
  Objektgestalter, erfand
  die OP-Art, seit 1950 in
  Paris
Soupault, Philippe, 1897*,
  Dichter, Dadaist
  (vgl. "Mémoire de
  l'oubli"), Paris
Spacagna, Jacques,
  französischer Maler,
  Lettrist
Spinoza, 1632-1677,
  holländischer Philosoph
Stadler, René, Galerist, rue
  de Seine, in Paris

Staël, Nicolas de,
  französischer Maler,
  ursprünglich russisch,
  1914-1955
Stalin, Iosif, 1879-1953,
  russischer Politiker
Stegmann, Christoph,
  Geschäftsmann, Basel-
  Paris
Steiner, Rudolf, 1861-1925,
  Anthroposoph, gründete
  das Goetheanum in
  Dornach
Stendhal, i.e. Henri Beyle,
  genannt, 1783-1842,
  französischer
  Schriftsteller
Stinnes, Hugo, einer der
  größten Industrie- und
  Minenbesitzer der
  zwanziger Jahre
Stockhausen, Karlheinz,
  1928*, deutscher Musiker
Styrsky, Jindrich, 1899-
  1942, tschechischer
  Maler, Graphiker und
  Collagist, Surrealist, lebte
  in Prag
Sylvester, David,
  Kunstkritiker, Autor des
  Werk-Kataloges von
  Magritte
Szenes, ungarischer Maler,
  Paris, Ehemann von
  Vieira da Silva

Tal-Coat, Pierre, 1905-1985,
  französischer Maler
Tanguy, Yves, 1900-1955,
  französischer Maler, in
  den Kriegsjahren in USA,
  Surrealist
Tanning, Dorothea, 1912*
  (1910), amerikanische
  surrealistische Malerin,
  Objektgestalterin, 1946
  Heirat mit Max Ernst
Tapié de Celeyran, Michel,
  französischer Galerist
  und Buchkünstler,
  Kunsttheoretiker, Kritiker,
  Museumsgründer
Tàpies, Antoni, 1923*,
  katalanischer Maler,

Initiator des "Informell"
und der "Arte Povera"
Tardieu, Jean, 1903*,
französischer Dichter und
Dramatiker
Tejera, Nivaria, 1930* in
Cienfuegos, kubanische
Schriftstellerin,
Auswanderung nach
Paris, veröffentlichte
verschiedene Romane
Thalheimer, A., deutscher
Politiker, Gründer, mit
Brandler, der K.P.D.
Thévoz, Michel, Leiter des
Museums für "Art Brut"
in Lausanne
Thoreau, Henry David,
1817-1862,
amerikanischer Philosoph
und Schriftsteller
Tiberi, Mme, Ehefrau von
Jean Tiberi,
Bürgermeister von Paris
Tillmann, Dorothea,
gebürtige Wolf,
Amerikanerin, verwandt
mit der Familie
Guggenheim
Tillmann, Georg, Sohn des
Ludwig Tillmann, Cousin
von Gustave M. Altmann
und später sein Associé
in der Tillmann-Bank
Tillmann, Ludwig, Gründer
der Bank gleichen
Namens, um 1893 in
Hamburg, Onkel von
Robert Altmanns Vater
Tilman, Pierre,
Herausgeber der
Zeitschrift "Chorus",
Dichter und Collagist
Tito, Josip, 1892-1980,
jugoslavischer Präsident
Torrés-García, Joaquín,
uruguayischer Maler, war
in der Gruppe "Cercle +
Carré" mit Jean Hélion,
abstrakte Bilder, dann mit
Elementen der ameroindischen Symbolik
Torriente, Mateo,
kubanischer Bildhauer

Toulet, Bibliothèque
Nationale de France,
Konservator der
"Réserve", d.h. der
bibliophilen Werke
Toulouse-Lautrec, Henri
de, 1864-1901,
französischer Maler und
Graphiker
Tournier, Michel, 1924*
französischer
Romanschriftsteller
Toyen, Prag 1902-1980
Paris, tschechische
Malerin, Surrealistin
Trentinian (Ponge),
Armande de, Tochter des
Dichters Francis Ponge,
Leiterin der Fondation
Dubuffet
Triana, José, 1931*,
kubanischer Dramatiker,
Autor des viel gespielten
"Die Nacht der Mörder"
Trilling, Lionel, 1905-1975,
amerikanischer
Schriftsteller, New York
Trost, Dolfi, rumänischer
Dichter, Freund von
Gherasim Luca
Trotzki, Leo, 1879-1940,
russischer Politiker,
4. Internationale
Tuchmann, E. F., Arzt,
emigrierte von Berlin
nach Paris, leitete früher
die Bibliophile
Gesellschaft in Berlin
Tutundjian, armenischer
abstrakter Maler, später
Surrealist, lebte in Paris
Tzara, Tristan (eigentlich
Sami Rosenstock),
1896 in Rumänien -
1963 in Paris,
französischer
surrealistischer und
dadaistischer Dichter

Upiglio, Giorgio,
italienischer Graphiker,
Atelier in Mailand

Valdès, Zoé, 1959*,

kubanische
Schriftstellerin, erhielt in
Spanien den Preis des
Jury Planeta, lebt in Paris
Van, (eigentlich Jan van
Heijenoort), Sekretär von
Leo Trotzky
Van Doesburg, Theo, 1883-
1931, holländischer Maler
Van Gogh, Vincent, 1853-
1890, holländischer Maler
Varèse, Edgar, 1885-1965,
französischer Komponist,
lebte in den USA
Vasarely, Victor, 1908-1997,
ungarischer Maler, lebte
in Paris
Vautier, Ben, genannt Ben,
1935*, französischer
Künstler der "Groupe de
Nice", Concept Art,
"Fluxus"
Vega, Ricardo, kubanischer
Filmregisseur, lebt in
Paris, Ehemann von Zoé
Valdès
Veinstein, Alain,
französischer Dichter
Velázquez, Diego de
Silva y, spanischer Maler,
1599-1660
Velter, André,
französischer Dichter,
publizierte Gedichtbände
mit Illustrationen von
Antonio Saura und
Ramón Alejandro
Verne, Jules, 1828-1905,
französischer Romancier
Vicente, Sekten-Priester in
einer Vorstadt von
Havanna
Vieira da Silva, Maria
Elena, 1908-1992,
abstrakte portugiesisch-
französische Malerin,
zählt zur École de Paris
Villeglé, Roger de la,
französischer Künstler
"affichiste", "Neuer
Realist"
Visat Atelier, Graphik-
Atelier, rue
du Dragon, Paris

Vitier, Cintio, kubanischer Dichter, gehörte zum Kreis des Lezama Lima

Vollard, Ambroise, 1865-1939, französischer Sammler und Herausgeber

Voltaire (eigentlich Fr.-M. Arouet), 1694-1778, französischer Schriftsteller und Philosoph

Vordemberge-Gildewart, Fritz, holländischer konstruktivistischer Maler der dreißiger Jahre

Voss, Werft Bloom und Voss Hamburg

Wahl, Jean, französischer Philosoph (Kreis der Surrealisten)

Walser, Robert, 1878-1956, schweiz-deutscher Schriftsteller, Geistesverwandter Kafkas

Walter (Collection), Sammler französischer Impressionisten

Wanger, Manfred, liechtensteinischer Folklorist

Warburg, Aby, 1866-1929, Bruder von Max Warburg, Gründer der Warburg-Bibliothek in Hamburg (heute in London), bedeutender Kunstwissenschaftler (u.a. "Das Schlangenritual")

Warburg, Eric, Sohn des Max Warburg, gründete nach seiner Auswanderung Anfang der 40er Jahre eine eigene Firma in New York

Warburg, Max, 1867-1946, Bankier in Hamburg, führte das bedeutenste Privatbankhaus M. M.

Warburg, Bruder von Aby Warburg

Waxmann, schrieb ein Buch über die Beat Generation in Paris

Weiller, Pierre, Galerist, Paris

Weyeth, bedeutender Buchhändler New-York

Wittenborn, Georges, bedeutender Buchhändler und Herausgeber in New York

Wittgenstein, Ludwig, 1889-1951, österreichischer Philosoph

Wohlwill, Gretchen, 1878-1962, Hamburger Malerin, wanderte 1940 nach Portugal aus

Wolman, Gil J., Schriftsteller und graphischer Künstler, Situationist und Lettrist

Wols (eigentlich Alfred Wolfgang Schulze), Berlin 1913-1951 Paris, deutscher Maler

Wright, Frank Lloyd, 1867-1959, amerikanischer Architekt

Xenakis, Constantin, griechisch-französischer Künstler, arbeitete mit Paul Armand Gette

Younan, Ramsès, 1913-1966, ägyptischer Maler aus dem Kreis von Georges Henein, Paris

Zabrisky Galerie, Galerist in New York und Paris

Zañartu, Enrique, chilenischer Maler, Paris-New York, illustrierte Gedichte von Pablo Neruda

Zervos, Christian, Kunstwissenschafter und Herausgeber der "Cahiers d'Art"

Zola, Emile, 1840-1902, französischer Schriftsteller

Zurbarán, Francisco de, 1598-1664, spanischer Maler

Zurbrugg, Nicholas, Künstler der "Poésie concrète", Herausgeber der Zeitschrift "Stereo-Headphones"

Register

Abadie, Daniel, 99, 100
Abel, Lionel, 49
Abela, Eduardo, 25
Abs, Hermann, 7
Acosta Altmann,
  Hortensia, 25, 27, 37, 39,
  41, 55, 57, 61, 100, 114,
  115, 117, 146, 155, 157,
  158, 197
Adrion, 14
Aeschbacher, Arthur, 153
Aesop, 167
Aiguij, Guennadi, 101
Albert-Birot, Germaine,
  106
Albert-Birot, Pierre, 106,
  154
Alea, Thomas, 130
Alechinsky, Pierre, 54
Alejandro, Ramón, 128
Alexandrian, Sarane, 51,
  136, 207
Altman, Georges, 60
Altman, Natan, 183
Altmann, Babette
  (Deicha), 7
Altmann, Babette und
  Marie-Clothilde, 18
Altmann, Carlos, 43
Altmann, Claudine
  s.Hélion, 70, 152
Altmann, Gabriel, 18
Altmann, Gabriel, Babette,
  Marie-Clothilde, 25
Altmann, Gustave M., 7, 8,
  10, 11, 12, 13, 14, 18, 102,
  110, 209

Altmann, Isabelle, 12, 14
Altmann, Israel, 13
Altmann, Marie-Clothilde,
  7
Altmann, Robert, 184, 186
Altmann, Roberto, 27, 37,
  61, 62, 65, 71, 88, 89, 92,
  115, 125, 126, 127, 128,
  143, 147, 170, 207, 208
Altmann Acosta, Hortensia
  siehe Acosta Altmann
Altmann Mauritz,
  Margreth, 71
Altmann-Nocher, Berthe,
  7, 8, 9, 11, 13, 18, 93, 210
Altmann-Nocher, Gustave
  M. und Berthe, 7, 9, 11,
  13, 18, 25, 44, 209
Altolaguirre, Manuel, 41
Amachai, Yehuda, 101
Apollinaire, Guillaume,
  106, 111
Aragon, Louis, 49
Arakawa,
  Shusaku, 54
Arcay, 55
Arche, Jorge, 174, 215
Arcimboldo, Giuseppe, 78
Ardévol, José, 32, 214
Arenas, Reinaldo, 195
Arjona, Martha, 212
Arman, Fernández, 153
Armengaud, Jean Pierre,
  189
Arnaud, Noël, 189
Arp, Hans, 107, 199, 205,
  206

243

Artaud, Pierre-Yves, 119, 121
Augustinus, 45
Axelos, Kostas, 137, 142, 143
Axelos, Rea, 142
Ayala, Hector de, 57

Baer (Cousin v. G. Tillmann), 11
Balthus, Balthasar Klossowski de Rola, 200
Banco, Alma del, 8, 9, 12
Baragaño, José Álvarez, 145
Barciela, Susana, 184
Barr, Alfred H., 27, 29, 213
Bataille, Georges, 33, 139
Batistà, Fulgencio, 55, 155
Bauduin, 88, 96, 97, 98, 103, 117, 119, 121, 122, 125, 127, 152, 154, 209
Bauer, 102
Baziotes, William, 48
Beatrice (Dantes'), 167
Bélias, Jean, 183
Bella, Ben, 94
Bellmer, Hans, 173
Benanteur, Abdallah, 169
Benitez, Helena, 193
Benjamin, Walter, 180, 210, 213, 217
Benoît 'PAB', Pierre-Albert, 76, 181, 182, 183
Berggruen, 105
Bergson, Henri, 30
Bermúdez, Cundo, 30, 130
Bernhardt, Sarah, 148
Bettelheim, 60
Birot, Pierre Albert, 105
Blake, William, 163
Blanchot, Maurice, 123
Bloom und Voss, 11
Bois, Ilse, 10
Bolet, Jorge, 215
Bolliger, Hans, 154
Boltanski, 153
Bomsel, 133
Bonnefoy, Yves, 53
Bosch, Hieronymus, 20, 45, 54
Bosquet, Alain, 128
Böttger, Johann Friedrich, 11
Bouvet, Francis, 122

Boyle, Kay, 152
Bozo, Dominique, 100
Brancusi, Constantin, 193, 194
Brandler, 33
Brau, Jean-Louis, 207, 208
Brauner, Jacqueline, 51, 53, 100, 204
Brauner, Jacqueline und Victor, 52, 100, 159, 196
Brauner, Victor, 48, 49, 50, 51, 52, 53, 54, 65, 70, 100, 103, 107, 136, 137, 139, 143, 151, 162, 165, 194, 196, 197, 199, 204, 207
Brea, Juan, 33, 176
Brecht, Bertold, 213, 214
Brecht, Georges, 128
Breillat, Pierre, 163, 165
Breton, André, 33, 44, 48, 49, 50, 52, 55, 76, 83, 85, 94, 112, 133, 159, 161, 162, 193, 194, 195, 196, 197, 198, 199, 203
Breton, Elisa, 94, 137, 196
Bricianier, 52
Bronsen, David, 15
Bruguière, Pierre, 103
Brunidor, 34, 44, 46, 47, 48, 49, 52, 60, 62, 64, 68, 83, 86, 90, 96, 98, 99, 105, 107, 112, 113, 114, 117, 122, 128, 134, 142, 151, 165, 172, 186, 187, 188, 195, 196, 214
Bryen, Camille, 60, 64, 68, 86, 98, 99, 172, 173
Buchheister, Carl, 120, 121
Bulteau, M., 210
Burgart, Jean-Pierre, 68, 185
Burroughs, William, 71, 73, 92, 115, 126, 127, 144, 209
Busch, Wilhelm, 178
Butor, Michel, 60, 64, 68, 85, 86, 96, 97, 98, 105, 129, 142, 172

Cabanel, Guy, 194
Cabrera, Lydia, 34, 57, 158, 159, 193
Cabrera, Servando, 130
Cage, John, 49, 117, 119, 121, 122, 219
Cahun, Claude, 190, 191
Calas, Nicolas, 44, 45, 46, 47, 48, 49, 54, 94, 123, 150, 152, 195, 196, 199, 202
Calder, Alexander, 70, 206
Camacho, Jorge, 94, 128, 130, 173, 190, 194, 195, 197
Caravia, 36
Cárdenas, Agustín, 61, 94, 128, 129, 130, 197
Carlat, Dominique, 136, 138, 139
Carpentier, Alejo, 30, 32, 33, 59, 90, 130, 175, 212
Carpentier, Alejo und Eva s.-Fréjaville, 175
Carpentier-Fréjaville, Eva, 130
Carreño, Mario, 23
Carter, Frederick, 202, 205
Cassatt, Mary, 16
Castaño, Jorge, 88, 114, 128
Castro, Fidel, 33, 58, 59, 60, 90, 128, 137, 145, 147, 174, 199, 212, 213
Catti, Micheline, 52, 134, 135, 136, 140
Celan, Eric, 136
Celan, Paul, 64, 65, 86, 89, 101, 108, 123, 136, 140, 154, 180, 213, 215, 216, 217
Celan-Lestrange, Gisèle, 64, 89, 136, 154, 216
Celan-Lestrange, Paul und Gisèle, 64, 136
Céline, 205
Cendrars, Blaise, 58, 154, 202, 205
Césaire, Aimé, 34, 191, 193, 199
Cézanne, Paul, 15, 16, 102, 180
Chagall, Marc, 36
Char, René, 182, 207
Charles, Daniel, 88, 98, 119, 121
Chave (Galerist), 134
Chazal, Malcolm de, 151, 160
Chirico, s. de Chirico

Chlebnikov, Velemir, 183
Chopin, Florent, 190, 194, 210
Chopin, Henri, 88, 99, 121, 126, 128, 153, 154, 194, 195, 209
Christie's, 59
Churriguera und Söhne, 211
Clairin, 148
Clarac Sérou, Max, 55, 58
Clarac, Max, 61, 172, 209
Cobbing, Bob, 153
Cobra, 54, 59, 144, 154, 189
Cocteau, Jean, 82, 208
Cohen, Hermann, 181
Cohn-Bendit Daniel, 52
Colby, Frank, 174, 215
Collado, Luis-Felipe, 172
Coppé, François, 192
Cordesse, 154
Cordier, Raymond, 197
Cornell, Joseph, 48
Corot, Camille, 148
Correa, 174, 175, 214
Corso, Gregory, 144
Cortázar, Julio, 90, 129
Corti, José, 136
Courbet, Gustave, 180
Cucalambé, El, i.e. Juan Napoles Fajardo, 39, 40, 41, 43, 146, 163

Daive, Jean, 89, 90
Dalí, Salvador, 82, 196
Dante, Alighieri, 99, 163, 167
Darié, Sandu, 141
Dausset, Jean, 60, 61
Dausset, Jean und Nina, 60
Dausset, Nina, 60, 61, 117
David, Juan, 59
Debord, Guy, 125, 143
Debré, Olivier, 154
Degottex, Jean, 128
Deguy, Michel, 154
De Chirico, Giorgio, 54
Deharme, Lise, 190
Delacroix, Eugène, 102, 103
Delaunay-Terk, Sonia, 114, 128
Deleuze, Gilles, 135, 138

Delisse, Louis-François, 194
Dereux, Philippe, 134, 144
Descartes, René, 139, 180
Desiderio, Monsú, 148
Desjobert, Jean, 68, 117
Desnos, Robert, 33, 190
Dessau, Paul, 208
Deux, Fred, 153
Diderot, Denis, 17
Di Dio, François, 52, 136, 137, 183, 210
Diego, Eliseo, 147
Dilthey, Wilhelm, 42
Domela, Cesar, 114, 120, 121, 144, 162, 206, 208
Dominguez, Oscar, 53
Don Quijote, 21
Dorival, 178
Dotremont, Christian, 54, 154, 189
Doucet, Jacques, 140
Dragon, du (Galerie), 60, 117, 132, 146
Drouin, René (Galerie), 73
Du Bouchet, André, 154, 206
Duarte, Benjamín, 132, 155
Dubuffet, Jean, 37, 60, 73, 76, 77, 93, 131, 133, 134, 147, 164, 169, 170, 182, 189, 200, 201, 213
Ducel, Lucie, 123, 197
Duchamp, André, 162
Duchamp, Marcel, 48, 54, 58, 119, 122, 154, 177, 192
Dufrêne, François, 125, 127, 144
Dufrenne, Mikel, 88, 103
Duits, Charles, 176
Dulzaides, 154
Dumons, Jacques, 52, 54, 86, 137, 138
Dupin, Jacques, 123
Durrel, Lawrence, 205
Duval, Jean, 64, 88

Ehrenberg, Hans, 179
Ehrenberg, Paul, 179
Ehrenstein, Albert, 110
Ehrmann, Gilles, 137
Eiris, Antonia, 129, 184, 188
Eluard, Paul, 49, 80, 81
Empedokles, 139

Enríquez, Carlos, 23, 25, 41, 148, 175
Ernst, Max, 46, 47, 48, 50, 70, 79, 80, 81, 142, 143, 150, 159, 162
Evans, Walker, 41
Exter, Alexandra, 25

Fautrier, Jean, 73
Faux, Pierre, 192
Feijóo, Adamelia, 132, 147, 189
Feijóo, Samuel, 36, 37, 39, 40, 42, 73, 76, 77, 131, 132, 141, 146, 147, 148, 149, 154, 155, 169, 170, 189, 190, 213
Fequet et Baudier, 64, 86, 188
Férat, Serge, 106
Fernández de Castro, Jorge, 41
Fernández de Castro, Jorge und Martha, 41
Fernández, Agustín, 122, 175
Fernández, Aristides, 174
Ferrer, Joaquìn, 128, 143
Filinov, Pavel, 183
Filipacchi, Daniel, 83
Fischbach (Galerie), 152
Fischer, S. Verlag, 64
Fischer-Trachau, Otto, 8
Florit, Eugenio, 36
Fluxus, 128, 135, 153
Focillon, Henri, 17, 30
Ford, Charles Henry, 44
Forêts, Louis-René des, 123
Fourier, Charles, 50
Francés, Esteban, 176
François, 19
Franquí, Carlos, 137
Fréjaville, Eva, 175
Freud, Sigmund, 139, 215
Frick, Alexander, 149
Frobenius, Leo, 34, 159
Froment-Meurice, Marc, 117
Frommelt, Martin, 93, 102
Fry, Varian, 22, 193
Furnival, John, 99

Gallimard, 33, 83, 111
García Caturla, Alejandro, 214

245

García Maruz, Fina, 147, 148
Gaudí, Antonio, 211
Gaudibert, 67
Gauguin, Paul, 16
Gervis (Galerie), 92
Gerz, Jochen, 153
Gette, Paul Armand, 61, 71, 126, 127, 128, 153, 154
Giacometti, Alberto, 199, 200
Gilli, Claude, 153
Ginsberg, Allen, 115, 144
Gladiator, Jimmy S., 194
Goethe, Johann Wolfgang von, 139, 166, 216, 217
Goldenberg, Boris, 32
Gómez, 184
Gómez, Henriette, 200
Gómez de la Serna, Ramón, 41, 172
Gómez Mena, Maria Luisa, 23, 27
Gontcharova, Nathalia, 183
Göring, Hermann, 14
Gorky, Arshile, 46, 48, 49, 196
Gottlieb, Adolph, 48
Götz, Karl Otto, 54, 154
Goverts, Henry, 110
Goya y Lucientes, Francisco de, 20, 129
Gramatges, Harold, 32, 58, 214
Grapelli, Stéphane, 17
Greco, El, 20
Greenberg, Clement, 48
Grylewicz, Anton, 32
Guevara, Che, 59, 60
Guggenheim, 130
Guggenheim, Peggy, 70, 102, 152
Guggenheim, Solomon, 102
Guignard, André, 165
Guillén, Nicolas, 55, 58
Guillén, Rosa, 55
Gurdijeff, 202
Gysin, Brion, 115, 126, 144, 209

Hagenbeck, 177
Hains, Raymond, 125, 127
Halevi, Jehuda ben
Samuel, 180
Hamann, Paul, 10, 14, 15, 206, 208
Hantaï, 133
Hare, David, 197
Harloff, Guy, 126, 144
Hartmann, Erich, 8
Hausmann, Raoul, 71, 110, 111, 120, 121, 153, 178, 183
Hauswedell (Kunsthändler Hamburg), 112
Hayter, Stanley William, 44, 45, 46, 47, 49, 55, 107, 142, 163
Hegel, Georg Wilhelm Friedrich, 139
Heidegger, Martin, 64, 213, 216
Heidsieck, Bernard, 127, 128
Heine, Heinrich, 14, 178
Heisler, Jindrich, 113, 114, 192, 195, 196
Hélion, Alvina, 152
Hélion, David, 127, 152
Hélion, Fabrice, 70, 152, 153
Hélion, Jacqueline, 145, 185
Hélion, Jean, 68, 70, 99, 101, 103, 114, 127, 144, 152, 153, 162, 165, 166, 184, 185, 199, 200, 205, 206, 207
Hélion, Jean und Jacqueline, 152
Hélion, Jean-Jacques, 206
Hélion, Matthias und Alvina, 185
Hélion, Matthias, 152
Hélion, Pegeen, 70
Hélion, Raphael, 185
Hélion Altmann, Claudine, 70, 152, 185
Henein, Georges, 123, 196
Henry, Pierre, 121, 122
Heraklit, 142
Hérold, Jacques, 50, 52, 60, 65, 67, 68, 86, 113, 136, 137, 143, 162, 173, 193, 194
Héron, Pierre Henri, 181
Herz, Michel, 51, 52, 54, 88, 107, 152, 194, 197, 198

Heydt, Eduard von der, 19
Hicks, Sheila, 142
Hl. Georg, 53
Höch, Hannah, 121
Höger, Fritz, 11
Hölderlin, Friedrich, 140, 165
Holzer de Lam, Helena, 33, 34, 55, 150, 159, 176, 193, 197
Hoop, Josef, 18
Houédard, Dom Sylvester, 153
Hugnet, Georges, 80, 81, 82, 83, 141, 154, 190
Hugo, Valentine, 80, 81
Husserl, Edmund, 42
Hyppolite, Hector, 44, 161

Iliazd, =Ilia Zdanevitch, 183
Iolas, Eugène, 53
Isou, Isidore, 61, 62, 77, 79, 89, 114, 125, 143, 183, 207, 208
Ivsic, Radovan, 85, 94, 191, 192, 195, 196, 197, 200, 201
Iznaga, Alcidez, 39, 155

Jabès, Edmond, 123, 180
Jacob, Max, 82
Jaguer, Edouard, 54, 55, 79, 120, 189
Jamis, Fayad, 197
Jamme, Frank André, 123
Jardot (Galerie Louise Leiris), 93, 94
Jarry, Alfred, 139
Jaspers, Karl, 42
Jean Paul i.e. Jean Paul Friedrich Richter, 110, 163, 166
Jiménez, Juan Ramón, 36
Johns, Jasper, 48
Jones, 49
Jorn, Asger, 59, 77, 144, 147, 170, 189
Joubert, Alain, 190, 194
Jouffroy, Alain, 51, 204
Jouhandeau, Marcel, 181, 182
Jouvet, Louis, 32
Joyce, James, 119
Julliard, 181

Kafka, Franz, 112
Kahnweiler, Daniel-Henry, 93
Kalinowsky, 90
Kandinsky, Wassilij, 102, 183
Kästner, Erich, 178
Katz, Alex, 152
Kerouac, Jack, 115, 144
Kiesler, Frederik, 50
Kinge, Samy, 100
Klaphek, Konrad, 54
Klasen, Peter, 153
Klee, Paul, 16, 203
Kleiber, Erich, 32, 215
Kliemand, Alfons, 150
Kliemand, Evi, 150, 188
Kliemand-Küffer, Lina, 150
Klossowski de Rola, Pierre, 123
Koenigs, Franz, 11, 102
Kogan, Moissey, 14
Kolàr, Jiri, 96, 97, 109, 124
Kopac, Slavko, 133, 134, 200, 201
Kowalsky, 137
Kramarsky (Bankier und Sammler), 11, 102
Kubin, Alfred, 111, 112, 163
Kubin, Franz, 112

Lacourière-Frélaut, 64, 67
Lahumière (Galerie), 209
Lalo, Charles, 17
Lam, Wifredo, 27, 29, 30, 33, 34, 43, 44, 46, 47, 49, 50, 55, 57, 58, 59, 90, 130, 137, 143, 145, 147, 148, 149, 150, 159, 165, 169, 170, 173, 175, 176, 193, 195, 199, 211, 212, 213
Lam, Wifredo und Helena, 33, 44, 150, 193
Lam, Wifredo und Lou, 59
Lam, Wifredo und Sarah, 59
Lamba, Jacqueline, 197
Landaluze, Victor, 40, 57
Laokoon, 51
Larionov, Michel, 183
La Tour, Georges de, 101
Laubiès, 144
Laurens, Henri, 31

Laves (dt. Maler), 15
Lavigne, Paul, 17
Lawrence, D.H., 205
Le Corbusier, 93, 95
Le Gac, Jean,, 153
Leboul'ch, J.P., 153
Lebrun, Annie, 85, 94, 176, 191, 192, 195, 196, 197, 200, 201
Léger, Fernand, 25, 103, 105
Léger, Jean Pascal, 154
Leiris, Louise (Galerie), 93
Leiris, Michel, 33, 93, 177, 192
Lemaître, Maurice, 62, 89, 125, 143
Lenin, 33
León, Acosta, 146
Leperlier, François, 190
Lerner, 36
Leroy, Claude, 76, 77
Lévesques, Angèle, 58, 154
Lévesques, Jacques, 154
Levinas, Emmanuel, 123, 179, 180, 181
Levis-Mano, Guy, 183
Levy, Eliphas, 50
Levy, Julien, 46, 48
Lezama Lima, José, 25, 31, 34, 43, 90, 91, 92, 109, 110, 129, 141, 147, 148, 155, 158, 173, 174, 175, 186, 188, 195, 199, 211, 212, 213, 214, 215, 216, 219, 220
Liebermann, Bill, 47
Liechtenstein, Erbprinz Hans Adam von (heute regierender Fürst), 65
Liechtenstein, Fürst Franz Josef II von, 93
Lili (Schwägerin von R. Altmann), 57
Lindon, 143
Lipchitz, Jacques, 31
Lissitzky, El, 121
Llinás, Guido, 90, 129, 173, 184, 186, 188, 214
Llinás, Julio, 154
Locadia, 158
Loeb, Albert (Galerie), 57
Loeb, Pierre, 31, 32, 33, 57, 146, 151

Low, Mary, 33, 176
Lozano, Alfredo, 29, 31, 41
Luca, Gherasim, 52, 53, 59, 64, 65, 86, 88, 134, 135, 136, 137, 138, 139, 140, 151, 162, 210
Luxemburg, Rosa, 108

Mabille, Pierre, 34, 44, 50, 143, 159, 199
Maeght (Galerie), 50, 57, 77, 143, 144, 199
Magritte, René, 70, 107, 130, 145, 162
Maillol, Aristide, 17, 19, 31, 209
Malevitch, Kazimir, 183
Malherbe, Susanne, 190
Mallarmé, Stéphane, 119
Mañach, Jorge, 174, 175
Manga Bell, Andrea, 15
Manga Bell, Tücke, 15
Mann, Thomas, 17
Manuel, Victor, 148, 173
Marchand, Nicole, 142
Marcoussis, Louis, 181, 182
Mariano, Rodríguez, 23, 174
Marschütz, Leo, 15, 16
Martin, Edgardo, 214
Masereel, Frans, 112
Masson, André, 16, 33, 79
Masurovsky, Gregory, 68, 96, 97
Mathey, François, 92, 93, 94
Matisse, Patricia, 49
Matisse, Pierre, 29, 46, 48, 49, 57, 60
Matisse, Pierre und Patricia, 49
Matta, Roberto, 46, 47, 48, 49, 50, 51, 60, 112, 143, 147, 154, 173, 196, 199, 209
Matter, Herbert, 150
Menéndez, Aldo, 39, 155
Ménil, René, 191, 193
Mercher, Daniel, 135, 205
Mercher, Henri, 81, 82, 112
Messagier, Jean, 210
Messagier, Matthieu, 210
Messagier, Simon, 210
Meuli, Karl, 172

247

Meyer-Schapiro, 45
Mialhe, Federico, 40
Michaux, Henri, 60, 73, 105, 115, 117, 173, 190
Miguet, Jean-Paul (Atelier), 82, 127, 128
Milián, Raúl, 23, 42, 174, 215
Miller, Henry, 92, 152, 202, 203, 204, 205
Minuit (Verlag), 143
Miró, Joan, 46, 47, 50, 82
Mises, Ludwig von, 19
Moholy-Nagy, László, 121
Mohr, Manfred, 127, 144
Moineau, Jean-Claude, 128, 153
Mondrian, Piet, 70, 206
Monory, 153
Morgan, Ted, 71
Morgenstern, Christian, 178
Morrow, 198
Mosimann, 150
Motherwell, Robert, 150
Music, Antonio, 90
Myers, John, 44, 47

Nadaud, Maurice, 60
Nägele, Rainer, 210, 213, 215, 216
Naville, Pierre, 60
Neruda, Pablo, 32, 45, 142
Nin, Anaïs, 175, 176, 205
Nolhac, Pierre de, 163
Noth, Ernst Erich, 17
Novalis, 159
Nussa, Leonel López, 131

Obatalá, 155
Oráa, Pedro de, 55, 145
Orbón, Julian, 32, 214
Orlando, Felipe, 174
Ortiz, Fernando, 158
Osés, Pedro, 131
Osterlin, Anders, 153

Paalen, Wolfgang, 34, 154, 197, 199
Panizza, Oskar, 111, 112
Pannecoek, 52
Pannini, Giovanni Paolo, 109, 110, 166
Paracelsus, 53
Parisot, Henri, 196

Parker Taylor, 48, 199
Pâti, 94, 95
Paulhan, Jean, 151
Pauli, Gustav, 10
Paun, 135, 136
Pauvert, J., 192
Pauvert-Fayard (Verlag), 191
Paz, Octavio, 122
Pechstein, Max, 12
Pelaez, Amelia, 30, 31, 41, 42, 148, 211, 212, 213
Pelegrín, Benito, 186, 188
Pellon, Gina, 128, 143
Péret, Benjamin, 50, 85, 94, 162, 196
Pérez Cisneros, Guy, 23, 25, 27, 31
Perls (Galerie), 31, 146
Perutz, Dolly, 173
Peskoff, Georges, 187
Pessoa, Fernando, 122
Peters, Dewitt, 161
Petrov (amerik. Maler), 48
Peuchmaurd, Pierre, 190, 194, 195
Peyron, Pierre, 101
Phillips, Tom, 99, 100, 167
Picabia Buffet, Gabrielle, 58
Picabia, Francis, 57, 58, 114, 122, 127, 154, 162
Picabia, Olga, 58, 114, 127
Picasso, Pablo, 16, 27, 32, 34, 58, 70, 82, 93, 100, 103, 182, 183, 209
Pichette, Henri, 112
Pick, i.e. Frédéric Picard, 60, 172
Piñera, Virgilio, 33, 34, 193
Pissarro, Camille, 16, 58
Place, Jean-Michel, 191, 194
Platon, 91
Pöggeler, Otto, 216
Pogolotti, Marcelo, 148
Pollock, Jackson, 48, 70, 150
Pomerand, Gabriel, 207, 208
Ponge, Francis, 206
Pons, Louis, 153
Porro, Ricardo, 62, 65, 67, 70, 90, 91, 95, 136, 212

Portocarrero, René, 23, 29, 30, 32, 41, 42, 174, 211, 215
Potok, Chaim, 152
Pound, Ezra, 119
Poussin, Nicolas, 101, 103
Prinner, Anton, 151, 152
Proust, Marcel, 92, 105

Quaderer, Hans Jörg, 165
Quenau, Raymond, 206

Rafael, Moreno, 146
Raffaëlli, Jean-François, 58
Rank, Otto, 139
Raptis, Michel, 94
Rauschenberg, Robert, 48
Ravenet, 25
Ray, Julia, 79
Ray, Man, 50, 77, 78, 79, 82, 162, 177, 191
Raynal, Jeanne, 46, 49, 176
Raynaud, Jean-Pierre., 153
Rebay, Baronesse Hilla, 102
Reder, Bernard, 17, 19, 22, 31, 32, 34, 36, 163, 175, 209
Rée, Anita, 8, 10
Reichel, Hans, 202, 203, 205
Reinhart, Django, 17, 172
René, Denise (Galerie), 55, 145
Rétif de la Bretonne, Nicolas Edme, 203
Retamar, Roberto Fernández, 145, 174
Rewald, John, 15, 16, 17, 60, 173
Rheinberger Phaf, Ineke, 211, 214
Rheinberger, Hans Jörg, 168
Richepin, Jean, 192
Richter, Hans, 107, 153
Rilke, Rainer Maria, 163
Rimbaud, Arthur, 140, 182
Ringelnatz, Joachim, 10, 178
Riopelle, Jean-Paul, 60, 173
Robinsohn, 14
Robitaille, Gérard, 92, 202,

203, 204, 205
Rodríguez Feo, José, 34
Rodríguez, Mariano, 148
Rojas, Titina, 57
Röpke, Wilhelm, 19
Rosenberg, Harold, 48, 199
Rosenberg, Pierre, 101
Rosenberg-Rothschild, Beatrice, 101
Rosenthal, Manuel, 60
Rosenzweig, Franz, 165, 179, 180, 181
Rostain, 144, 145
Rotella, Mimmo, 153
Roth, Joseph, 15
Rousseau (le Douanier), Henri, 51, 158
Rousseau, Jean Jacques, 204
Roussel, Raymond, 94, 122, 128, 176, 177, 178, 179, 191, 192, 220
Rousset, David, 59, 60
Roy, Bruno, 183
Ruiz, Labrador, 158
Runge, Philipp Otto, 10
Rushdie, Salman, 100

Sabatier, Robert, 79, 153
Sade, Marquis de, 94, 128
Sagave, Pierre Paul, 16, 17
Salomon (Galerie), 57
Sánchez, José Ramón, 41
Sánchez, Thomas, 129, 130
Sarduy, Severo, 90, 145, 146
Sartre, Jean Paul, 59
Satier, 153
Saura, Antonio, 54
Schacht, Hjalmar, 7
Schaeffer, Pierre, 121, 122
Scherz-Verlag, 110
Schmidt-Rottluff, Karl, 8
Schnellock, Emil, 205
Schumann, Robert, 99
Schwarz, Arturo, 79
Schweizer, Meinrat, 185
Schwitters, Kurt, 12, 120, 121
Sekula, Béla, 150
Sekula, Géza, 150
Sekula, Sonia, 150, 151
Seligmann, Kurt, 46, 47
Semin, Didier, 51

Serra, Richard, 137
Shachtmann, 198
Sherman, Cindy, 190
Sicre, Gómez, 212
Sima, Joseph, 90
Simmel, Georg, 17
Simon, Claude, 77, 85, 142, 143
Simon, Claude und Rea, 142
Singler, Christoph, 184, 186
Siqueiros, Alfaro David, 32
Sisley, Alfred, 14
Sluger, Sarah, 57
Smith, Matthew, 16
Soldevilla, Lolo de, 55, 145
Solis, Cleva, 147, 148
Sotheby, 59
Soto, Jesús-Rafaél de, 55
Soupault, Philippe, 154
Spacagna, Jacques, 61, 89, 127, 170
Stadler, René, 62
Staël, Nicolas de, 200
Stalin, Iosif, 32, 55
Stegmann, Christoph, 202
Steiner, Rudolf, 95, 178
Stendhal, 152
Stinnes, Hugo, 9
Stockhausen, Karlheinz, 153
Styrsky, Jindrich, 114
Sylvester, David, 107
Szenes, 152

Tal-Coat, Pierre, 154
Tanguy, Yves, 46, 47, 48, 60, 107, 142, 194
Tanning, Dorothea, 79
Tapié de Celeyran, Michel, 76, 88, 169
Tàpies, Antoni, 90
Tardieu, Jean, 79, 80, 111, 140
Tejera, Nivaria, 39
Thalheimer, A., 33
Thévoz, Michel, 76, 93, 133
Thoreau, Henry David, 95, 96, 204
Tiberi, 200
Tilman, Pierre, 153
Tillmann, Dorothea, 8
Tillmann, Georg, 8, 11, 18, 19

Tillmann, Ludwig, 7, 8, 179
Tillmann-Bank, 11
Tito, i.e. Josip Broz, 60, 94
Torre, de la, 30
Torrés-García, Joaquín, 205
Torriente, Mateo, 39
Toulet, Bibliothèque Nationale de France, 88
Toulouse-Lautrec, Henri de, 76
Tournier, Michel, 166
Toyen, 65, 83, 94, 113, 114, 162, 165, 192, 195, 196, 197
Trentinian (Ponge), Armande de, 189
Triana, Chantal, 186
Triana, José, 184, 186
Trilling, Lionel, 48
Trost, Dolfi, 135, 136
Trotzki, Leo, 33, 60, 162, 195, 198, 199
Tuchmann, E.F., 111, 112
Tutundjian, 205, 206
Tzara, Tristan, 49, 58, 172

Upiglio, Giorgio, 59, 137

Valdès, Zoé, 186
Van, eigentlich Jan van Heijenoort, 198
Van Doesburg, Theo, 206
Van Gogh, Vincent, 11, 102
Varèse, Edgar, 117, 205
Vasarely, Victor, 153
Vautier, Ben, 128, 153
Vega, Ricardo, 186
Veinstein, Alain, 154
Velázquez, Diego de Silva y, 20
Velter, André, 123
Verne, Jules, 192
Vicente, 158
Vieira da Silva, 152, 182
Villanova, 215
Villeglé, de la, 71, 125, 127
Visat (Atelier), 173
Vitier, Cintio, 146, 147, 216
Vollard, Ambroise, 32
Voltaire, 17
Vordemberge-Gildewart, Fritz, 121
Voss, 11

Wahl, Jean, 146
Walser, Robert, 111, 112
Walter (Collection), 180
Wanger, Manfred, 149
Warburg, Aby, 9
Warburg, Eric, 7
Warburg, Max, 7, 9, 12, 208
Waxmann, 144
Weiller, Pierre, 57, 58, 61, 114, 115, 117, 125, 126, 127, 132, 134, 144, 206
Weyeth, 48
Wittenborn, Georges, 48
Wittgenstein, Ludwig, 54
Wohlwill, Gretchen, 10
Wolman, Gil J., 125, 126, 144
Wols, 73
Wright, Frank Lloyd, 102

Xenakis, Constantin, 153

Younan, Ramsès, 123, 196

Zabrisky (Galerie), 83
Zañartu, Enrique, 45, 55, 141, 143, 173, 176
Zervos, Christian, 60, 103, 172
Zola, Emile, 15, 16
Zurbarán, Francisco de, 20, 148
Zurbrugg, Nicholas, 153